国家社会科学基金项目"劳动力市场新变化对就业脱贫的影响及路径优化研究"（项目批准号：18CJY012）成果

劳动力市场新变化与
就业增收路径优化研究

张彬斌
陆万军
刘诚

著

Research on
New Changes in the
Labor Market and Optimization of
Employment and Income Increase Paths

中国社会科学出版社

图书在版编目（CIP）数据

劳动力市场新变化与就业增收路径优化研究／张彬斌，陆万军，刘诚著. -- 北京：中国社会科学出版社，2024. 10. -- ISBN 978-7-5227-4221-2

Ⅰ. F249.212

中国国家版本馆 CIP 数据核字第 2024WY9024 号

出 版 人	赵剑英	
责任编辑	周　佳	
责任校对	胡新芳	
责任印制	李寡寡	

出　　　版	中国社会科学出版社	
社　　　址	北京鼓楼西大街甲 158 号	
邮　　　编	100720	
网　　　址	http://www.csspw.cn	
发 行 部	010-84083685	
门 市 部	010-84029450	
经　　　销	新华书店及其他书店	

印　　　刷	北京君升印刷有限公司	
装　　　订	廊坊市广阳区广增装订厂	
版　　　次	2024 年 10 月第 1 版	
印　　　次	2024 年 10 月第 1 次印刷	

开　　　本	710×1000　1/16	
印　　　张	13.5	
插　　　页	2	
字　　　数	210 千字	
定　　　价	68.00 元	

凡购买中国社会科学出版社图书，如有质量问题请与本社营销中心联系调换
电话：010-84083683

前　言

　　就业是最基本的民生，是绝大多数家庭获取收入以改善生活质量的最主要途径。就业扶贫更是精准扶贫举措体系中的授渔之举，提高脱贫家庭就业水平是防范返贫的最有效途经。在居民的收入构成中，唯有就业是劳动者家庭稳定收入来源、改善生活质量的最可预期的基础。以中国式现代化推动实现全体人民共同富裕，不断壮大中等收入群体规模，也必然离不开高质量充分就业。就业的实现及其质量如何，与劳动力市场运行情况密不可分，有必要深化对劳动力市场新变化与就业之间关系的认识。近年来，中国劳动力市场的运行环境已经发生了非常巨大的变化，劳动力市场上的新情况和新特征不断出现。

　　整体上看，中国就业优先政策不断强化，就业促进机制持续健全，各种压力挑战得到有效应对。过去十余年来，城镇新增就业年均1300万人，为民生改善和经济发展提供了重要支撑。与此同时，经济增长放缓、产业结构调整、国际环境更趋复杂、不确定性冲击较多，在比较全局的层面上影响劳动力市场运行。劳动年龄人口数量及其在总人口中所占的比重，已经双双进入下降通道。这是总量劳动力供给更趋短缺的直接信号。就业人员工资整体水平应势上涨，不仅意味着劳动者可以通过就业挣取更多的收入，也意味着一部分劳动者可能会因潜在雇主无法承受劳动力成本上升而丧失就业机会。科技创新和技术进步正在重塑劳动力市场，改变着企业配置生产资料的形式，尤其是生产过程中物质资本与劳动力投入的比例关系，并改变对劳动力的筛选方式、维度和强度。

数字经济成为拉动经济增长的重要贡献者，也带动着就业提质扩容，特别是产生了各种技能梯度、多种就业形式的劳动岗位，为众多普通家庭提供了就业增收的机会。持续推进的商事制度改革，推动了营商环境优化，使投资兴业更加便利、程序更加透明和公平，新登记经营主体加快增长，也可能会促进劳动者的创业型就业。

基于以上考虑，本书关注近年来中国劳动力市场环境中出现的新情况，试图理解这些变化对居民实现就业增收的影响，并提出政策优化举措。全书的主要内容包括以下八个方面。

第一，从宏观经济环境、人口因素、技术进步、就业方式等维度考察中国劳动力市场新变化的代表性方面。过去十余年来，中国经济增速放缓，以中高速的姿态跨过了国内生产总值的百万亿元大关，占世界经济的比重不断提高，并即将迈入高收入经济体之列。产业结构加快调整，服务业部门已经成为吸纳就业和增加值规模最大的部门，第三产业提供了多种技能梯度的就业机会，新产业、新经济涌现，催生就业新业态。但是，中国的国际地位在提升的同时，面临的外部发展环境更趋复杂；获得新发展机遇的同时，潜在风险和挑战也在增多。劳动年龄人口数量及其在总人口中的比重、就业人口总规模已经进入持续下行阶段，总量劳动力供给更趋短缺。与此同时，劳动者受教育程度等综合技能素养稳步提高，各行业就业人员工资水平普遍提升。工资普遍上涨必将助力劳动者通过就业实现收入加快增长，但同时也可能导致潜在雇主难以承受劳动力成本之重而消亡，就业机会随之消失。科技进步对经济增长的贡献不断提高，社会对研究与开发（R&D）活动的投入力度持续加大，科技创新和技术进步正在重塑劳动力市场，某些特征的劳动者更受市场欢迎。就业继续向城镇移动，但非私营单位容纳就业的比重持续下降，就业方式更加多元。商事制度改革促进营商环境优化，为创业型就业提供了更多便利。

第二，在梳理新时代农村脱贫攻坚进程及成就的基础上，研究就业在其中的角色，并展望就业扩容提质对于未来推进相对贫困治理和全体人民共同富裕的前景。党的十八大以来，中国农村脱贫攻坚行动在精准扶贫方略的指引下，连续取得突破性进展，最终如期完成脱贫任务，历史性地解决了农村绝对贫困问题。梳理农村脱贫的进程可以发现，贫困地区农村居民收入水平提高的过程，也就是工资性收入不断增长的过程，还是工资性收入在整个收入构成中的比重持续提高的过程，工资性收入业已成为贫困地区农村居民最主要的收入来源。对于具体的贫困者家庭而言，参与非农就业和外出务工挣取工资，加快了脱贫的步伐。农村脱贫攻坚取得举世瞩目的成就，促进就业是举措体系中授渔之举，对于农村全面脱贫具有重要贡献。整体上看，中国劳动力就业还有较广阔的扩容提质空间，尤其是对于脱贫地区脱贫家庭、相对较低收入家庭而言，扩大就业仍将是向中等收入群体迈进、推动全体人民共同富裕的最重要抓手。

第三，以劳动力市场宏观环境为基础，讨论近年来劳动就业领域存在的结构性矛盾及其治理。在就业大局整体上比较稳定的态势下，结构性矛盾比较突出，揭示了劳动者对劳动力市场的变化具有不适应性，建议尽快完善以化解结构性矛盾为主要目标的政策体系。这些结构性矛盾在来源上，主要有五个方面。一是生产过程中的技术变化和经济增长动能转变，结构性地产生着过剩劳动力。二是新设经营主体并未充分转化为实质经营的主体，中小微经营主体提供新就业机会的能力下降。三是劳动力供需的技能结构失衡、岗位转换和职业流动不顺畅等因素导致城镇新增就业与净增就业之间存在背离。四是以高等院校毕业生为代表的青年群体失业率高企，是宏观经济周期、微观就业意愿、角色转换偏差、学术训练与专业应用衔接偏差等多重因素共同作用的结果。五是一些产业供应链存在堵点，行业间的就业质量和失业风险具有差异。加快缓解结构性矛盾，推动就业扩容提质，首要举措是形成普通高等教育、职业技术教育、社会化培训协同配合的人才培育体系，持续促进劳动者更新提升能够适应乃至引领劳动力市场变化的就业技能。通过保经营主体稳就业岗位，更加注重促进中小微经营主体提振自身发展能力，注重大中企业对于提质就业的作用。将激励性就业促进政策向劳动者个人端延伸，支持劳动者扩大劳动参与和提升技能水平，提高面向青年等重点群体就业服务的针对性。加大并优化科技创新投入，把打通产业链堵点和解决关键核心技术供给问题作为创造更多高质量就业岗位的内核。

　　第四，对劳动力市场上技术变化的就业效应进行专题实证研究。考虑到研究与开发活动是技术进步的主要来源，专题研究中将各行业研发投入强度强化作为技术进步的代理变量，而年龄偏大的劳动力在整体上相对缺乏竞争优势，因此应给予他们重点关注，专题研究重点关注了由研发投入强度增加而带来的技术进步对年龄偏大劳动者的影响。采用投入产出表获取各行业研发投入及其跨年份变化情况的数据，采用CHARLS项目微观调查数据获得劳动者就业情况相关信息，建模估计参数并计算研发投入强度变化对劳动者退出就业的平均偏效应。计量经济分析的基准结果表明，行业研发投入强度增长，导致劳动者提前退出劳动力市场的风险加大。这种效应不仅是伴随性的，并且是持续性的。专题研究以劳动者个人层面的从业信息为起点，观察研发投入强度增长的就业效应。既关心研发投入强度变化对就业的影响"有多深"，又关心具体受影响的"是谁"，丰富了有关技术变迁就业效应的结论，也丰富了年龄偏大群体低劳动力市场参与率的微观解释。"4050人员"是中国劳动力市场上竞争力相对较弱的群体，也是退休及养老政策变动时首批受影响的群体，直接聚焦这一群体对劳动力市场变化的行为响应，隐含着强调对这一群体给予更多的人文关怀和更具针对性的社会政策。鉴于一部分人过早退出劳动力市场是不得已而为之，有必要增强就业政策对年龄偏大群体的针对性，减少劳动者职业转换障碍，完善渐进式延迟退休政策并与提升人力资本充分结合，增进技术创新政策、扩大就业和兜底保障政策之间的平衡与协调。

　　第五，把数字经济快速发展作为劳动力市场新变化的一个重要方面而进行专题研究，重点测算数字经济对就业机会的净额贡献，并探讨数字经济带动就业扩容提质的三重机制。在测算数字经济对就业的净额贡献方面，与既有的多数研究先逐一框定数字经济就业的领域范围、再汇总计算就业人数的列举法不同，本书以数字经济增长拉动经济增长、经济增长具有就业弹性而产生就业为逻辑链条，计算数字经济增加值增长对经济增长的拉动量，并结合此拉动量和经济增长的就业弹性，进而获得数字经济对就业的净额贡献。这种方法避免了列举法可能存在的漏算、重复计算等问题。基准的测算表明，无论是数字经济增加值名义增长拉动名义 GDP 增长，还是数字经济增加值实际增长拉动实际 GDP 增长，均明显带动了就业增加：经济新常态以来至新冠疫情暴发之前，各年数字经济名义增长（通过拉动经济名义增长而）带动城镇就业平均增加约 265 万人；各年数字经济实际增长（通过拉动经济实际增长而）带动城镇就业规模增加约 293 万人。进一步的分析表明，数字经济带动就业增长的动能枢纽主要有三：一是数字产业化提供了较多提质型的就业机会，高劳动报酬是其显著特征，尤其是在数字经济核心服务行业；二是产业数字化提供了较多扩容型就业机会，能容纳多种技能梯度的劳动者就业是其显著特征，尤其是以平台经济为代表的生活性服务业的数字化；三是就业服务的数字化，提高了就业服务效率和质量。专题研究结论隐含着比较重要的政策含义，数字经济健康发展对稳定和扩大就业具有巨大潜能，有必要进一步通过优化数字经济治理，充分发挥其就业友好方面的优势，为就业扩容提质、创造体面劳动、增进劳动者获得感发挥更显著的作用。

第六，把由商事制度改革带来的营商环境优化作为劳动力市场新变化的一个重要方面，专题实证研究其对城市流动人口从事创业型就业的影响。劳动者在营商环境更趋优化的劳动力市场下，可能得到更加优质便捷的公共服务，提高就业或创业的效率。专题研究以工商登记制度改革、"三证合一"改革、设立市场监管局作为商事制度改革的代表性举措，以商事制度改革推进营商环境优化为基本假定，借助流动人口调查相关微观数据进行的实证研究表明，商事改革非常显著地促进了流动人口的创业型就业。商事改革释放了人力资本在创业型就业方面的优势，减少了对社会网络、政治关系等非正式制度的依赖，劳动者人力资本潜能得到更好发挥。因此，在制度环境层面，可以把持续优化营商环境作为扩大就业、促进创业带动就业的重要举措。

第七，对人力资本的重要作用进行专题研究，从直接减贫效应和通过提高就业质量而产生的间接减贫效应两个维度加以考察。立足于对相对贫困状态的认识，以及从国家、地区、家庭和个人层面对人力资本之于经济发展、收入增长和劳动就业等方面的重要作用进行系统梳理，提出人力资本对于缓解相对贫困的逻辑假设。把中位数收入作为基准的相对贫困标准，借助劳动力动态调查微观数据，把劳动者接受的正规学校教育、职业技能培训、获取职业资质证书分别作为人力资本的代理变量，并基于劳动时长、劳动合同、购买保险的情况构建就业质量指数以弥补工资数据的不足。实证分析结果表明，人力资本对于降低相对贫困具有直接效果，也通过提高就业质量而产生间接效果。其中，由正规教育积累的人力资本主要通过直接效应降低相对贫困发生的概率，而参与职业培训和获取专业技能证书主要通过就业质量这一中间机制来降低劳动者陷入相对贫困的概率。这一专题研究的结论蕴含着，深化人力资本投资对于治理相对贫困具有重要作用，而脱贫地区和脱贫家庭在接受教育等方面存在较多薄弱环节，有必要通过促进优质基础教育普及普惠，夯实这些群体的获得能力，同时有必要通过个税抵扣、奖补等措施完善劳动者接受技能提升培训的激励。

第八，对全书的研究发现进行系统总结并提出政策建议。在梳理主要研究结论的基础上，重点探讨了在新的起点上以促进就业扩容提质来推动共同富裕的政策路径。从以扩大就业的方式促进原贫困家庭脱离绝对贫困的角度看，就业脱贫的历史任务已经完成，而在推动全体人民共同富裕的新阶段，以就业扩容提质为抓手来推进相对贫困治理、壮大中等收入群体规模，仍然大有可为。劳动力市场的变化仍在深化。劳动者必须要适应这些变化，才能维持就业稳定并在此基础上提高就业质量。在政策路径上，有必要促进与就业密切相关的宏观政策、产业政策、微观政策和社会政策之间的更好分工、协调和配合。一是要坚持贯彻就业优先原则，保持宏观经济稳定运行在合理区间。二是要夯实产业基础，加快解决产业链上的堵点和关键技术"卡脖子"问题，增强应对外部冲击的能力；扩大开放合作，持续优化营商环境。三是尊重市场经济优胜劣汰机制，强化就业政策和其他政策之间的协同配合，协助劳动者提升适应劳动力市场新变化的能力。四是增进经营主体活力，提高就业承载能力。五是促进就业帮扶性政策更加以直达劳动者个人为目标，激发人力资本投资和增进就业技能的积极性。六是完善对以高校毕业生为代表的青年群体的就业促进政策。七是要完善公共就业服务，加快消除妨碍就业扩容提质的制度性障碍。

目　　录

第一章

▶ ▶ ▶

劳动力市场新变化的有关事实

本章主要从近年来宏观经济运行环境、人口转变及劳动力供给态势、科技创新和技术进步、就业方式多元化等视角梳理中国劳动力市场上出现的新变化。在宏观经济环境方面，过去十余年来，中国经济增速放缓，以中高速的姿态跨过了国内生产总值百万亿元的大关，占世界经济的比重不断提高，并即将迈入高收入经济体之列；产业结构加快调整，服务业部门已经成为吸纳就业和增加值规模最大的部门，第三产业提供了多种技能梯度的就业机会，新产业、新经济涌现，催生就业新业态。在人口因素方面，劳动年龄人口数量及其在总人口中的比重、就业人口总规模已经进入持续下行阶段，劳动力和就业人员的受教育程度等综合技能素养稳步提高，各行业就业人员工资水平普遍提升。在科技创新和技术进步方面，研究与试验发展投入持续加大，科技进步对经济增长的贡献不断提高，新技术和新的生产组织形式广泛运用到生产过程中，全员劳动生产率稳步提升，产出增长过程中呈现对劳动力的节约，高技能劳动力需求旺盛。在就业方式方面，就业整体上继续向城镇移动，但非私营单位容纳就业的比重持续下降，自主创业型就业、灵活就业、到新职业和新业态就业成为劳动者城镇就业的重要方式。

第一节 劳动力市场运行的宏观环境

劳动力市场的运行情况与其所处的宏观经济环境密不可分。宏观经济运行所涉及的主要变量持续影响着经济中的劳动力需求和岗位供给、劳动力供求匹配的顺畅性、工资水平、职业流动等多个方面，甚至对劳动力市场的运转在较大程度上具有决定性的作用。经济增长、产业结构和国际环境是影响劳动力市场运行的重要宏观环境，经济增长是就业发生的基础，产业间生产率差异促使就业向更具效率的部门流动，而国际经济社会环境对中国的经济增长和产业结构调整升级具有重要的影响。

一　经济增速持续放缓，总量突破百万亿元

中国经济进入发展新常态以来，最为显著的特征是增长速度趋缓。经济增长速度从改革开放前30年的高速增长换挡至中高速增长，使承载劳动力市场运行和就业的经济增长支撑力发生变化。图1-1反映了国际金融危机以后的15年（2009—2023年）来各年度中国GDP的实际增长情况，除新冠疫情暴发对数据造成扰动之外，近15年的增长率数据呈现出较为明显的下降态势。作为对照，图中绘制了各年份10年前、20年前相对应的实际增长率以及改革开放前30年（1979—2008年）的平均增长，从对照中可以清晰地看出，经济超高速增长已经逐渐成为历史。2010年实际增长10.6%，是国际金融危机以来中国经济增长最快的年份，并且高于图中与之对照的10年前（2000年）和20年前（1990年）的增速，也高于改革开放前30年的实际年均增速（9.93%）。事实上，2009—2011年，是国际金融危机之后中国经济增速较高的三年，均在9%以上。主要原因在于，为了应对2008年国际金融危机的不利影响，2009年以来中央采取了一系列扩大投资、振兴产业等方面的扩内需举措。这些举措在接下来的两三年里持续发挥效果，在遏制全球衰退向中国经济蔓延的同时，有力地刺激了中国经济逆势高速增长，增长势头从2009年一直持续到2011年前后。但2011年以后，随着应对危机的扩张性调控政策式微，中国经济增长也逐步重回常态。全球经济仍然处于增长乏力的"新平庸"阶段，加之影响经济增长的国内因素已经发生改变，此时的增长常态已经区别于国际金融危机之前的增长常态，9%以上的高实际增速从此之后再未出现。对比各年份过去20年的增长情况看，在1991—2010年的20年里，有10个年份的实际增长率超过了10%，其中 1992 年和 2007 年达到 14.2% 的高增长。国家统计局的数据显示，2008 年国内生产总值是 1978 年的 17.13 倍（可比价格），由此可以计算出 1979—2008 年的年均复合增长率为 9.93%，这一年均增长率体现为图 1-1 中的带状虚线。在图 1-1 中，2011—2023 年的增长率连线明显位于其他三条连线的下方位置，并且呈现出继续下行的趋势。2020 年新冠疫情暴发，严重阻碍了正常的经济活动，当年增速发生严重下探，也导致了 2021 年增长率的对比基数减小，出现统计数据的跃升。如果考虑新冠疫情期间的平均情况，对 2020—2023 年的增速进行大致的调整，其增速仍然处于下行阶段。增长速度的趋势性变化表明，从高速增长向中高速增长回落，已经成为被事实印证的经济发展常态。

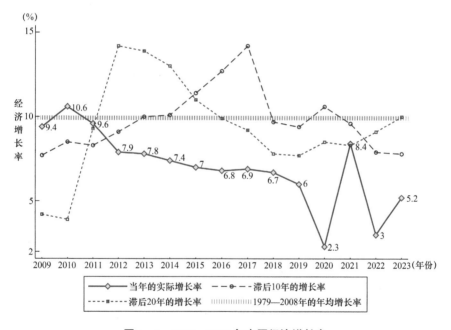

图 1-1 2009—2023 年中国经济增长率

资料来源：根据《中国统计年鉴（2023）》和《中华人民共和国 2023 年国民经济和社会发展统计公报》中的数据绘制。

经济增速回落，在客观上是经济持续发展到一定阶段的结果。在 GDP 基数比较低的发展阶段，实现高速的经济增长较为容易，因为较低的增加值的绝对量就可以对应较高的增长率。改革开放以来中国的经济增长，整体上是在比较低的基数水平上起步的，并且通过各个领域的改革举措不断破除原来的增长阻碍，使增长奇迹不断被创造。而随着连续30多年的高速增长，到2012年前后，尽管中国仍然属于发展中经济体，但经济的总体量和增长基础已经不能和改革开放初期或者国际金融危机之前同日而语。当一国经济增长到一定的阶段之后，增长率回落到较低的区间是世界性经验，① 中国经济进入发展新常态以后，也正处于已被跨国数据所验证的这一较高水平的发展阶段。在中高速的增长情形下，自2020年开始，国内生产总值和国民总收入双双同时超过100万亿元，2020年的国内生产总值达到101.36万亿元，国民总收入为100.55万亿元。根据"全国统计公报（2023）"② 的初步核算数，2023年全年国内生产总值达到126.06万亿元，国民生产总值达到125.13万亿元。

二　大国经济特征更加明显，迈向高收入经济体之列

其一，中国GDP总量占全球的份额在过去十余年来整体上表现为稳步提高。根据世界银行2024年3月底更新的国际可比数据，中国2021年、2022年的国内生产总值分别约为17.82万亿美元、17.96万亿美元，分别相当于全世界GDP的18.34%、17.81%。相比之下，中国在2012年时，国内生产总值占世界GDP的比重为11.28%，2009年时占比约为8.38%。这意味着在过去十余年间，中国国内生产总值占世界经济总量的比重明显上升。从中国经济各主要指标在全球经济中的位次上看，不少指标已经处于靠前位次。例如，经过改革开放之后30年的高速增长，中国GDP总量在2007年超过德国成为位列美国和日本之后的第三位，从2010年开始GDP总量超过日本，成为全世界第二位；在货物进出口

---

① B. Eichengreen, D. Park, K. Shin, "When Fast-Growing Economies Slow Down: International Evidence and Implications for China", *Asian Economic Papers*, Vol. 11, No. 1, 2012, pp. 42 – 87.

② 为表达简明，后文将《中华人民共和国2023年国民经济和社会发展统计公报》简称为"全国统计公报（2023）"；以此类推，只涉及一个年份的资料时，如需脚注，仍使用完整的资料名称；当资料来源涉及连续多个年份的"全国统计公报"时，简记为"全国统计公报（期初年份—期末年份）"；正文和脚注部分均采用此简略记法，如"全国统计公报（2021—2023）"。

贸易总额方面，2017—2023 年保持全球第一的位置。

其二，从人均国民收入水平上看，中国进入高收入经济体行列的趋势越来越明显。世界银行按照一定的汇率转换方法（Atlas）计算各经济体当年以美元计的人均国民收入（GNI per capita），并按照人均国民收入的高低进行排序，区分为高收入经济体（High Income）、中等偏高收入经济体（Upper Middle Income）、中等偏低收入经济体（Lower Middle Income）和低收入经济体（Low Income）四个组别。世界银行对国家或地区的四类分组标准并非一成不变，而是基于价格等因素，一个年度调整一次（SDR 法）。例如，在 2012 财年划分各经济体所属组别的规则是，当一个国家或地区 2010 年的人均 GNI 低于 1005 美元时则被划入低收入经济体，介于 1006—3975 美元则为中等偏低收入，介于 3976—12275 美元则被归类入中等偏高收入经济体，如果高于 12275 美元则被归类入高收入经济体；而 2024 财年时，按照 2022 年的人均国民收入，对应的标准则依次分别是低于 1135 美元、介于 1136—4465 美元、介于 4466—13845 美元、高于 13845 美元。① 图 1 - 2 呈现了世界银行各年划分不同收入组别的临界标准，以及按 Atlas 方法计算的中国历年人均 GNI 的当年水平。

按照世界银行 Atlas 计算方法（2024 年 3 月的更新数据），中国 1978 年的人均 GNI 为 230 美元，在 2000 年之前整体上提升缓慢，1990 年为 400 美元，2001 年首次突破 1000 美元（达到 1010 美元），此后进入加速上升期，2011 年首次突破 5000 美元，2019 年首次突破 10000 美元。从图 1 - 2 中可以清晰地看出，按照世界银行的人均国民收入四分组标准，中国与高收入经济体的门槛水平的差距自 2000 年以来迅速缩小。1990 年时，中国人均国民收入还处在低收入经济体之列，经过 20 世纪 90 年代相对平缓的增长，在世界银行依据 1998 年数据划定 2000 年的收入分组依据时，中国 1998 年的人均收入水平首次触及"中等收入经济体"的下限标准，从世界银行 2000 财年开始，成为"中等偏低收入经济体"的一员。人均 GNI 在 2003 年启动加速上升之后，中国于

---

① 数据来自世界银行网站（https://data.worldbank.org/）。

2010 年第二次突破世界银行的收入分类阈值，进入"中等偏高收入经济体"队列。世界银行在对其 2024 财年划分经济体的收入组别时，被认定为高收入经济体需要满足 2022 年人均国民收入高于 13845 美元，中国对应的实际值为 12850 美元，继续保持在"中等偏高收入经济体"队列。从图 1-2 中可以看出，2010 年之后，中国离"高收入经济体"越来越近。2010 年的"高收入经济体"最低要求人均 GNI 达到 12275 美元，是中国人均 GNI 的 2.83 倍，意味着即便中国人均 GNI 翻一番也尚远不够"高收入经济体"的最低标准；而到 2022 年时，则意味着人均收入如果能够再提高 7.12%，就可以达到高收入经济体的水平。

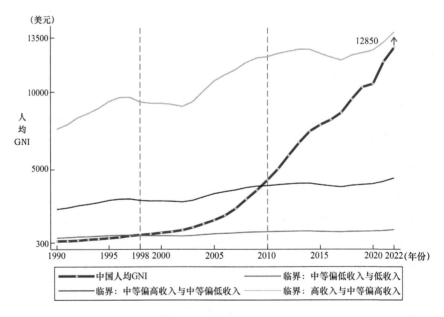

图 1-2　1990—2022 年中国人均国民收入及其相对于不同收入组标准的位置

注：垂直虚线 1998 年和 2010 年分别对应中国脱离低收入经济体、脱离中等偏低收入经济体的实际年份。

资料来源：根据世界银行"世界发展指标"数据库相关数据绘制。

三　产业结构持续调整，第三产业稳居高位

无论是从中国三次产业中各产业增加值占 GDP 的比重来看，还是从各产业就业人数占全部就业人数的比重来看，第三产业已经处于绝对领

先位置，成为三次产业中最大的部门。第三产业主要是由各类生产性服务业和生活性服务业构成，服务经济逐步成为中国经济进入发展新常态之后的一个重要特征。

中国第三产业增加值占 GDP 的比重，从 2012 年开始超过第二产业，成为三次产业中增加值规模最大的产业部门，占比和规模保持逐年稳步上升，到 2015 年时，第三产业占 GDP 的比重首次超过 50%。借助改革开放以来中国 GDP 由三次产业构成情况的数据，图 1 - 3 展示了三次产业所占份额的变化情况。第三产业和第一产业的趋势线构成一个明显的开口形状，第三产业所占比重在整体上呈现明显的上升态势，第一产业所占比重在整体上呈现明显的下降态势。第二产业所占比重在 2010 年之前大致稳定，此后呈现稳步下降的特征。从演变历程上看，改革开放初期第三产业在国内生产总值中所占比重较低，在三次产业中排列末位，第二产业占比最高，以农业为主要代表的第一产业所占比重位居第二。1985 年第三产业所占 GDP 比重首次超过第一产业，随着服务业部门

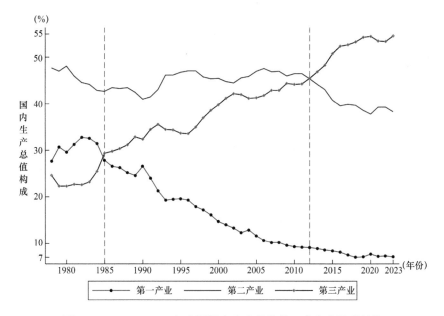

图 1 - 3　1980—2023 年中国国内生产总值的三次产业构成结构

资料来源：根据国家统计局《中国统计年鉴（2023）》和"全国统计公报（2023）"有关数据绘制。

的加快发展和农业占比的下降，到2012年时第三产业开始超过第二产业，成为三次产业中占GDP比重最高的产业部门。2015年开始，全国GDP的一半以上由第三产业构成，到2023年年末，第三产业增加值所占当年GDP的比重已经达到54.6%，第一产业增加值所占比重下降至7.1%。

与国内生产总值结构的演变相伴随，全社会的就业结构也发生了非常明显的变化。从全部就业人员在三次产业中的分布来看，第三产业从2011年开始成为容纳就业最多的产业，此后各年整体上呈持续增加的态势，2021年达到48%，2022年略有回落（47.1%）。如图1-4所示，以农业为主要构成的第一产业所吸纳的就业占比在过去40余年整体上呈现了非常明显的下降态势，尤其是中国加入WTO之后，第一产业就业人员占全部就业人员的比重逐年下降，并且下降速度比过去更快。在改革开放初期，由于农业劳动生产率低并且农村劳动力到城镇从事非农就业的渠道尚不畅通，全社会超过70%的就业发生在第一产业，第三产业所吸纳的就业仅占全部就业的12.2%（1978年）。改革开放以后到加入WTO之前，第一产业就业占全部就业的比重呈现波浪式下降，个别年份呈现小幅反弹，但整体上的下降趋势非常明显；第二产业就业所占比重有一定程度的提高，但曲线斜率较为缓和；第三产业则表现出非常明显的上升态势。在此时间段之中的1994年，第三产业就业所占比重超过第二产业，但第一产业所吸纳的就业规模仍然远远大于第三产业。随着中国经济更加深度地融入全球化，以及城镇化快速推进，城镇就业机会不断增加，就业加快从第一产业向第二产业和第三产业转移，到2011年时第三产业就业占比开始超过第一产业，成为三次产业中吸纳就业最多的产业。经济发展进入新常态以来，第三产业就业占比呈加速上升的势头，2021年达到阶段性极高值48%，远高于第一产业（22.9%）和第二产业（29.1%）。

事实上，从就业人员的绝对规模上看，第三产业就业人员数在2022年之前长达数十年的时间里也保持着逐年增多的特征。例如，1978—2021年，第三产业就业人数从4890万人增加到35868万人。[①] 由于中国

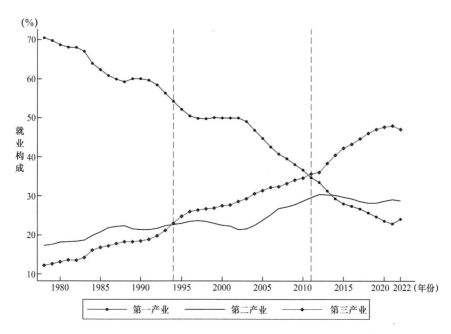

图 1-4 中国三次产业的就业结构演变

资料来源：根据国家统计局《中国统计年鉴（2023）》和"全国统计公报（2023）"有关数据绘制。

服务业涉及的细分行业较多，既有对技能和人力资本要求较高的现代服务业，也包括劳动密集型的传统生活性服务业。此外，近年来数字经济不断发展壮大，互联网、现代信息技术与实体经济不断融合，工业互联网、制造业数字化、服务业数字化、5G 商用等加快推进，产生大量新的劳动力需求，不仅为高端人才提供就业机会，也能为一般劳动力提供充足的就业机会。国家统计局指出，随着新一轮科技革命以及数字经济的蓬勃发展，新产业新业态新商业模式日新月异，大数据工程技术人员、无人机驾驶员、网约配送员、互联网营销师等新职业新岗位不断涌现。新经济就业以其就业容量大、薪资水平高、灵活性和兼职性强等特点，成为吸纳就业的重要渠道。[1]

---

[1] 《人口规模持续扩大 就业形势保持稳定——党的十八大以来经济社会发展成就系列报告之十八》，2022 年 10 月 10 日，国家统计局网站，http://www.stats.gov.cn/xxgk/jd/sjjd2020/202210/t20221010_1889061.html。

第二节　人口因素与劳动力供给总态势

一　劳动年龄人口数量及占比处于下降通道

通常，在对中国劳动力供给的整体状况进行分析时，将 16—59 岁年龄段的人口视为劳动年龄人口。中国劳动年龄人口的数量规模及其所占总人口的比重，在 2011 年时双双达到峰值，然后进入下降通道。从人口变动抽样调查的数据推算，2011 年时 16—59 岁的人口数为 92473 万人，占总人口的比重约为 68.54%，劳动年龄人口总数比 2010 年增加约 886 万人，占总人口的比重比 2010 年提高 0.24 个百分点，是以人口数量计量的劳动力资源总量最为丰富的年份。[①] 2012 年以来，劳动年龄人口数量及其在总人口中的比重稳步下降，截至 2023 年年末的初步统计数据，[②] 16—59 岁的人口数下降至 86481 万人，在总人口中所占的比重下降至 61.3%。直接比较两次人口普查数据的情况可以发现，2020 年比 2010 年劳动年龄人口数量减少 3682 万人，在总人口中所占的比重从 68.3% 下降至 62.3%，同样表明中国劳动力供给的整体态势趋向短缺。

二　劳动力和就业人口的整体素质持续提升

劳动者平均受教育年限的提高意味着综合人力资本水平提升，有助于提高劳动力市场匹配效率，更好地适应劳动力市场需求的变化。产业结构的变化、技术升级、消费市场需求变化等方面的调整，都会引致劳动者岗位和工作内容的变化，这要求劳动者具备更高的人力资本水平。

从劳动力资源的整体情况来看，在劳动年龄人口数量发生持续下降的同时，以受教育为代表的综合素质技能稳步提升。例如，2023 年中国具有大学文化程度人口超 2.5 亿人，16—59 岁劳动年龄人口平均受教育

---

① 张彬斌、陆万军：《宏观环境和劳动力供给变化下就业新态势与应对措施》，《经济纵横》2023 年第 10 期。

② 数据来自《中华人民共和国 2023 年国民经济和社会发展统计公报》。

年限达到 11.05 年,① 相比 2010 年约提高 1.38 年。

　　从就业者群体内部来看,人力资本水平的提升更为显著。例如,从就业人员具备的学历教育构成上看,初中及以下阶段受教育水平的就业构成稳步下降,具有高中及以上受教育水平的就业人口占就业比重继续提升。借助国家统计局人口抽样调查和人口普查数据,对比 2022 年和 2010 年的情况可以发现(见图 1 - 5),在全部就业人员中,受教育程度在初中及以下阶段(未上过学、小学、初中)的比重明显降低,从 2010 年的 76.08% 下降至 2022 年的 60%,下降 16.08 个百分点;受过高中阶段教育的就业人员比例从 13.9% 上升至 15.9%;受过高等教育的比重明显提高,具有大专及以上学历(大学专科、大学本科、研究生)的比重从 2010 年的 10.92% 提升至 2022 年的 24.1%,上升幅度十分明显。

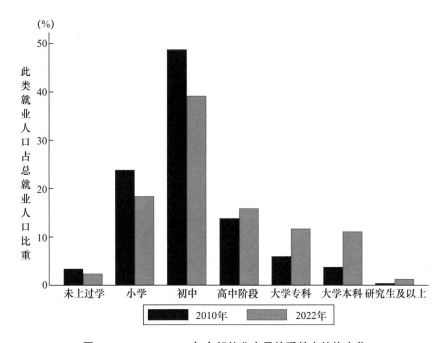

图 1 - 5　2010—2022 年全部就业人员的受教育结构变化

　　资料来源:根据《中国 2010 年人口普查资料》《中国人口和就业统计年鉴(2023)》相关数据绘制。

---

　　① 《2023 年主要经济数据解读(下)》,《经济日报》2024 年 1 月 18 日第 11 版。

三 就业人员名义工资水平快速上涨

劳动力是一种生产要素,工资作为劳动力这种生产要素的"价格",体现着劳动力的稀缺性。以 21 世纪初沿海地区率先出现明显的"民工荒"为标志,普通劳动者的工资进入了加快上涨的通道,劳动年龄人口及其在总人口中的占比从 2011 年开始下降,意味着劳动力生产要素的稀缺性加剧。工资水平的上涨,一方面有助于劳动者通过参与就业获得更多的收入,尤其是对于相对贫困或低收入的就业家庭而言,更高的工资水平有助于其提高生活质量,摆脱贫困并逐步成为中等收入水平的家庭;但是在另一方面,对于劳动力的使用一方而言,更高的工资水平则意味着更高的生产成本,可能导致部分企业的盈利难以覆盖成本,通过退出经营的行为,造成就业岗位消失,反而不利于劳动者通过实现就业而增加收入。与此同时,一部分企业还可能通过技术替代的方式,来应对工资上涨带来的人工成本增加压力。

表 1-1 呈现了城镇非私营单位就业人员年均工资水平的变化,从所有行业平均来看,2023 年的工资水平已经达到 12.07 万元,是 2010年(3.65 万元)的 3.31 倍,是 2000 年(0.94 万元)的 12.84 倍,部分行业(以及部分地区)的工资上涨幅度更大。

表 1-1　　　　部分行业城镇非私营单位就业人员年均工资　　(当年价格,元)

年份	全部行业	农林牧渔业	制造业	建筑业	批发和零售业	交通运输、仓储和邮政业	居民服务、修理和其他服务业	文化、体育和娱乐业
2000	9371	5184	8750	8735	—	—	—	—
2003	13969	6884	12671	11328	10894	15753	12665	17098
2010	36539	16717	30916	27529	33635	40466	28206	41428
2020	97379	48540	82783	69986	96521	100642	60722	112081
2023	120698	62952	135025	85804	124362	122705	68919	127334

注:"—"表示没有对应的大类行业口径的数据,因为 2003 年之后的统计数据范围与 2002年之前有所调整,如 2002 年之前的"批发零售贸易和餐饮业"大类行业在 2003 年之后分解"批发和零售业"及"住宿和餐饮业"的一部分。

资料来源:根据国家统计局相关年份《中国人口与就业统计年鉴》数据、《2023 年城镇单位就业人员年平均工资情况》整理。

第三节　劳动力市场上的技术进步明显

一　经济发展动能切换，科技创新的增长贡献突出

科技创新正在成为经济可持续增长的最主要能力和世界各国竞争角逐的重要领域。科技创新离不开研究与开发（R&D）活动，中国越来越重视对研究与开发活动的投入，将其作为经济社会发展中的一个重要指标并纳入考核，研究与开发经费投入持续增长。国家统计局数据显示，过去 20 余年里，中国对研究与开发活动的投入不断迈上新的台阶：进入 21 世纪之后的 2001 年，全国研究与开发费用内部支出首次超过 1000 亿元（1042.5 亿元），2002 年研究与开发经费内部支出占国内生产总值的比重首次超过 1%，2012 年全国研究与开发经费支出首次超过 10000 亿元（10298.4 亿元），随后的 2013 年占国内生产总值比重达到 2%，到 2023 年年末时，全国年度研究与开发经费内部支出已经达到 3.3278 万亿元，占国内生产总值的比重达到 2.64%。[①]

科技进步对经济社会发展具有直接贡献。近年来，科学技术对中国经济社会发展的贡献度稳步提升，国家统计局社会科技和文化产业统计司按 5 年一期进行的测算数据显示，科技进步（MFP）对经济增长的贡献率在 2000—2005 年、2005—2010 年、2010—2015 年、2015—2020 年分别为 43.2%、50.9%、55.3%、60.2%[②]。这组数据直接表明，过去 20 年里科技进步对经济增长的贡献明显，并且稳步提高。

二　生产技术进步，全员劳动生产率持续提升

生产过程中的技术进步有多种体现方式，包括前述直接体现的研究与试验发展投入、发明专利授权件数等，也体现为新设备、新技术手段的运用，或者更加综合地体现为全要素生产率的提高。无论技术进步以

---

① 数据来自相关年份《中国统计年鉴》和《中华人民共和国 2023 年国民经济和社会发展统计公报》。

② 科技进步贡献率数据引自《中国科技统计年鉴（2021）》中表 1-16。

何种方式体现，从常规统计数据可以直接计算得到的一个指标是全员劳动生产率，它表示的是平均每个就业人员所创造的国内生产总值。生产技术越先进，每个就业人员在同样条件下能够创造更多的产出。尽管人均产出与就业人员的技能层次和熟练程度、劳动强度等因素密切相关，但与全要素生产率依赖于更为复杂的生产函数假定相比，全员劳动生产率可以更为直接直观地表达为由技术进步带来的生产效率提升。综合地看，基于可比价格计算的中国全员劳动生产率持续提升。按照 2020 年不变价格计算，2023 年中国全员劳动生产率达到 161615 元/人，比 2017年（115104 元/人）[①] 提高 40.41%，年均提高 5.82%；按照 2015 年不变价格计算，2017 年中国全员劳动生产率为 101231 元/人，比 2013 年（78182 元/人）[②] 提高 29.48%，年均提高 6.67%。全员劳动生产率的提高，是经济增长的一个重要来源，意味着同样数量的就业人员在一个年度内可以生产更多的产出。如果从另一个角度来理解，也意味着同等规模的产出水平，所需要的就业人员数更少。

国内生产总值是以货币形式体现的价值创造增值，包括实物和服务。如果分别从实物和服务的角度来看待技术进步对劳动力使用的节约，在一些具体领域体现得非常明显和直观。在农业生产领域，随着现代化的农业生产动力的推广，第一产业就业人员人均粮食产量大幅提高；在工业领域，工业机器人、自动化生产线的应用，在提高工业品产量的同时，极大地减少了一般操作性工人的使用；在服务业领域，技术进步同样带来了劳动力使用的节约，使平均每个就业人员能够提供的人口范围和服务半径得以扩大。例如，在商业银行金融服务领域，自动柜员机、移动互联网应用的推广，明显减少了柜员岗位人员的需求。

三　劳动力市场两极化，对技能劳动力需求持续升温

从劳动者的人力资本密集度来看劳动力市场上的需求，近年来中国

---

① 2020 年价格下 2017 年、2023 年全员劳动生产率数据来自"全国统计公报（2021）"和"全国统计公报（2023）"。

② 2015 年价格下 2013—2017 年全员劳动生产率数据来自《中华人民共和国 2017 年国民经济和社会发展统计公报》。

劳动力市场需求的一个特征是低人力资本密集度的普通工人缺口大，以及高人力资本的高级技能型人才供不应求，即大致处于人力资本密集度分布两极的劳动者，需求最为旺盛。这种特征就是劳动力需求的两极化。

劳动力市场需求的两极化特征，是稀缺性的体现，但具有不一样的成因逻辑。其中，低人力资本的普通劳动力需求增多，主要原因在于随着人口转变的完成，整个劳动年龄人口数量规模趋势性减小，但经济体系中仍然存在较多的劳动密集型工业。这些企业平均规模较小、组织形式灵活、利润率比较微薄，整体上看，这类小型工业急需低密集人力资本，主要是对（相对较）低工资劳动力需求强烈。低人力资本劳动力需求旺盛的另一个领域是城市生活性服务业，形成的机制在于随着收入水平的提高，城镇居民对各种生活性服务产生了更多的需求。因此，对于低人力资本这一极的劳动力，尽管需求非常旺盛，但主要体现在相对数量上面，潜在雇主对工资的边际支付倾向并不强。更为直观地，可以表述为，劳动力市场对低人力资本劳动力的需求缺口大，原因在于雇主对这类劳动力提升工资的客观阻力很大，只能在一定的工资水平之下发出需求（如果超过该工资水平，尽管用工需求可能被临时满足，但可能就突破了雇主的人工成本阈值，导致经营无法维持），劳动力市场上可以满足这种需求的劳动供给有限。

高人力资本密集度的劳动者能够很好地适应劳动力市场变化，尤其能够适应甚至引领生产率更高的生产技术和生产组织形式。但是人力资本的形成和在劳动力身上的积累需要一个比较漫长的过程，加之在劳动者工资水平普遍上涨的人口转变时期，个人或家庭进行高人力资本投资的机会成本更高，会削弱一部分人追加人力资本投资的意愿，使高水平的人力资本更加稀缺。除了适应生产技术的变革，高人力资本的劳动者能够进行研究与发展相关的工作，能够为雇主创造更多的价值。因此，人力资本水平较高的劳动者，在生产技术进步的环境下，将持续被劳动力市场需要，并且工资会释放出非常强烈的稀缺性信号。

在个案方面，高新技术企业持续通过高薪来发出对本领域高级人才的强烈需求信号，某些通信技术企业的首席技术官的年收入，可能相当于某些生活性服务领域数百名就业人员的年收入。在统计特征上面，具有更高人力资本或技能水平的劳动者，需求强度的增加更为稳健，例如，对高技能等级的劳动者需求持续旺盛。根据人力资源和社会保障部信息中心的监测数据，2021 年第一季度全国公共就业服务机构中各技术等级的岗位空缺与求职人数的比率均大于 1，高级技师级（职业资格一级）的岗位空缺与求职人数的比率为 3.53，而 2009 年第三季度这一比率为 2.24，2012 年第三季度为 2.86。这说明高级技师这一类高人力资本的劳动力持续多年表现为严重供不应求状态。

第四节　劳动者的就业方式更趋多元

随着城镇化、信息化的推进，居民通过劳动获得报酬的方式越来越多元，例如，经营个体小型商业、个人依托互联网从事商品推介及销售、拍摄视频带货、微信公众号发布原创内容、接受零工等，城镇单位不再是容纳就业的必然载体。就业于城镇非私营单位的人员所占比重降低，是就业方式多元化在统计数据上的整体体现。中国就业人口的总规模整体庞大，① 2000 年以来各年一直处于 7.21 亿—7.63 亿人的区间范围，其中 2013—2016 年是就业人口总数较高的阶段，各年的总就业人数均超过了 7.63 亿人。根据第七次全国人口普查修正后的统计数据，中国城乡各种就业人口总数在 2014 年达到峰值 76349 万人，在"十三五"时期逐年稳步下降，到 2020 年年末达 75064 万人。2023 年全国就业人口总数为 74041 万人。在就业人口总规模保持大致稳定的情况下，城镇就业人口数保持稳步增长，表明更多的劳动者在城镇获得了就业机会，是城镇劳动力市场发育和乡城劳动力继续转移的结果。2020 年年末，中国城镇就业人数达到 46271 万人（是 2000 年的 2 倍），2023 年进一步增加至 47032 万人，超过六成的就业人口在城镇就业（63.5%）。2013 年

---

① 本节所使用数据均来自《中国统计年鉴（2023）》和《中华人民共和国 2023 年国民经济和社会发展统计公报》。

以来，在同等分类统计口径下的城镇非私营单位就业人员在城镇全部就
业人员中的比重，呈现比较明显的下降态势，并且绝对的数量水平也从
2014 年开始下降。如图 1-6 所示，城镇非私营单位就业人数在 2013 年
为 18108 万人，2014 年略有增加（18278 万人），之后逐年减少，到
2022 年时减少至 16701 万人。从就业于城镇非私营单位的人员数占全部
城镇就业人员数的比重来看，同口径数据从 2013 年的 47% 逐年下降至
2022 年的 36.36%。

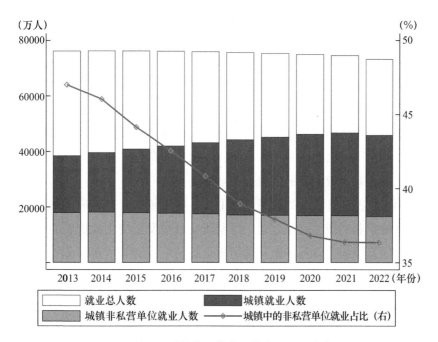

图 1-6　就业于城镇非私营单位的人口比重稳步下降

资料来源：根据《中国统计年鉴（2023）》相关数据绘制。

从图 1-6 所揭示的实际情况来看，城镇已经替代农村成为中国就
业的主要载体，但城镇非私营单位（或者说常规意义上的正规单位）承
载的城镇就业比重在明显降低。与之相对应的是，私营单位就业、个体
就业以及非单位就业的比重增加。概括地，不以非私营单位为载体的城
镇就业比重从 2013 年的 53% 上升至 2022 年的 63.6%。其形成原因，至
少有以下几个方面。

第一，以自主创业形式构成的就业持续增加。在鼓励大众创业、万众创新的政策背景之下，国家对于创新活动和创业活动以大力支持，不少大学毕业生和一部分从单位离职的人员试图通过创业来更好地实现自己的职业理想。在创业成果及规模尚不明显之前，多以私营企业、个体户等形式体现。在商事制度改革、工商登记便利化、国家给予要素支持等背景下，极大地降低了创业活动的门槛，为更多的劳动者提供创业型就业机会。互联网应用的推广，也为劳动者运用互联网进行创业提供了更多通道。

第二，灵活就业为更多劳动者提供城镇就业机会。灵活就业、零工就业多是无固定单位的就业，空间广阔，就业质量差异大，灵活就业的主体既包括城镇流动摊贩、小工等通常难以获得正规单位就业机会的就业人员，也包括独立以订单方式提供商务服务的劳动者等。网络平台的发展，如58同城、猪八戒网、美团、滴滴出行等通过快速匹配服务需求和供给，让注册用户（劳动者）不依附任何单位便可以为其他用户提供服务，互联网已经成为扩大灵活就业的重要载体。并且，以互联网平台为依托，兼业劳动者的数量也在增加。

第三，在经济社会的发展过程中，一些领域的分工越来越细化，产生了新的职业和新的就业方式。国家职业目录发生变化或扩展，尤其是与互联网直接相关以及借助互联网而运行的职业明显增多。此外，一部分城镇非私营单位的就业也开始呈现新的用工形态，如在非核心业务上共享员工等。

第五节　对推进高质量充分就业的启示

近年来中国劳动力市场所面临的变化和经历的调整，为高质量充分就业提供了基础，同时也内嵌着不少挑战性因素。面向稳步实现高质量充分就业，应重视这些变化及调整所蕴含的实践启示。[①]

---

① 张彬斌、陆万军：《宏观环境和劳动力供给变化下就业新态势与应对措施》，《经济纵横》2023年第10期。

一是把保持宏观经济平稳运行作为充分就业的重要前提。就业实现于劳动力需求与供给的恰当匹配，实现并提高劳动力市场匹配速度和质量，需要具备比较旺盛的劳动力需求。而劳动力需求由产品市场和服务市场的需求所派生，与宏观经济运行状况密不可分。经济增长对就业具有积极影响，稳就业离不开稳增长。在经济增长速度整体放缓的大背景之下，一方面加快寻找新的经济增长点，稳步切换经济发展动能，强化绿色发展；另一方面正视产业升级和动能切换在大国内部的梯度推进过程，因地制宜发挥比较优势，加大短板领域投资，确保适度中高速的经济平稳增长。以更高质量更高水平的对外开放应对国际经济领域的复杂性，优化利用外资的来源结构、产业结构和规模。

二是把产业链顺畅协作和技术突破作为提高岗位质量的关键。高质量的就业机会要由高质量的产业发展创造，产业链供应链稳健顺畅是不可或缺的条件。近年来中国高技术产业增长势头较好，为高质量就业机会的扩大蓄积了动力，但不少领域的关键技术、芯片或关键零部件的供应受制于外，使生产过程的不确定性加大。有必要全方位加大对科技创新的支持力度，在一些重点关键技术领域由国家力量加以推动，力求率先取得突破。加快破解产业链供应链的堵点和断点问题，进而增强产业链供应链自主可控能力。客观对待科技创新领域投入产出周期的长期性和不确定性特征，构建可持续的长期支持格局，不惟快但求精、求真，形成能够实实在在的底层技术支持和关键成果。与此同时，强化企业等市场主体对发展政策的确定性和可预期认知，鼓励企业面向市场需求，加大技术创新投入，通过财政、金融等举措，给予实实在在的大力支持。

三是提升劳动者技能水平、增强适应需求变化的能力。在技术进步的浪潮之下，有必要根据不同劳动者群体的特征，实施对象目标更加清晰的技能提升行动，促使其更好地适应劳动力市场变化，乃至引领新变革。其一，对青年群体而言，应鼓励其接受更多正规教育或人力资本积累，以更好地应对中长期的劳动力市场变化，并让更多人成为未来技术进步的引领者。高校毕业生就业质量体现人才培养质量，高校应坚持将人才培养质量放在最突出位置，深入推进高等教育改革，增进应用型专业与市场需求的衔接。其二，对于农民工、转业军人、职业转换劳动者等群体，应将协助其获取与流行生产方式和生产组织形式相适应的技能作为主要方向，满足个性化的技能提升需求。

四是深化公共就业服务变革，提高多元就业方式下的劳动者权益保障水平。借助大数据分析等现代化技术手段，提高就业信息采集和服务事项推介、实施的精准性。主动和自动识别分析劳动者特征与具体激励性就业政策的契合性，对符合条件的劳动者全面做到优惠性政策非申即享。提高大型城市对多元就业的包容度，完善城市管理方式，促进城市管理与无固定场所经营等灵活就业方式更好兼容。促进非城镇单位就业等多元化就业劳动者在社会保险、失业保险、基本医疗、职业伤害保障等方面享有与城镇单位就业人员同等的权益。推进个人所得税税制改革，鼓励提升劳动技能和支持多劳多得，完善有助于高质量充分就业的收入分配政策。

第二章

就业促进脱贫增收的整体成效和
未来潜力

　　农村贫困人口全部脱贫是全面建成小康社会的标志性成果。党的十八大以来，中国对农村脱贫的投入不断加强、方法举措精准有效，不断取得突破性进展，到 2020 年年末实现贫困县全部摘帽，既定标准下的贫困人口全部脱贫，对应人群的收入水平和生活质量得到显著提高。在推进农村全面脱贫的进程中，促进就业的系列举措发挥着重要作用，不仅有助于增加贫困户当期的收入，并且作为授渔之举，也是维护未来收入流量稳健并增长的最可预期来源。在贫困地区农村居民的收入构成中，与就业紧密相关的工资性收入占比稳步提升，并已成为最大的收入来源项，农村贫困家庭劳动力参与非农就业和外出务工促进了脱贫步伐加快，扩大就业对于农村居民脱贫具有重要贡献。但是，与全国整体情形相比，脱贫农村地区居民和脱贫家庭的就业仍然不充分，在推进相对贫困治理和全体人民共同富裕的进程中，促进就业扩容提质仍然大有可为。

第一节　全面小康进程中的农村脱贫脉络

　　2021 年 7 月 1 日，习近平总书记庄严宣告，"经过全党全国各族人民持续奋斗，我们实现了第一个百年奋斗目标，在中华大地上全面建成了小康社会，历史性地解决了绝对贫困问题，正在意气风发向着全面建成社会主义现代化强国的第二个百年奋斗目标迈进"。[①] 农村脱贫一直是全面建成小康社会进程中的最重要一环。中华人民共和国成立以后，妥善解决贫困问题一直被作为重要的民生任务。改革开放以来，中国经济社会进入快速发展通道，应对贫困的物质条件更加牢固，以中央1986年成立专门的扶贫工作领导机构为标志，中国扶贫开发事业全面进入组织化、规模化发展时代。党的十八大前后，随着农村扶贫标准的调整和对象扩面，中国农村扶贫开发进入面向实现全面小康的时代。汪三贵认为，改革开放之后中国的扶贫开发工作呈现出阶段性特征，1978—1985年为体制改革主导的扶贫开发，1986—2000年是以解决温饱问题为主要目标的扶贫开发，2001—2010年为巩固温饱水平的农村扶贫开发，2011年之后为以实现全面小康为目标的扶贫开发。[②] 2015年11月以《中共中央 国务院关于打赢脱贫攻坚战的决定》的颁布实施为标志，中共中央、国务院明确提出了脱贫攻坚的目标任务，即到"十三五"期末实现既定标准下的贫困人口全部脱贫，贫困县全部摘帽，区域性整体贫困得到妥善解决。2017年，党的十九大将脱贫攻坚战确定为必须在近期内打赢的三大攻坚战之一，扶贫力量和针对性扶贫举措空前强化。

党的十八大以来，在党中央权威和集中统一领导之下，农村扶贫力度持续加大，形成了政府主导、社会广泛参与、扶贫合力持续强化的扶贫格局。尤其是"十三五"时期，在精准扶贫理念的指引下，以"攻坚战"的方式不断突破制约贫困地区发展的机制和难题，脱贫成效持续显现。

第一，按照中国绝对贫困标准（2010年不变价的人均年收入2300元标准）下的农村贫困人口快速减少，贫困发生率持续降低。根据国家统计局的数据，农村贫困人口从2012年年末的9899万人减少到2019年年末的551万人，2013—2019年各年当年度减贫规模均超过1100万人，年均减贫1335万人，贫困发生率从2012年的10.2%下降到2019年年末的0.6%，减贫速度加快。连片特困地区农村贫困发生率从2012年的

---

① 习近平：《在庆祝中国共产党成立100周年大会上的讲话（2021年7月1日）》，人民出版社2021年版。

② 汪三贵：《中国40年大规模减贫：推动力量与制度基础》，《中国人民大学学报》2018年第6期。

24.4%下降到2018年的4.5%，其中，四省藏区从38.6%下降到5.6%。2019年，"三区三州"建档立卡贫困人口减少到43万人，贫困发生率下降到2%。2020年，现行标准下的农村贫困人口全部脱贫。图2-1显示了最近十年按农村脱贫攻坚战标准下的农村贫困发生率变化情况，包括全国和初始贫困发生率较高（2012年年末农村发生率超过20%）省份的情况。可以看出，随着全国农村贫困发生率的稳步降低，农村贫困高发省份体现出了更加快速的下降。尤为显著的是，"十三五"时期以前，西藏自治区农村贫困发生率全国居首，2010年高达49.2%，即便到2012年也仍然以35.2%的贫困发生率远远高于其他地区，但经过本轮精准扶贫之后，西藏的农村贫困发生率在2019年年末已经下降到2%以内，绝对贫困现象基本清零。甘肃、贵州、新疆、云南、青海等省份在党的十八大以来的贫困发生率下降速度也明显快于全国，为2020年年末实现全部脱贫创造了条件。

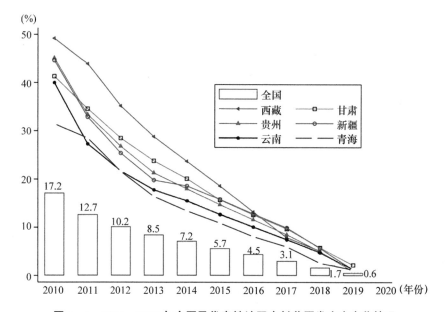

图2-1 2010—2020年全国及代表性地区农村贫困发生率变化情况

资料来源：根据国家统计局住户收支与生活状况调查数据以及对应地区统计公报数据绘制。

　　第二，重点贫困县有序摘帽。以认定扶贫重点县的方式，识别出高贫困发生率区域，给予政策倾斜，是中国扶贫政策的一大显著特征。本轮大规模农村扶贫过程中，一共认定 832 个重点贫困县。进入"十三五"时期之后，随着扶贫成效逐渐显现，重点贫困县逐步摘掉"贫困县"的帽子。根据国务院扶贫开发领导小组办公室的信息公开事项，2016 年全国首批摘帽贫困县 28 个，其中，重庆、西藏和新疆分别摘帽 5 个，是摘帽县数量最多的三个省份。2017 年当年摘帽贫困县数量大幅增加，达到 125 个，其中西藏 25 个、云南 15 个、贵州 14 个。2018 年当年摘帽贫困县数量再创新高，达到 283 个。"十三五"时期头三年，重点贫困县超过半数（52.3%）已经实现摘帽。2020 年年末，832 个贫困县全部摘帽，12.8 万个贫困村全部出列，区域性整体贫困得到解决，完成了消除绝对贫困的艰巨任务。

　　第三，贫困地区农村居民收入持续快速增长。2020 年年末，全国贫困地区农村居民人均可支配收入达到 12588 元，[①] 比 2012 年（5212 元）名义增长 141.52%，年均名义增长 11.65%（见图 2 - 2）。2013—2020 年，贫困地区农村居民人均可支配收入与对应收入指标下的全国农村居民平均水平之间的差距持续收窄，2013 年贫困地区农村居民人均可支配收入与全国农村居民人均可支配收入之间的相对缺口为 35.53%（全国平均水平与贫困地区平均水平的差距占全国平均水平的相对份额），到 2020 年这一缺口收窄至 26.52%。实现脱贫之后，2021—2023 年，脱贫县农村居民人均可支配收入与全国农村居民人均可支配收入之间的差距继续稳步收窄。这说明贫困（脱贫）地区农村居民收入状况逐渐向全国农村平均水平收敛，其主要途径是贫困地区农村居民收入具有更高的增长率。2013 年以来，在收入增长整体放缓的宏观背景下，各年贫困地区农村居民人均可支配收入的实际增长率都明显高于全国农村的整体情形，2013 年全国农村居民人均可支配收入比 2012 年实际增长 9.3%，而贫困地区农村居民人均可支配收入实际增长 13.4%，超过全国整体情形 4.1 个百分点；2020 年贫困地区农村居民人均可支配收入比 2019 年增长

---

　　① 数据来自《中华人民共和国 2020 年国民经济和社会发展统计公报》。

8.8%，扣除价格因素，实际增长 5.6%，比全国农村居民平均水平分别高出 1.9 个百分点和 1.8 个百分点。2020 年实现全面脱贫之后，脱贫县农村居民收入继续保持快速增长，2023 年脱贫县农村居民人均可支配收入达到 16396 元，扣除价格因素后实际比 2022 年增长 8.4%。相比之下，2023 年全国整体层面上的农村居民人均可支配收入为 21691 元，比 2022 年实际增长 7.6%，脱贫县增速继续高于全国农村的整体情况。

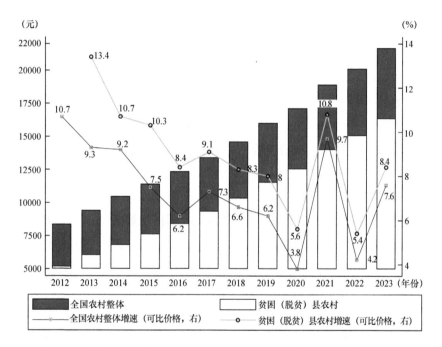

图 2-2　2012—2023 年贫困地区与全国农村居民人均可支配收入及增长

资料来源：根据对应年份的《中国农村贫困监测报告》、《中国统计年鉴（2021）》和《中华人民共和国 2021 年国民经济和社会发展统计公报》中的相关数据绘制。

第四，贫困地区生活质量显著提高。贫困地区农村居民百户均传统耐用消费品拥有量快速增加，与全国农村平均水平之间的差距不断缩小，汽车、计算机等现代耐用消费品拥有量成倍增长。居住条件明显改善，竹草土坯房比重不断下降，替代以更多的钢筋混凝土或砖混材料住房，厕所革命深入贫困农村地区，整体上告别了饮水难的问题。交通、电力、有线电视、宽带、垃圾无害化处理等基础设施覆盖水平不断加大，学前教育、义务教育、医疗卫生、文化活动等公共服务水平加快提升。

第二节　扩大就业是农村贫困家庭脱贫增收的重要方式

一　工资性收入成为贫困地区农村居民最主要收入来源

中国城乡居民人均可支配收入主要由四大部分构成：工资性收入、经营净收入、财产净收入和转移净收入。2022 年，全国居民人均可支配收入约为 36883 元，其中，工资性收入、经营净收入、财产净收入、转移净收入分别为 20590 元、6175 元、3227 元、6892 元，[①] 这四大类别的占比分别是 55.83%、16.74%、8.75% 和 18.69%；全国农村居民人均可支配收入为 20133 元，工资性收入占 41.97%，经营净收入占 34.63%，财产净收入占 2.53%，转移净收入占 20.88%。在这四部分收入中，可以将工资性收入和经营净收入都视为来自就业的收入。无论是从全国整体的情形看，还是只看其中的农村居民，参与就业都是居民获得可支配收入的最主要渠道。整体上看，中国城乡人均可支配收入构成中，72.57% 的份额来自参与就业产生的收入；农村居民人均可支配收入中，76.6% 的份额来自就业。

尽管工资性收入和经营净收入都可以视为与就业直接相关的收入，但二者的含义仍然具有差别。工资性收入主要来自受雇型就业，通常具有稳定性和一定的支付标准；经营净收入主要来自劳动者从事各种经营性活动，净收入受到市场环境等多种因素的影响，并且具有一定的不可预期性。对于中国农村劳动者而言，工资性收入主要来自非农就业，而经营性收入主要来自农业劳动。

贫困地区[②]农村居民获得收入的主要方式同样是参与就业，2020 年与就业相关的收入占人均可支配收入的比重约为 70.20%，其中工资性

---

① 数字加起来与全国居民人均可支配收入有细微差别，是计算过程中四舍五入造成的。

② 各地脱贫的进程不一，尽管部分先脱贫地区已不再是"贫困地区"，也有些地区可能会从贫困地区变为脱贫地区，但为了表述便利，本节仍将脱贫攻坚确定的全部地区统称"贫困地区"。

收入为35.30%，经营净收入占34.88%（见表2-1）。全部脱贫以后，工资性收入的比重继续提高。这意味着，农村居民的收入水平与就业方式具有密切的相关性，劳动收入构成中工资性收入比重越大，可支配收入相对越高。整体上看，农村劳动力参与非农受雇型就业有助于提高可支配收入。

表2-1根据相关统计资料整理了近年来贫困地区农村常住居民可支配收入的构成情况。从各类来源收入的结构变化来看，统计数据呈现出三个比较明显的特征：一是工资性收入所占比重和转移净收入所占比重呈现稳步上升的态势，二是经营净收入所占比重呈现稳步下降的态势，三是财产净收入所占比重较小但呈现小幅平稳上升的势头。工资性收入所占比重的稳步上升和经营性收入所占比重的稳步下降，使二者的相对关系发生重大转变。"十三五"末期（2020年），工资性收入已经取代经营性收入，成为贫困地区农村居民人均可支配收入的最主要来源。2014—2021年，工资性收入在贫困地区农村居民人均可支配收入中的比重从32.70%提高至36.50%，人均可支配收入从6852元提高到14051元。根据檀学文的计算，对于农村建档立卡的贫困（脱贫）居民家庭，在"十四五"末期的人均可支配收入中工资性收入已经达到了2/3。[①] 转移净收入在贫困地区农村居民可支配收入中的占比呈现稳步上升，这说明中国在"十三五"时期对打赢脱贫攻坚战的财政性投入逐年增加，并且切实以农村贫困居民增收为目的，对提高贫困居民可支配收入、提高生活水平起到了保障性作用。事实上，贫困地区农村居民获得的转移性收入，由于一部分转化为家庭生产或者家庭人力资本投资的"资本"，其对于获得经营性收入和工资性收入形成辅助和支撑。

表2-1　　　　贫困地区（脱贫县）农村居民可支配收入构成　　　（单位：%）

年份	工资性收入	经营净收入	财产净收入	转移净收入
2014	32.70	44.30	1.20	21.80

---

① 檀学文：《巩固拓展脱贫攻坚成果的任务与过渡期安排》，载魏后凯、黄秉信主编《中国农村经济形势分析与预测（2020—2021）》，社会科学文献出版社2021年版。

年份	工资性收入	经营净收入	财产净收入	转移净收入
2015	33.40	42.90	1.20	22.50
2016	34.10	40.70	1.30	23.90
2017	34.20	39.70	1.30	24.80
2018	35.00	37.50	1.30	26.20
2019	35.30	36.00	1.40	27.30
2020	35.30	34.88	1.47	28.34
2021	36.50	34.10	1.44	27.96

资料来源：2014—2019 年数据根据对应年份的《中国农村贫困监测报告》资料整理；2020—2021 年数据根据国家统计局发布的《脱贫攻坚战取得全面胜利 脱贫地区农民生活持续改善——党的十八大以来经济社会发展成就系列报告之二十》资料整理。

二　非农就业和外出务工促进农村贫困家庭脱贫步伐加快

就业非农化是中国劳动力就业的空间分布和产业间分布动态变化的一个重要特征。在以城乡为区分的二元结构中，城镇就业在绝对数量上以及在总就业中所占的比重都呈现明显的上升。改革开放以来，随着总就业规模的增加，城镇就业所占比重持续提高。中国就业人口总量于1998 年首次超过 7 亿人，城镇就业人员数首次超过30%；2014 年城镇就业人数达到3.93 亿人，占全部就业人数的比重达到50.88%，首次超过乡村就业数量；到2023 年年末时，城镇就业占全部就业的比重进一步提高至63.5%。由于城镇就业几乎都是非农就业，就业人口比重从乡村向城镇的转移，直接表明中国劳动力就业从农业领域向非农领域转移。

从产业分布上看，最直接的统计数据就是在就业的三次产业构成中，第一产业所占比重持续降低：第一产业所承载的就业人口占全部就业人口的比重从改革开放初期的70%以上下降至 2022 年年末的24.1%。结合改革开放以来中国居民可支配收入的提高，就业的非农化演进，一个直接的结果就是居民可支配收入的稳步增加。例如，从改革开放初期到经济发展新常态前夕，2012 年年末相比 1978 年年末，城镇居民人均可支配收入增长 71 倍，扣除价格因素的年均增长率为

7.4%，农村居民人均纯收入增长 58 倍，扣除价格因素的年均增长率为 7.5%。[①] 从 2012 年年末到 2021 年年末，全国居民人均可支配收入从 16510 元增加到 35128 元，扣除价格因素的年均实际增长率为 6.6%。[②]

从农村贫困家庭的脱贫经历上看，参与非农就业，尤其是参与城镇劳动力市场的非农就业，是促进脱贫步伐加快的重要决定因素。扩大非农就业机会是增加农民收入的关键。大量微观研究表明，非农就业促进了贫困家庭收入增长和摆脱贫困。温兴祥运用 CHIP 2013 农村住户调查数据考察农户本地非农就业对家庭消费的影响，其基准结果表明，农户家庭参与本地非农就业要比在本地不参与非农就业的情况下，年生活消费提升 15.5%—28.2%，消费水平提升的一个重要机制是非农就业改善了收入水平。[③] 周力和邵俊杰采用 2010—2018 年的中国家庭追踪调查（CFPS）数据进行的实证分析表明，农户通过参与非农就业，会通过提高绝对收入水平而改善其相对贫困状态。[④] 孙大鹏等采用 2018 年的 CFPS 数据进行分析发现，农村劳动力非农就业还在整体上促进了农村居民幸福感的提高。[⑤] 彭克强等基于 2014 年对四川传统农区的农村住户调查数据的分位数回归分析发现，农户家庭非农从业人数平均每增加一人，家庭人均纯收入、劳均纯收入、非农从业人员人均收入分别增长 25 个百分点、16 个百分点、173 个百分点，因此，农户家庭的非农从业人数对家庭人均收入具有非常显著的正向影响，但非农就业与收入之间并非线性关系。[⑥] 陈志等基于 2020 年针对鄂南山区某县贫困户脱贫质量的调研微观数据，采用 RIF 回归分解法对农户收入不平等进行分位回归分析

---

① 《改革开放铸辉煌 经济发展谱新篇——1978 年以来我国经济社会发展的巨大变化》，《人民日报》2013 年 11 月 6 日第 11 版。

② 《居民收入水平较快增长 生活质量取得显著提高——党的十八大以来经济社会发展成就系列报告之十九》，2022 年 10 月 11 日，国家统计局网站，http://www.stats.gov.cn/xxgk/jd/sjjd2020/202210/t20221011_1889192.html。

③ 温兴祥：《本地非农就业对农村居民家庭消费的影响——基于 CHIP 农村住户调查数据的实证研究》，《中国经济问题》2019 年第 3 期。

④ 周力、邵俊杰：《非农就业与缓解相对贫困——基于主客观标准的二维视角》，《南京农业大学学报》（社会科学版）2020 年第 4 期。

⑤ 孙大鹏等：《非农就业提高农村居民幸福感了吗?》，《南方经济》2022 年第 3 期。

⑥ 彭克强、宋丽丽、张琳：《劳务性增收、收入分层与正规信贷可得性——基于四川传统农区农户调查的分位数回归》，《世界经济文汇》2019 年第 1 期。

表明,脱贫家庭外出务工的人数增加可以起到明显缓解收入不均等程度的作用,这一效果主要通过工资性收入增加并且相对较低收入脱贫家庭的收入增速高于高收入农户而实现。[①] 熊小林和杜鑫指出,非农就业既能提高农村居民收入,还能有效改善农村居民收入分配格局。[②]

三 促进就业是取得和巩固脱贫成效的直接举措

以参与就业并不断提高就业质量的方式取得更多劳动报酬,是贫困家庭实现脱贫增收的可持续举措。在脱贫攻坚战的实践中,就业扶贫被作为授人以渔的举措,在全国各地广泛推进。针对 1482 万建档立卡贫困户进行的脱贫攻坚普查显示,其中的 1390.6 万户享受过就业扶贫的直接政策帮扶。就业扶贫的实现路径包括农村劳动力向外输出、就近参与非农就业、参与本地脱贫产业、提升技能水平等形式。根据人力资源和社会保障部的数据,截至 2020 年年末,全国 9000 万建档立卡贫困人口中,90% 以上得到产业扶贫和就业扶贫支持。[③]

对外劳务输出扶贫是成规模地组织贫困地区农村劳动力赴用工需求旺盛的地区从事非农就业,在脱贫攻坚阶段以建档立卡贫困家庭为重点服务对象,成规模的劳务输出也是区域扶贫协作(如东西协作)的重要方式。从个人层面来看,劳务输出的本质是在政府有关部门的协助之下,贫困家庭劳动力获得城镇就业的机会,成为就业有保障的农民工,并确保其应有的权益。如果缺乏劳务输出扶贫举措的帮扶,由于信息不对称、技能不匹配等制约,很大一部分贫困家庭的劳动力可能难以找到合适的进城务工机会。2012—2023 年,全国外出(跨乡镇)农民工的名义月均收入从 2290 元增加到 5441 元,各年在外从业时长为 9.8—10.1 个月。假定扣除外出产生的交通、通信等必要成本后,年有效从业时长

---

① 陈志、许佳慧、吴海涛:《外出务工对脱贫农户收入不均等的影响——基于受教育子女数量的调节效应分析》,《湖北经济学院学报》2022 年第 4 期。

② 熊小林、杜鑫:《非农就业对中国农村居民收入水平和收入分配的影响研究》,《宏观经济研究》2024 年第 4 期。

③ 《人力资源社会保障部新闻发布会 介绍 2020 年人力资源和社会保障工作进展情况》,2021 年 1 月 27 日,中国政府网,https://www.gov.cn/xinwen/2021 - 01/27/content_5582857. htm。

为 8 个月，那么，2012—2021 年，平均一个外出务工的农村劳动力有望赚取的年收入将从 18320 元提高至 43528 元，远远超过同一年份农村居民人均可支配收入的水平（见表 2 - 2）。这意味着，对于农村家庭而言，如果有一个或以上的劳动力外出成为有稳定就业的农民工，将会极大地改善整个家庭的收入状况。

表 2 - 2　　　　　　　　　农村劳动力外出务工的收入优势

年份	外出务工劳动力人均预期收入（元）	农村居民人均可支配收入（元）	外出务工的收入优势：（务工收入相当于人均可支配收入的百分比）
2013	20872	9430	221.34
2014	24864	10489	237.05
2015	26872	11422	235.27
2016	28576	12363	231.14
2017	30440	13432	226.62
2018	32856	14617	224.78
2019	35416	16021	221.06
2020	36392	17132	212.42
2021	40104	18931	211.84
2022	41920	20133	208.22
2023	43528	21691	200.67

注："外出务工劳动力人均预期收入"依据外出农民工月均收入推算折合年收入，假定外出农民工扣除由外出产生的交通、通信等成本之后，剩余的可支配收入总额相当于 8 个月的月收入。

资料来源：月收入的基础数据来自国家统计局发布的《农民工监测调查报告》，农村居民人均可支配收入来自《中国统计年鉴》。

结合外出农民工的平均工资水平可以看出，对于贫困家庭而言，如果劳动力实现更加充分的就业，将可能直接促进其脱离贫困状态。国务院新闻办公室指出，贫困劳动力务工规模从 2015 年的 1227 万人增加到 2020 年的 3243 万人。① 脱贫攻坚战取得成效之后，通过劳务输出促进就业仍然被作为巩固脱贫成果的重要途径，人力资源和社会保障部的数据表明，2023 年年末，脱贫人口务工规模为 3397 万人。②

根据贫困地区不同的资源禀赋特征，发展具有比较优势的扶贫产业、扶贫车间，让贫困家庭的更多劳动力参与其中，实现就地扩大就业，也是就业扶贫的重要方式。在农村脱贫攻坚战实施期间，全国累计建成各类产业扶贫基地 30 余万个，形成特色农产品品牌 1.2 万个，建立农民合作社 71.9 万家。直接面向贫困地区因地制宜发展扶贫产业，将有就业能力和就业意愿的贫困家庭劳动力纳入其中，扩宽了本地就业脱贫的机会。

第三节　共同富裕离不开农村劳动力
高质量充分就业

2020 年全面小康社会的建成，以农村脱贫攻坚战时期所确定贫困线为基本标准的绝对贫困问题得以解决，但是，持续推进包括脱贫人口在内的相对较低收入群体的生活水平加快提升，实现人人享有更加美好的生活仍然需要长期的共同努力。实施乡村振兴、推进相对贫困问题治理、壮大中等收入群体规模，进而稳步推动全体人民共同富裕，符合全体人民的根本利益。在此过程中，扩大就业和推动更高质量的就业，仍然潜力巨大。

第一，农业部门的劳动生产率仍然具有较大的提升空间，这意味着仍然有一部分的农业劳动力可以转移至非农部门就业，尽管数量规模已经发生了下降。2020 年中国第一产业增加值约为 7.8 万亿元，年末就业人数为 1.78 亿人，全员劳动生产率约为 4.39 万元/人，第二、第三产业

---

① 中华人民共和国国务院新闻办公室：《人类减贫的中国实践（2021 年 4 月）》，人民出版社 2021 年版。

② 《人力资源社会保障部举行发布会 介绍 2023 年人力资源和社会保障工作进展情况》，2024 年 1 月 25 日，中国政府网，https://www.gov.cn/zhengce/202402/content_6932261.htm。

增加值合计93.8万亿元，就业人员数合计5.73亿人，全员劳动生产率约为16.36万元/人，第一产业就业人员的劳动生产率不足第二、第三产业的1/3。如果第一产业的全员劳动生产率提高至第二、第三产业平均水平的一半，即第一产业劳动生产率提升1倍，则理论上可能释放出一半的就业（约9000万人）至第二产业或第三产业就业。如果第一产业劳动生产率提升幅度更大，则有更多的劳动力可以继续从农业部门转出，可能远超过1亿人。即便考虑第一产业从业人员在整体上的劳动技能、年龄结构等因素的制约，仍然潜在地有较大规模的劳动力可以从第一产业转出。不少学术研究都印证，中国农业部门仍然存在较大规模待转移就业的劳动力。钟甫宁和何军根据较早基础数据的分析，认为至21世纪中叶，农业劳动力有可能下降至3.8%，则（假设不考虑总人口规模变化）平均每年仍可转移700万人以上的农业劳动力到非农部门就业。① 蔡昉指出，无论是从国际比较的视角，还是从产业间生产率预期趋同进行研判，中国农业劳动力向非农部门转移的过程均远未结束。跨入高收入经济体的行列，国家统计局口径下的农业劳动力就业比重还可比2016年降低15.6个百分点（大致相当于转出1.18亿人）。② 谢玲红估算认为，在当前生产力水平下，中国农业部门仍然有超过8000万剩余劳动力可供转移。③ 这些证据表明，农业部门的劳动力可以继续通过转移而提高生产率。而劳动力从农业部门向非农业部门转移，在很大程度上也就是从乡村就业向城镇就业转移，这一过程必然是就业质量的提高过程。

第二，对比农村脱贫家庭、农村一般家庭和城镇家庭的人均收入及其结构情况可以发现，农村脱贫家庭的工资性收入占比明显较低，是导致总的可支配收入落后于一般家庭的最主要原因。因此，可以通过扩大就业和提升劳动力供给质量，提高脱贫家庭的工资性收入，进而压缩脱

---

① 钟甫宁、何军：《增加农民收入的关键：扩大非农就业机会》，《农业经济问题》2007年第1期。

② 蔡昉：《农业劳动力转移潜力耗尽了吗？》，《中国农村经济》2018年第9期。

③ 谢玲红：《"十四五"时期农村劳动力就业：形势展望、结构预测和对策思路》，《农业经济问题》2021年第3期。

贫家庭与一般家庭的收入差距。由于缺乏农村脱贫家庭的收入结构信息，但贫困地区（脱贫地区）是贫困家庭比较密集的地区，可以采用贫困地区农村居民收入统计数据来做一个简明分析。贫困地区农村居民家庭人均可支配收入与全国农村（整体）人均可支配收入之间的差距在持续缩小。为了进一步对比的便利，定义贫困地区与对照地区家庭的收入缺口表示为，与对照情形的水平差距占贫困地区自身情形的百分比［如A与参照对象B的收入缺口可由（B－A）/A计算得到］，缺口越大，差距越大。分别把全国农村居民家庭、城镇居民家庭作为贫困地区农村居民家庭的参照（目标）对象，计算近年来的人均可支配收入缺口（见表2－3），可以看出，到2020年年末，贫困地区（脱贫地区）农村居民人均可支配收入与全国农村人均可支配收入之间的缺口收缩至36.09%，2021年进一步收缩至34.73%。人均工资性收入缺口在"十四五"时期也发生了更加显著的收缩，一方面原因在于其基数高企（2015年贫困地区与全国农村居民的人均工资性收入缺口高达80%）；另一原因在于就业扶贫措施促进了贫困地区的非农就业（受雇型就业），使工资性增长加快。尽管如此，到2020年，工资性收入缺口仍然高达56.9%，比整体上的收入缺口高20个百分点。这说明，贫困地区农村居民与农村居民整体上的人均可支配收入缺口，最主要的贡献因素是工资性收入缺口。同样，全国农村居民与城镇居民的人均可支配收入缺口，仍然也是主要由工资性收入缺口较大所导致。

表2－3　　贫困（脱贫）农村地区与全国农村及城镇的收入缺口　（单位:%）

年份	人均可支配收入缺口			人均工资性收入缺口		
	贫困农村与全国农村比较	贫困农村与全国城镇比较	全国农村与城镇比较	贫困农村与全国农村比较	贫困农村与全国城镇比较	全国农村与城镇比较
2015	49.24	307.62	173.12	79.98	656.54	320.34
2016	46.28	297.73	171.90	74.37	617.53	311.51
2017	43.25	288.14	170.96	71.29	591.62	303.77
2018	40.94	278.47	168.53	65.32	555.97	296.79

年份	人均可支配收入缺口			人均工资性收入缺口		
	贫困农村与全国农村比较	贫困农村与全国城镇比较	全国农村与城镇比较	贫困农村与全国农村比较	贫困农村与全国城镇比较	全国农村与城镇比较
2019	38.50	266.20	164.40	61.28	526.28	288.32
2020	36.09	248.22	155.87	56.93	493.63	278.28
2021	34.73	237.43	150.45	55.16	455.29	257.88

资料来源：笔者计算。

可支配收入差距主要由工资性收入差距所致，工资性收入缺口较大，意味着通过扩大就业和提高就业质量作为提高相对低收入群体的收入水平的举措，仍然具有巨大的潜力和前景。一方面，促进脱贫地区和脱贫家庭就业，提高非农就业和受雇型就业劳动力的比重，持续缩小农村脱贫群体与无贫困经历群体之间在工资性收入方面的整体差距。另一方面，在提高农业劳动生产率确保粮食安全的前提下，继续推动农村剩余劳动力向非农就业转移，通过扩大非农就业，进一步提高工资性收入在农村居民可支配收入中的比重。

第三，通过参与劳动力市场获得收入、提高劳动供给质量获得收入快速增长，是绝大多数家庭最具预期的收入增长来源。并且，随着劳动力市场的完善和公共就业服务体系的持续健全，脱贫家庭和相对较低收入的家庭将会比以往获得更多就业的机会。在特定的时期，通过向有劳动能力的贫困家庭提供规模庞大的转移性支付，主要目的是向这些特别困难的家庭提供自力更生的启动资金，而非以提供日常消费的资金来源为主要目的。未来居民家庭的净转移性收入，将以扶弱兜底、保基本为主要政策目的，并且由社会政策来发挥作用，更高层次的收入和消费必然需要通过劳动创造。城镇化继续推进，将会持续释放大量城镇就业机会，并且在劳动力整体上更趋短缺的背景下，城镇就业的工资率还将提高，这为农村低收入家庭劳动力通过进城务工提供了更多的通道。乡村振兴以产业为抓手，使乡村特色产业、县域经济发展壮大，也可为一部分脱贫农村家庭提供就近就业增收的机会，甚至提供创业的机会。此外，数字经济的发展，能够为几乎所有技能梯度的农村劳动力提供非农就业机会。不仅通过消费互联网的应用为农村低技能的劳动力提供非农就业机会，同时也通过工业互联网的应用为高技能的劳动力提供非农就业机会。[①] 有必要通过向脱贫地区推广包括数字技术在内的现代技术，提高劳动者生产效率和获取市场信息的能力，在生产率提升的过程中，实现就业提质和收入增长。

---

① 田鸽、张勋：《数字经济、非农就业与社会分工》，《管理世界》2022 年第 5 期。

第三章

▶ ▶ ▶

劳动力市场的结构性矛盾及治理

通过就业获得的工资或经营收入在中国居民收入构成中占比最高，是绝大多数人最主要的收入来源。就业是最大的民生，无论是巩固脱贫成果、保障和改善民生，还是扎实推动共同富裕，都应始终将就业置于突出重要的位置。但是，过去十余年来，在劳动年龄人口数量减少、劳动力需求总体旺盛的背景下，失业和就业困难等现象也在增加，结构性就业矛盾比较突出。有必要在系统梳理结构性就业矛盾的特征化表现、剖析其形成机理的基础上，有针对性地提出治理方案。

第一节　城镇劳动力市场结构性矛盾的核心表现

当前中国城镇就业领域的结构性矛盾最突出的表现为供求错配，求职者就业和企业招工双重困难。在劳动力资源总供给发生明显缩减的背景下，根据生产要素供求关系原理，容易理解的是企业用工成本整体趋于上扬，"招工难"对于不能提高工资水平的企业来说将成为常态，将有利于劳动者就业的发生，这是劳动力市场均衡的一般逻辑。过去十余年来，在劳动力数量减少的同时，劳动力的整体质量也发生了明显的提升，加之宏观经济运行在总体上仍然比较平稳，整体上具备就业的有利条件，但是，劳动力市场的实际运行情况与经济学的逻辑预示相差较远。并且，无论是宏观政策层面还是微观居民个人，均对"稳就业"问题表现出较大的担忧。

在古典经济学的增长模型中，劳动和资本是两大核心生产要素，他们的价格按照相对稀缺程度决定。20世纪80年代以来至21世纪初期，由于劳动力丰富而资本稀缺，资本要素的所有者具有更强的讨价还价能力，经济运行以低工资多就业为普遍特征。劳动密集型经济的繁荣尽管在整体上改进了几乎所有人的福利，但在资本与劳动的对比关系中，资本由于其显著的稀缺性优势而获得更加丰厚的回报，加之地方政府采取大量优惠政策招商引资，资本要素所有者容易获得超额利润。当劳动力要素趋于短缺时，根据稀缺者珍贵的逻辑，劳动力要素拥有者的讨价还价能力会提高，市场压力会更多传导至劳动力资源的使用部门（企业部门），资本会不断向劳动让渡利益。近年来的现实情况却是，劳动力的需求方和供给方均承受着较大的压力：企业承受着劳动力成本上涨压力的同时，劳动者并未明显获得工资上涨和就业机会增加的好处。现实与理论逻辑的这种冲突表明，当前中国劳动力市场运行中的结构性矛盾相当突出，主要有以下几个方面的特征性事实。

一　劳动力供给数量和质量均于就业有利，就业忧虑较为普遍

前文对人口因素的分析表明，中国经济进入发展新常态以来，以16—59岁劳动年龄人口数量表示的劳动力资源总量持续下降，根据生产要素的供给需求关系原理，将更有潜力实现充分就业。并且以受教育年限为代表的劳动力资源质量在整体上稳步提升，2010—2021年整体提高了1.2年以上，也为更好地适应劳动力市场需求、形成更具效率的市场匹配创造了更加充分的条件。但是，与整体上有利于就业的劳动力供给态势相伴随的是，社会对就业问题的关注度或担忧也在增加。就业是政府所关心的重要民生事项，查阅2011—2023年政府工作报告"就业"一词出现的频次，可以大致把握就业问题的被重视程度。另外，可以通过了解网民搜索"失业保险金领取条件"的强度，来大致把握社会的就业/失业忧虑情况。

采用词频计数法来把握文件（或会议）对某一相关领域的重视程度，本身是一种比较粗糙的方法，因为某一领域的词频往往与文件（或

会议）的主题以及重点事项有关。为了减轻这种干扰，本书采用"相对法"来进行统计，设计［就业—经济］词频比指标，即统计计算历年政府工作报告中"就业"一词与"经济"一词出现的频次对比，结果呈现为图 3-1 中的连线。因为政府工作报告主要是对经济社会运行进行总结和安排，将"经济"一词作为参照系具有合理性。整体上看，［就业—经济］词频比在 2019 年以后明显升高。按三年期平均来看，2011—2013年的政府工作报告中［就业—经济］词频比为 27∶100，而 2019—2021年上升至 60∶100；2013—2015 年的政府工作报告中［就业—经济］词

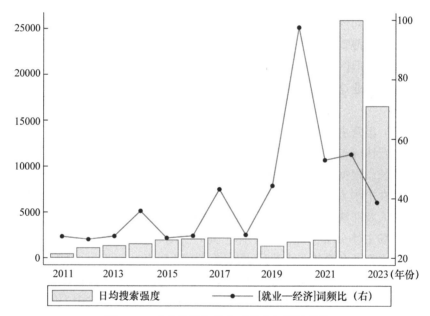

图 3-1 政府政策和公众对就业问题的关注

注："百度搜索日均强度指数"（左轴，条形图示）表示以"失业保险金领取条件"为关键词的日均搜索强度指数，其含义是互联网用户对关键词搜索关注程度及持续变化情况，搜索指数的算法是，以网民在百度的搜索量为数据基础，以关键词为统计对象，科学分析并计算出各个关键词在百度网页搜索中搜索频次的加权（参见 http://index.baidu.com）；"词频比（N∶100）"（右轴，连线图示）代表政府工作报告中出现"就业"的次数与出现"经济"的次数之比，以"经济"出现的次数标准化为 100。

资料来源：根据历年政府工作报告、百度指数平台分析关键词所得数据绘制。

频比约为 30∶100，而 2022—2024 年上升至 45∶100，这些变化在一定程度上说明政府工作更加重视就业。这一方面表明政府更加重视以就业为重要表现的民生问题；另一方面，这也是就业环境更加复杂在公共事务上的体现。

借助百度搜索引擎的搜索强度指数统计工具，按年度统计以"失业保险金领取条件"为关键词的日均搜索强度指数，强度指数越高，说明网民对关键词的搜索次数越多，获得的 2011—2023 年各年日均强度结果描绘在图 3 – 1 的条形中。从条形高度随时间演进的趋势来看，2011—2018 年，网民对于"失业保险金领取条件"的搜索强度持续增加，日均搜索指数从 2011 年的 469 增加到 2018 年的 2115，2019 年和 2020 年的指数略有回落，然后在 2022 年出现比 2021 年增长 10 倍以上的跳跃式增长。网络搜索强度指数的变化，固然包括搜索引擎设置指数算法及调整的因素，但网络用户对"失业保险金领取条件"的关心，实际上体现了用户对失业这一事件本身的担忧。

二　经营主体快速增长，就业净创造能力趋弱

经营体或市场主体是经济的力量载体，就业提质扩容离不开经营主体的成长。根据《中华人民共和国市场主体登记管理条例》，市场主体指的是在中华人民共和国境内以营利为目的从事经营活动的有关自然人、法人及非法人组织，包括六种具体形式。为了统计上的便利，通常又将市场主体分类为企业、个体工商户、农民专业合作社三个大的类别，其中企业和个体工商户所占比重占 98% 以上。

随着中国市场体系不断发展，经营主体的数量规模不断壮大。特别是 2013 年以来，经营主体成长速度明显加快，总户数从 2013 年年初的 5500 万户扩大到 2023 年年末的 1.84 亿余户①，不断壮大的经营主体队

---

① 2022 年以前的年份为"市场主体"数据，2023 年为"经营主体"数据，来自国家市场监督管理总局，参见《2023 年新设经营主体 3273 万户》，《人民日报》2024 年 3 月 14 日第 1 版。经营主体与市场主体尽管在概念和内涵上有所差别，但二者的统计范围相差不大，由于笔者未在公开资料查到对这两个概念在统计上的明确定义，通过对相关统计数据的推断，得出二者的范围大致相同。以整"万户"为计数单位时，在统计数值上无差异。例如，前文指出"国家市场监督管理总局日前发布数据显示：2023 年，我国新设经营主体 3273 万户，同比增长 12.6%"，而《中华人民共和国 2022 年国民经济和社会发展统计公报》显示"全年新登记市场主体 2908 万户"，3273 万户新设经营主体相比 2908 万户新登记市场主体，正好增长了 12.6%。总数口径上，市场主体数与经营主体数也是基本吻合的。

伍有力支撑了超过 7 亿人的就业。各时期经营主体的新登记设立及其存续情况，构成了期末的保有数量，图 3 - 2 中的浅色条形展示了近年来中国新登记设立经营主体的情况，可以看出，年度新设立经营主体数量于 2018 年突破 2000 万户门槛，进入爆发式增长阶段。不过，从新增经营主体与新增就业的对应关系来看，新增经营主体对就业的带动能力呈现弱化趋势。图中的深色条形代表的是对应年度城镇新增就业数量规模，连线表示的是各年城镇新增就业数量与新登记设立经营主体数量之比，各点的含义是平均每新增 1 户经营主体对应的城镇新增就业数量。尽管数量上的对应关系并非完整的因果关系，但由于经营主体是承载就业的核心载体，数量对应关系的变化能够较大程度体现新增经营主体对城镇新增就业的支撑能力。可以看出，近十年来平均每新增 1 户经营主体所对应的城镇新增就业呈现快速下降的态势，2011—2014 年，平均

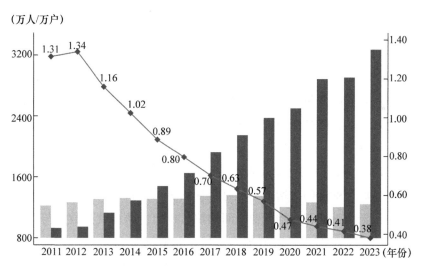

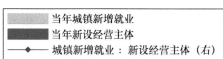

图 3 - 2 历年新设经营主体与城镇新增就业

注：2022 年之前经营主体数为市场主体数。

资料来源：根据国家统计局、国家市场监督管理总局相关数据整理。

新登记设立 1 户经营主体对应着新增 1 个以上的城镇就业机会，而到 2020 年，需要新设立 2 户以上经营主体才可能对应 1 个新增就业机会。2023 年，全国新设经营主体 3273 万余户，城镇新增就业 1244 万人，城镇新增就业与新设经营主体之比进一步下降至 0.38。这一趋势性变化表明，新设经营主体的增加并未带来新就业岗位的增加，甚至对就业机会的净创造为负。

三　城镇新增就业机会对就业净增加的支撑力减弱

城镇新增就业人数和年末城镇就业人数，是体现城镇劳动力市场就业状况的两个常用指标。城镇新增就业是一个具有流量特征的指标，能够说明当年新产生的就业岗位数量。城镇就业年末人数，是一个具有存量特征的指标，表示实有人数，当年年末人数减去上一年年末人数，可以得到当年城镇就业人数的净增加情况。将历年城镇新增就业人数和城镇就业人数[①]的净增加对比地看（见图 3-3），可以发现二者之间的关系正在发生着明显的变化：新增就业对净增就业的支撑力下降。

自从城镇就业人员变动数据测算制度建立以来，各年度城镇新增就业与净增就业的数量规模在 2011 年之前大致相当，其中个别年份的净增就业规模甚至略高于新增就业规模。例如，2011 年城镇新增就业 1221 万人，城镇净增就业 1316 万人，[②] 净增就业人数明显多于新增就业人数，2012 年城镇净增就业人数略高于新增就业人数，新增就业规模有力地支撑了城镇就业的净增加。但是，从图 3-3 可以看出，从 2013 年开始，城镇新增就业与净增就业之间的缺口拉大，净增就业数量与新增就业数量之比明显减小。2020 年全国城镇新增就业 1186 万人，而净增就业仅为 1022 万人，净增就业规模仅为新增就业规模的 86% 左右。2021 年两个数字之间的鸿沟进一步拉大，城镇就业人数的净增不足新增就业人数的 40%，而 2022 年城镇净增就业人数为 -842 万人，意味着尽管当

---

① 本小节关于"城镇就业人数"的统计来自《中国劳动统计年鉴（2023）》（2020 年及以前年份）、"全国统计公报（2021—2023）"（2021—2023 年各年数据）。

② 2011 年年末中国城镇就业人数为 36003 万人，2010 年年末中国城镇就业人数为 34687 万人。

年城镇新增就业机会仍然保持增长，但实际在城镇就业的总人数比上一年明显减少。如果不考虑 2022 年的异常值情形，从 2019—2023 年的平均水平来看，城镇净增就业规模约为新增就业的 70.92%，新增就业对就业净增加的支撑能力发生了较为明显的弱化。两个数字缺口拉大的背后，存在三种现象：一是部分新增就业群体就业一段时间之后，通过失业或者退出劳动力市场等方式在统计期末已经脱离了就业状态；二是部分新增就业来自对当期失业的消纳；三是一部分人新进入到就业状态的同期，另一部分人以非自然减员的原因退出了就业。这些现象表明，劳动者对岗位的不适应性较为突出，就业的整体稳定性减弱。

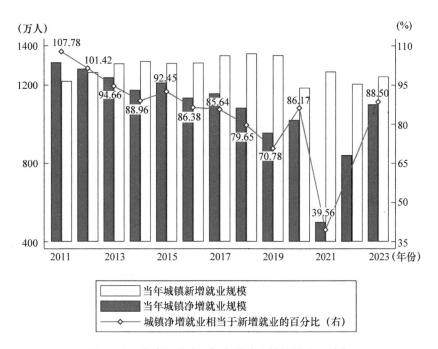

图 3-3　城镇新增就业与净增就业的数量关系对比

注：2022 年城镇净增就业人数为负数（-842 万人），图中未表示该年份净增就业相当于新增就业的百分比。

资料来源：笔者计算、绘制，计算所使用基础数据来自《中国劳动统计年鉴（2023）》和"全国统计公报（2023）"。

四　需求"缺口"大的群体失业率反而高，存在需求悖论

城镇调查失业率表示在城镇劳动力市场中，通过随机抽样调查的方式获取的失业人数占劳动力人数的百分比，能够比较客观地反映失业的真实情况。国家统计局自 2018 年开始正式公布月度城镇调查失业率数据，但通过各类新闻报道能够实际获取到的城镇调查失业率数据可以追溯到 2013 年 6 月。整体上看，中国城镇调查失业率保持在比较合理的低位。尤其是 2013 年 6 月—2019 年 6 月，31 个大城市调查失业率保持 5.2% 以下（且多数月份低于 5.0%），说明就业比较充分；2019 年下半年以来失业率抬升幅度较大，尤其是受到中美经贸摩擦和新冠疫情等冲击，直至 2020 年年末 31 个大城市调查失业率在多数月份高于 5.2%（其中 2020 年 2—8 月达 5.7%—5.9%），但在多重稳就业政策措施覆盖之下，失业情况仍然总体可控。在 2023 年 4 月—2024 年 3 月，全国城镇调查失业率持续处于 5.3% 以下的区间。如果将整体情况拆开来进行分析则可以发现，不同群体之间的失业率差异较为明显。

一是年轻群体失业率的变化趋势异于整体情形。国家统计局月度公布的城镇调查失业率显示，16—24 岁年龄群体的调查失业率在读数以来的各期均明显高于整体平均水平，失业率是平均水平的两倍以上。例如，2018 年 1 月—2019 年 6 月这一整体就业形势较好的时期，全国平均口径的城镇调查失业率处于 4.8%—5.3%，而 16—24 岁年龄群体的城镇调查失业率处于 9.8%—11.6%；在新冠疫情冲击严重的 2020 年 2—8 月，全国平均口径的城镇调查失业率从 6.2% 逐月下行至 5.6%，而同期 16—24 岁年龄群体的调查失业率却从 13% 的高位继续逐月上行至 16%。2023 年 4—6 月，全国城镇调查失业率分别保持在 5.2% 左右，而 16—24 岁年龄群体的调查失业率却高达 20% 以上。

有关分年龄组别的失业率统计情况，国家统计局月度数据仅公开发布两个组别的数据，16—24 岁年龄组和 25—59 岁年龄组，为了更清晰地体现分年龄组别的失业率差异情况，我们借助年度统计数据进行了更细分年龄组的推算。结果表明，随着劳动者群体年龄增大，失业率呈现明显的翘尾"L"形特征。以 2018 年和 2019 年的年度数据为例，按 5

岁年龄分组（16—19 岁年龄组为 4 岁组）推算的城镇失业率呈现在图 3-4 中，可以看出，无论是在 2018 年还是 2019 年，最年轻两个组别的失业率都是最高的，16—19 岁年龄组的失业率约为 25—59 岁年龄组的 3 倍，20—24 岁年龄组失业率是 25—59 岁年龄组失业率的 2 倍以上。25—59 岁群体内部各组别的失业率尽管有所差距，例如 25—29 岁年龄组和 55—59 岁年龄组的失业率要比其他组别高一些，但整体上比较平坦。推算结论再一次印证，年轻群体的失业率明显高于其他年龄组劳动力的失业率。

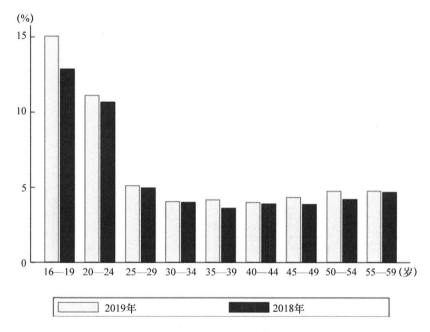

图 3-4 按 5 岁组推算各年龄段劳动力失业率情况

资料来源：笔者根据国家统计局公布的相关数据整理。

二是行业之间失业风险分化，劳动力需求旺盛的行业失业率普遍较高。为了分析不同行业劳动者的失业风险情况，按照与前述按年龄组推算类似的方式，依据 2018 年和 2019 年"全国月度劳动力调查"中有关城镇就业的行业构成数据、失业前的行业构成数据以及全年城镇就业的整体情况等信息，可对两个年度按行业区分的失业率作出推算，结果呈现为图 3-5。需要说明的是，推算各个行业的失业率，一个前提假定是从某一行业失业的人员，再次寻找工作岗位时，仍然限于原先就业的行业。由于失业率表示在一定范围的劳动力中，失业人数所占的比重，按行业做推算时，就将"一定范围"作了具体的行业规定，但劳动者实际上是可以跨行业流动的。劳动力本身在行业之间较为自由进出的可能性，会动态地影响各个行业的劳动力总数，按行业分组的推算要比按年龄分组的推算粗略一些，但结果不失代表性，尤其是有利于在比较失业的行业构成时剔除行业本身的从业人员规模的影响。

从图 3-5 可以看出，在城镇劳动力市场中，失业率较高的前五个行业分别是住宿和餐饮业，居民服务、修理和其他服务业，制造业，批发和零售业，文化、体育和娱乐业。这些行业的失业率远远超过国民经济的平均水平，然而，社会需求缺口最大的用工岗位也出自这些行业。如果不存在结构性矛盾，按行业分组计算的失业率应趋于相当。

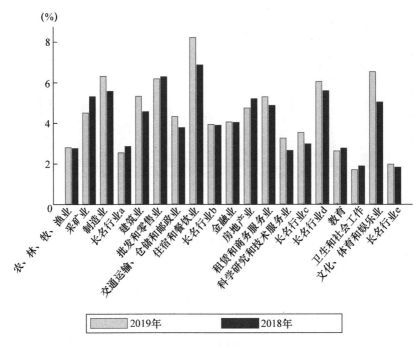

图 3-5　按行业推算各组别劳动力失业率情况

注：缩写的名称分别是电力、热力、燃气及水的生产和供应业（长名行业 a），信息传输、软件和信息技术服务业（长名行业 b），水利、环境和公共设施管理业（长名行业 c），居民服务、修理和其他服务业（长名行业 d），公共管理、社会保障和社会组织（长名行业 e）。

资料来源：笔者根据国家统计局公布的相关数据整理。

五　劳动力市场参与率发生变化，部分就业矛盾被遮挡

劳动力市场参与率有所下滑，能够在统计上下拉"真实的"失业率，一定程度上掩盖就业态势可能的严峻性。对于劳动力市场运行情况的观察，除了调查失业率，还应当关心适龄人口的劳动力市场参与情况。如果一个国家或地区的失业率较低，且劳动力参与率较高，则足够说明劳动力市场运转良好，但是，如果劳动力参与率不高或者很低，即便失业率处于很低的水平，也不能为劳动力市场运转良好提供充分的证据，甚至可能是疲弱的劳动力市场（例如，疫情之后的一段时间，美国失业率下降幅度很大，但劳动力参与率下降明显）。失业率来自失业人口数与经济活动人口数之比，由于劳动参与率下降主要是因为一部分失业人口从经济活动人口群体中退出，不再具有就业要求，随着这部分人口向非劳动力转移，失业率同时发生下降，但其积极意义仅仅更多表现在统计意义上，而可能并非就业的实际改善。依据国家统计局公开的人口数据和劳动力数量数据的计算发现，过去二十余年来，中国 15 岁以上年龄人口的劳动参与率在整体上呈现下降趋势，从 2000 年的 75.71%下降至 2010 年的 70.1%，进而下降至 2020 年的 67.62%，2022 年则进一步下降至 65.55%。[①] 劳动参与率的下降是多重因素综合作用下的结果，包括受教育年限增加以及人口年龄结构（老龄化）变化等因素的作用，但同时也包括一部分就业难的群体永久性离开劳动力市场，"沮丧工人"退出之后会改变调查失业率的宏观经济含义。

农民工群体回撤并不通过失业统计数据表现出来，但其中的一部分实为隐蔽性失业。外出农民工规模从增速减缓到净减少是近年来城镇劳动力市场的一大新特征，新冠疫情暴发以来直到 2021 年下半年，部分农民工已经永久性地从务工城市回到原籍，表明这一返乡群体再也不会构成统计城镇调查失业率的样本来源，即使其"实际失业"也不再被"计入失业"，从而会导致较低的城镇调查失业率掩盖劳动力市场的真实情况。随着城镇化的推进和农村生产条件的改善，返乡农民工在户籍地

---

① 根据《中国统计年鉴（2023）》中有关数据计算。

就近就业创业的机会也在增加，但从劳动生产率的角度看，参与城镇劳动力市场的工作量饱和度更高，返乡就业存在一定程度的隐性失业。其中的一部分回流农民工属于被迫回流，这种情形下的流动构成了就业质量的净损失。

共享经济、平台经济的兴起和扩张，促进了灵活就业等新就业形态就业，扩大了就业统计范围，但实际上也就压缩了对失业的统计范围，使真实的失业更具有隐蔽性。因为灵活就业可以不受最低工资线的约束，导致劳动者参与就业的质量可能更低。例如，对于一个待就业劳动者，如果没有灵活就业机会，他一旦实现单位就业就至少会获得最低工资标准的工资收入，待业（或失业）的机会损失也至少是最低工资标准的收入；但是，如果他未能实现单位就业，而是寻求到灵活就业，即便工作量非常不饱和（如一周工作仅1—2小时），收入仅为单位就业最低工资标准的很小比例，则他仍然会被统计为就业；然而，这种情况下的就业和单位就业相比较而言，在效率上与失业并无实质性差别。此外，外卖骑手等以互联网平台为依托获得灵活就业的人员，在信息获取的公平性、社会地位、安全保障、职业前景等方面也处于劣势地位，整体上的就业质量不高。

第二节　城镇劳动力市场结构性矛盾的成因分析

结构性就业矛盾的生成逻辑在于，劳动力市场的调整速度滞后于产品市场调整速度，劳动力供给结构不能及时响应于产品市场派生的内在需求。中国经济从高速增长阶段进入到结构快速调整阶段，对劳动力市场的灵活性要求提升，尤其是当产品的技术构成发生变化时，需要劳动力的技能发生对应的配合，但是劳动者技能结构难以在较短的时间完成转变，从而导致劳动力市场上人力资本供求错位，岗位空缺和待业者同时大量存在。

一　技术进步和增长动能切换，使劳动力既稀缺又过剩

劳动年龄人口规模收缩，城镇劳动力市场平均工资加快上涨，提高

了厂商使用劳动力的成本，必然会促进资本对劳动的替代。在劳动和资本组成的二维等产量曲线上，生产要素的组合点向资本一方移动。研究与开发活动是创新的来源，尽管创新可能有不同的表现形式，可以归类为劳动力节约型或互补型等，如果不考虑市场扩大的因素，则创新带来的技术进步均会表现为劳动力节约型，即导致单位产出所需要的劳动力减少。例如，人工智能可以提高生产活动的智能化和自动化程度从而减少生产活动所需的劳动力；[1] 工业机器人的推广可以导致就业岗位的损失。[2] 技术进步来自研究与开发活动，近二十年来研发活动投入的加大明显改善了劳动生产率，生产过程中明显发生了对使用劳动力的节约。

结构性失业也是产业结构调整的结果，然而产业结构调整的过程本身是经济发展质量和就业质量提高的过程。只要劳动者的人力资本更新速度滞后于产业结构调整所要求的速度，就可能会因为技能的不适应而产生结构性失业或摩擦性失业。例如，经济绿色化、低碳化转型，稳步推进"双碳"战略等举措，不可避免地会压缩高耗高排行业的市场空间，大幅减少这些行业的就业。如果这些行业的市场主体不能实现生产方式转型或者溢出劳动力不能实现职业转换，必然会导致一部分失业，但顺利实现增长动能切换的市场主体，更加具有国际竞争能力，能够提供更高质量的就业机会。

二　新设经营主体未充分转变为吸纳就业的有效主体

第一，部分新登记经营主体并非实质性新设，而是从未登记状态转变为登记状态，其市场活动原本就存在，登记设立只是正规化的过程，尽管在统计上增加了数量，但不会带来新的就业机会。不可避免的是，一些新设经营主体的注册登记属于纯粹的策略性行为，主要是出于规避纳税等方面的考虑，并无实际的新增市场活动发生，因此也就不创造就业。

---

① 陈彦斌、林晨、陈小亮：《人工智能、老龄化与经济增长》，《经济研究》2019 年第7 期。

② 闫雪凌、朱博楷、马超：《工业机器人使用与制造业就业：来自中国的证据》，《统计研究》2020 年第 1 期。

　　第二，经营主体呈小型化趋势，边际就业承载力减弱。经营主体的规模越小，承载就业的空间越有限。随着商事制度改革的推进，企业登记注册更加便利化，加之各级政府对"双创"活动的激励，促进了小微企业（登记注册数量）爆发式增长。个体工商户数量的更快扩张也在整体上拉低了市场主体的平均规模，例如，2016—2020年，年均新设立个体工商户的数量是新设企业的2倍左右，而个体工商户户均从业人数比企业更小，户均就业吸纳能力更弱。因此，近年来经营主体的增长，主要是以小微企业和个体工商户为代表的小型市场主体的增长。小微企业和个体工商户整体上吸纳了大量的就业，但单个经营主体的岗位提供能力与大中型企业相比，几乎可以忽略，并且由于组织结构不清晰、职业晋升通道狭窄，对求职者的吸引力有限。

　　第三，经营主体"死亡率"高，新设立经营主体数量未能转化为增量，导致就业岗位的消亡风险。代表性表现是，以部分小微企业为代表的小型经营主体缺乏活力，市场寿命较短，尚未将就业创造的能力发挥出来。根据国家市场监督管理总局的相关信息，2012年以来，历年市场主体数量的净增量仅为当年登记注册数量的45%—60%。例如，2023年当年新设立经营主体3273万户，但经营主体的存量从2022年年末的1.69亿户增加至2023年年末的1.84亿户，存量净增量约为1500万户，净增数仅为新设数的45.83%。数量上的悬殊表明，在新登记设立经营主体的同期，一部分存量正在注销；或者，新登记设立的经营主体存续期未超过一个年度。市场经济条件下，"有进有出"的动态过程本身是效率提高的过程，但如果淘汰率过高，不仅增加行政管理成本，也不利于就业岗位的稳定存续。

三　劳动力供需结构失衡导致新增就业与净增就业背离

　　新增就业难以支撑就业增长、经济存在结构性失业的根源在于劳动力供需结构失衡。城镇新增就业规模（就业机会）与就业净增量之间的悬殊，除了人口老龄化速度加快这一趋势性因素，劳动力市场供需双方缺乏匹配效率是更为重要的原因。与前述对于新登记设立经营主体的情形类似，在产生新就业的同时可能有一部分存量就业消失（既可能是就业所依托的经营主体消亡，也可能是经营主体减少或变更就业岗位），以及一部分新增就业存续的时间较短，从而使就业净增加规模远小于新增就业规模。对于就业所依托的经营主体发生消亡的情形，在造成就业损失的过程中也会促使产生新的就业，溢出的劳动者是否被劳动力市场需要，是能否产生新的就业的关键。对于因经营主体变更或减少劳动岗位的情形，说明一些特征的劳动者不再被劳动力市场所需要，腾挪的新岗位被新增就业部分地取代。此外，一部分新增就业在经历了较短的时期之后便离开，重新进入搜寻职位的队伍，尽管可能会被记入新增就业，但这部分群体不会带来就业的净增加。背后的驱动因素在于，劳动者在进入新的岗位一段时间之后，并不能适应岗位的要求（或者不能满意于这个岗位），匹配效率不高。劳动力配置的流动性增强，对于宏观配置效率来说并非坏事，即经过多次反复地搜寻、筛选和匹配可能实现"劳动者—岗位"的最佳匹配，但对于稳定就业大局来说具有不可忽视的社会成本，尤其是会进一步加剧就业困难群体实现就业的难度。

四 多重因素致使青年群体失业率高企

新成长劳动力指的是初次进入劳动力市场择业的劳动者，主要是16岁及以上、各级各类教育不再升学的应届毕业生，是最年轻的劳动者群体。年轻劳动者群体失业率较高，是世界范围内的普遍现象。根据国际劳工组织的估算，2011—2020年，世界范围内15—24岁年龄组劳动力的失业率为13.3%—13.8%,[1] 如果调整为年龄组群体大致可比的口径，中国16—24岁年轻群体失业率略微低于世界平均水平，但也明显高于其他年轻组别劳动力。导致年轻劳动力失业率高企的因素是多重的，其中特征更为明显的有以下几个方面。

第一，初次进入劳动力市场的群体，存在角色转换摩擦，自愿失业的比重较高。16—24岁年龄段的劳动力，多数是初次进入劳动力市场，尚未形成对职业生涯的认知，没有完成从学生到劳动者的角色转换，并

---

① International Labour Organization（ILO），*Global Employment Trends for Youth 2020*：*Technology*，*The Future of Jobs*，Geneva：The Publications Production Unit of the ILO，2020，p. 149.

且在经济上也尚未完全独立，取得劳动报酬的需求不强烈，因此这个群体固有的流动性意愿要高于其他群体。流动性高则意味着存在岗位更换期间的接续风险，进而产生失业。除了自身的流动意愿更强烈之外，年轻群体在职业或行业的选择上，也更倾向于选择更具灵活性、更"自由"的岗位。年轻群体更乐意到批发零售、餐饮和住宿、居民服务、互联网服务、金融等服务业部门就业，[①] 这些行业领域的人员流动性较高。

第二，过早进入劳动力市场者人力资本储备不足，非自愿型失业与自愿失业相叠加。受教育程度低者失业率更高，这个规律对于所有年龄段的劳动者都适用，在年轻群体中更加突出。对于新成长劳动力，16—19 岁群体意味着只具有初中毕业受教育程度，或部分受过高中阶段的教育，这已经难以达到中国劳动力市场的基本要求了。2023 年，中国劳动年龄人口平均受教育年限已经超过 11 年，新增劳动力平均受教育年限达到 14 年，[②] 并且新增劳动力群体中有 55% 左右的人受过高等教育，这说明对于初次进入劳动力市场的年轻群体而言，至少需要具有"两年制"大专学历才能达到平均水平。在不再接受教育而初次进入劳动力市场的群体中，16—19 岁群体的受教育水平要低于 20—24 岁群体，因此，16—19 岁群体的失业率要明显高于 20—24 岁群体。在就业服务方面，高校应届毕业生除了可以获得全体劳动者普遍能够享有的公共就业服务，还能获得院校就业指导或服务部门的服务，而初中或高中阶段的学校通常没有就业服务部门，不再升学的年轻人能够得到的就业服务要少于高校毕业生。由于接受的教育相对较少，运用互联网、学缘人脉网等获得职位的可能性也更低。

第三，大中专院校应用性专业设置不能及时响应劳动力市场需求。二十余年来的高等教育扩招，让更多年轻人有机会接受更多的教育，但是教育结构对经济转型升级的人才供给、需求严重不相适应，职业技术

---

① 中国社会科学院宏观经济研究智库课题组等：《加大需求端支持力度 促进经济均衡复苏》，《财经智库》2021 年第 2 期。

② 《2022 教育大数据公布！我国新增劳动力平均受教育年限达 14 年》，2023 年 3 月 23 日，教育部网站，http://www.moe.gov.cn/fbh/live/2023/55167/mtbd/202303/t20230323_105238.html。

教育的质量对应用型高级人才供给的瓶颈约束近年来更加突出。于是，应届毕业生就业等待期延长，人岗适应的搜寻和匹配次数增加。

五　市场化、竞争差异和外部冲击对各行业就业的影响不均衡

失业率较高的行业具有几个明显特征：市场化程度相对更高、行业内竞争很充分、对从业者的技能或学历水平整体要求不高。例如，失业率最高的"住宿和餐饮业"，市场主体数量巨大、平均规模较小，并且"国资"的比重非常小，对从业者（尤其是一线员工）的受教育水平要求不高，劳动者进入此行业的约束可以忽略。相比之下，失业率处于最低位的"卫生和社会工作行业"，绝大多数大中型市场主体具有公立性质，小微型市场主体亦需具备较严格的设立条件，对从业人员具有相对较高的专业技能要求，其中相当一部分从业人员的职业较为稳定（事业单位人员）。市场竞争激烈、人员进入壁垒低的行业，失业率较高，主要是由于人员流动性高所致。于是，出现越缺工的行业失业率越高的局面。

制造业内部各类企业之间的生产率和利润分化，缺乏劳动力的企业不被求职者青睐，报酬给付高的企业对劳动者工作能力要求高。由于技术进步、机器换人等生产过程的变化，对技能要求不高的操作性岗位大幅压缩，减少劳动力使用。部分劳动力密集的制造业企业，劳动生产率不高，过去的赢利模式主要是靠庞大的产品数量堆积，单位产品的利润非常低，能够承担的劳动力成本天花板较低，本身对劳动者缺乏吸引力。如果要求这些企业提高工资，为了维持企业的存续，只能通过延长加班时间、实行更苛责的考核等方式增强劳动者的工作强度，使岗位的吸引力进一步下降。不过，机器并没有完全替代技术密集度低的制造业岗位，在自动化、智能化的生产流程中仍然存在着大量需要一定程度使用人眼、人脑和手工的岗位（这是当前劳动密集型岗位的特征），但这些岗位上的工作内容枯燥、"干中学"的空间有限、劳动者之间没有交流，即便能够提供比较可观的工资，这些岗位上人员的流动性也很高。然而，制造业内部生产效率高的子行业或企业，尤其是高技术制造业，对劳动者的筛选强度高，求职者难以满足企业的招聘要求。

外部需求收缩、供应链不畅等因素导致制造业就业岗位大幅调整。在中国的制造业中，面向出口的部门吸纳了大量的就业，而 2018 年以来不断升级的中美经贸摩擦导致出口受限，进而使对劳动力的派生需求不足。而最近一段时期，全球疫情蔓延使中国部分行业领域的外贸订单大幅下降，出口企业经营步履维艰，就业形势不乐观。① 在供应链方面，经贸摩擦以来美国对中国的技术封锁加剧，制造业企业的关键技术被断供的现象普遍，企业开工率不足，造成就业损失。此外，受到制造技术进步的驱赶或者主动离开，一部分劳动者从制造业溢出之后，试图进入其他行业就业，但尚处于职位搜索期或者职业转换衔接周期较长，使制造业失业率高企。可见，对于人力资本水平相对较低的普通工人而言，制造业与居民服务业的失业率成因具有逻辑上的差异：制造业失业率高，是因为劳动力从制造业流出，试图进入其他行业但尚未成功，劳动者处于行业或职业变换的空当期；居民服务等非高技术服务业的失业率高，主要是因为行业内的劳动力流动性高。

第三节　缓解结构性矛盾促进就业扩容
提质的路径优化

就业扩容提质包含增强经济的就业吸纳能力和增进就业质量两个方面的含义，分别对应于宏观经济运行平稳（稳增长）和形成高质量发展的新发展格局（促改革）。从扩容的角度看，要保持就业大局稳定、不断创造就业机会，经济确保经济运行在合理的区间，把充分就业对应的经济增长率作为增长目标区间的下限，形成有利于促进就业的政策导向，强化各类经济社会政策协同。从提质的角度看，要形成就业质量目标导向，坚持市场在配置生产要素的过程中发挥决定性作用。就业领域的结构性矛盾，在于体制机制障碍和劳动力供给侧短板约束了劳动力市场更好地发挥作用，因此要加快破除这些约束和障碍。综合地看，要统

---

① 杨瑞龙：《稳就业保民生的关键是保市场主体》，《中国党政干部论坛》2020 年第 9 期。

筹推进扩容和提质，把握好二者的平衡。既不能过分强调稳就业，而实施过度保护，也不能对各项改革急于求成，忽视稳就业背后的民生寄托。结合劳动力市场结构性矛盾的成因，兼顾就业扩容提质、优化结构，有必要把优化人力资本投资作为重中之重，把提高劳动力供给质量作为提高就业质量的根本着力点，不仅增强劳动者适应劳动力市场变化的能力，并且不断填补国家在创新型人才、高级应用型人才等方面的短板，打开提高就业质量的动力之源。同时，要注重增强市场主体的内生发展动力，促进就业政策向微观末端瞄准，增进面向青年等重点群体的针对性，并且持之以恒推进创新型国家建设，不断拓展更高质量就业的国民经济载体。

一　强化人力资本投资，减缓就业忧虑和增强劳动力市场适应性

重点要运用好三大抓手：普通高等教育、职业技术教育、社会化的培训体系。基本前提是继续推进高等教育的普及，鼓励更多青年在完成高中阶段学业之后进入普通高等院校或高等职业院校继续学习，提高自身人力资本储备，顺应未来劳动力市场技术变化。更重要的是，要着力提升各类人才培养质量。对于普通高等教育，更加注重输出创新型人才，应强化基础理论训练，培育理论创新能力和借助理论进行实践创新的能力，要优化课程设置和严格培养过程，提高普通高等教育毕业生的整体水平，尤其是理论素养。在进入研究生学习阶段之前，应突出"厚基础、宽口径"的知识训练，[1] 研究生阶段以后则进一步细化研究领域，增强高级人才的专门性。课程教学训练环节与就业环节之间应当具有合理的分工，知识和理论的教学环节应克服面向就业的短视性，从严把握学生培养质量。中国经济将越来越注重内涵和质量，对科技创新具有更高的要求，对高质量教育体系建设和人才培养体系提出了更多新挑战，因此高等教育又要具有适度的引领性。[2] 而就业服务环节则加大提供服务的针对性，提供更高质量的就业辅导，担当好高校课堂与劳动力市场

---

① 厉以宁：《中国经济双重转型之路》，中国人民大学出版社 2013 年版，第 147 页。

② 吴晓刚、李晓光：《中国城市劳动力市场中教育匹配的变迁趋势——基于年龄、时期和世代效应的动态分析》，《中国社会科学》2021 年第 2 期。

对接的桥梁。被社会感知的"第一学历"歧视，成因在于高等教育的供给侧，消除这种歧视的根本途径在于提升培养质量。

对于职业技术教育，应当加快填补教育回报较低的短板，优化办学格局、改善办学条件、提高技能人才培养质量，不断提升职业教育的社会认可度和吸引力。当前，职业教育过于强调应用型技能的传授，相当于将工厂实习环节前移至学校，经过实践课程教学或实际操作，学生能够在毕业之前掌握本专业对应的技术，甚至达到熟练操作的程度。但是，如果职业技术教育毕业生对于技术运用背后所依据的基本原理或底层逻辑知之甚少，一旦技术发生调整，就会产生不适应。尤其是在中等职业教育层次，文化素养类课程投入力度和被重视程度不足，中职院校或职业高中的毕业生与同期普通高中毕业生相比，文化类和科学类课程的掌握程度要明显更低。这样一来，尽管中职毕业生在进入劳动力市场的初期具有技能上的优势，但优势会随着时间的推移而消退，职业教育过于强调应用技能的训练，对培养学生学习能力的重视程度不够，导致中职毕业生缺乏职业发展后劲。[①] 因此，职业技术教育提质发展不仅需要重视技术传授本身，并且要注重培养学生的学习能力。在专业设置上要紧密对接产业升级、技术变革趋势和市场需求变化，并且在培养过程中要提高通识教育的权重，让更多的学员知其所以然，成为掌握并能引领行业技术变革趋势的工匠、应用技术人才。

社会化培训重在发挥市场力量的作用，健全私人付费参与培训的激励机制，兼顾公共培训的民生性。借助良好的制度安排，促进以大型企业为代表的劳动力需求主体与劳动者之间的协调配合和参与积极性，鼓励企业根据发展愿景自主制定培训计划和课程体系，鼓励劳动者根据职业生涯规划自主选择培训项目，鼓励高等院校在不占用公共资源的前提下，参与提供优质适用的职业技能培训项目。以提高在职劳动者生产率的企业培训以及劳动者为提高职场竞争力的提升培训，属于专用型人力资本投资，应当主要由受益者自身承担培训成本，但公共政策可通过税

---

① 王奕俊、胡慧琪、吕栋翔：《教育收益率发生了变化吗——基于 CFPS 的中等职业教育招生下滑与升学热原因探析》，《教育发展研究》2019 年第 11 期。

收减免或抵扣等方式提高企业或个人参与的积极性。针对需要再就业的失业人群的培训、针对农民工转移就业的培训以及面向其他就业困难群体就业的培训，应注重公共性和推广基本就业技能。尽管这类培训的受益者也主要是受训者个人，但由于群体庞大且在劳动力市场上处于相对弱势地位，出于保民生促就业的考虑，应由公共资金承担培训成本。公共培训在强调基础性和广适用性的同时，应尽可能兼顾受众的多元化需求，如增加培训批次和内容的范围等。

二　增强经营主体内生发展动力，促进人员稳与经营活更好平衡

经营主体是就业最主要的载体，保就业在很大程度上就是保经营主体。因此有必要适当强化新登记经营主体对于支撑经营主体净增长的能力，提高经营主体净增量与新登记设立数量之间的比值。保经营主体的重点又在于保中小微企业，在外部需求不稳、疫情散发冲击、各类生产成本明显抬升加剧中小微企业生存脆弱性的背景下，要以更大力度的纾困资金投入、进一步减税降费、精准金融支持、打击恶意拖欠款项等方式助企援企，实质性减轻企业负担。针对中小微经营主体更大力度的助企纾困投入，应不断提高对象识别的准确性，确保受援主体确系因外生冲击而产生突发性经营困难但本身"产品有市场、项目有前景、技术有竞争力"。杜绝大水漫灌式纾困，防范持续向落后产能"输血"而导致市场竞争机制不能发挥筛选机制。劳动力市场政策必须在保护就业岗位和增强劳动力市场灵活性之间寻求更有效的平衡，如果对现有岗位保护过度，则可能导致劳动力市场僵化：低效率的岗位或劳动者不能退出，更具有效率的岗位设置或劳动者无法进入。例如，青年就业困难在很大程度上与劳动力市场僵化有关，对现有岗位的过度保护降低了流动性，新进入劳动力市场的年轻劳动者获得岗位的难度增大，青年失业率上升。[1] 因此，保经营主体的要义在于，既能确保存量岗位大体稳定，又能实现就业机会更迭升级。一方面要营造公平良好的环境，着力解决好

---

① 都阳：《中国劳动力市场分析、展望及政策建议》，载谢伏瞻主编《经济蓝皮书No.30：2021年中国经济形势分析与预测》，社会科学文献出版社2020年版。

中小微经营主体普遍面临的融资难融资贵等难题，对于受到冲击而出现暂时困难但有市场前景的企业给予必要的帮扶，并且要扶上马送一程；另一方面在于确保新的、更富生命力的经营主体能够及时出现，促进新旧主体形成良性的代际交叠，不再具有市场竞争力的经营主体能够顺利退出，下一代经营主体能够健康发育成长壮大，通过交叠实现产业升级、扩大就业和就业质量的提高。保经营主体的措施应注重增强其内生发展动力，给予扶持的目的是无须给予扶持，确保必要的"创造性毁灭"过程不被干预或扭曲，在帮助经营主体战胜困难的同时，增进经营主体的发展活力。

三　微观就业政策更加注重针对劳动者个人

将就业政策向微观个人延伸，从鼓励企业为劳动者保留就业岗位到更加注重支持劳动者主动寻求就业。促进就业的政策措施瞄准对象向劳动者一端前移，将鼓励就业、夯实职业技能、失业保障等各类扶助或奖励措施直接运用至劳动者群体，尽可能避免借助企业等中间环节造成稳就业政策效果的损失。对企业的纾困类政策和对劳动者的稳就业政策，要在相互配合中突出各自的侧重点。企业纾困稳岗的逻辑是增强企业的经营能力进而达到稳就业的效果，而非鼓励企业保留本应被市场淘汰的岗位或者保留无法适应生产的劳动者。如果纾困类政策扭曲了企业对岗位设置的优化或者扭曲了企业对劳动者的筛选行为，将导致稳岗政策沦为政府借助企业之手转移发放给（本应失业）劳动者的"补贴"，纾困稳岗政策措施反而不能起到扩大就业和岗位持续稳定的效果，人为阻止解聘或裁员甚至可能拖累整个企业其他人的就业质量。对劳动者的稳就业政策发生作用的基本逻辑在于，与失业保障政策共同构成空间较大的缓冲带，能够承接由于产业结构调整、企业经营转变等过程溢出的劳动力，促进劳动者自身参与劳动力市场活动的积极性和提高相应的技能，增进就业。对劳动者的稳就业政策，应将相应的资金更多地直接用到劳动者身上，资助困难家庭的应届毕业生求职、资助失业人员和就业困难群体更新技能再就业、资助返乡农民工创业、强化公共就业服务机构的服务能力。对企业的纾困，注重减负担和增活力，对劳动者注重激励强化劳动力市场搜寻和提升人力资本。鼓励企业提供高质量的职业技能培训，同时要更加鼓励劳动者参与职业技能培训，不断提高应对劳动力市场变化的能力。

四 增进对青年等重点群体就业服务的针对性

青年失业率高具有世界普遍性，青年就业的流动性高本身伴随着效率的改进，但由于青年失业又伴随着重要的社会问题，不同的失业类型具有迥然不同的社会影响，因此必须要高度重视青年的就业问题。要对青年的失业原因进行甄别，重点关注不能实现就业的群体并给予必要的政策干预，增进其就业创业能力；而对于竞争能力较强但处于职业转换期的劳动者，优化提供服务的方式；促进新成长的年轻劳动者形成正确的择业观和就业观，鼓励业已毕业但暂时没有升学意愿的青年尽早自食其力，减少就业等待时期。消除应届生就业的"非重点院校"歧视，保障不同院校的毕业生享有公平的职场入口。从长远来看，消除青年就业困境和歧视的根本途径在于提升教育质量，但就业指导和服务部门在每一个时期需要承担好就业促进职能，减少人岗匹配过程中的摩擦和效率损失。加快构建生育友好型的劳动力市场，健全育幼公共服务体系，将吸纳育龄女性就业和吸纳已育中青年妇女就业作为企事业单位履行社会责任的参考指标，着力消除"母职惩罚"。打破行业垄断，着力削减行业间工资差距，畅通劳动者在不同行业之间、地区之间的流动。扩大农民工城镇就业和提高其就业质量的首要任务是推进市民化，尤其在城镇住房、医疗、失业、子女入学等方面给予充足的保障，确保农民工能够在城市留得下。

五 把强化原始创新和打通产业链堵点作为提高就业质量的内核

基础研究和原始创新是长远利益和当前利益的连接点，应当持之以恒地坚持。由于基础研究和原始创新需要长周期的投入，其收益大多不能同步传递给劳动力市场，当期的科技创新投入对改善当期就业的作用可能并不明显，但科技力量是就业质量的引领者，如果忽视科技进步，不仅就业质量长期得不到提升而且既有就业的稳定性也难以得到保障。

一是要加大产业共性基础技术研发投入，确保合理产能不受技术性制约。产业链供应链运转顺畅、企业开工正常、符合产业发展要求的产能被充分利用，是稳就业的基础，需要加快解决企业关键技术和零部件被"卡脖子"的问题。二是面向消费升级和居民对美好生活的需要，以技术创新推动产品质量升级，通过产品市场的不断扩大来带动就业的进一步增加。产品升级换代仍然具有庞大的市场，不仅国际贸易的相对优势仍然存在，并且当国产品牌性能不断提升之后，还会自然形成一定规模的进口替代，从而引致新的就业。三是健全和优化对各类创新活动的激励机制。在基础研究和共性技术攻关方面，由于获得回报的机制和周期差异巨大，应当强化对基础研究的公共投入，确保科学家能够获得与市场化活动大致相当的回报，能够心无旁骛地从事基础研究（尤其是那些在短期看来可能没有市场应用的基础研究），保证始终有一批最优秀的人才活跃在科学研究的最前端和理论的底层，这是应用性技术产生的源泉。在应用技术创新方面，一方面要鼓励以大型企业为代表的具备较强技术创新能力的经营主体加大研发投入力度，强化与高等学校、科研院所等机构的合作，促进科学研究成果向现实生产力的转化；另一方面要注重知识产权保护，确保创新投入者能够通过市场获得应有的回报。在协调推动基础研究和应有技术创新的过程中，会创造性地催生一些当前无法预见的新产品、新服务模式，会通过扩展职业类别清单的方式，来进一步促进就业。在加大创新投入促进技术进步的过程中，有潜力让多个产业告别"量大利微"的经营模式，通过提高劳动生产率来增加从业者收入，进而让劳动者获得更多的闲暇或精神消费，全面提高就业质量。

第四章

—————————————————————————— ▶ ▶ ▶

行业的技术投入与劳动力市场偏向性筛选

技术进步是劳动力市场变化的一个重要方面，研究与开发活动是技术进步的驱动力。在中国的城镇劳动力市场上，年龄偏大的劳动者对技术进步的适应性更弱，研发投入强度增加，通过改变劳动力市场的技术需求结构，可能促进年龄偏大劳动者提前退出就业。本章借助投入产出表和有关微观调查数据，考察行业加大研发投入而带来的潜在技术进步，对"4050人员"永久性退出劳动力市场行为的微观影响。

第一节　问题的提出：一个悖论和两个现象

一　劳动力供给趋少与就业退出过早

人口老龄化、技术创新正在成为当今世界各主要经济体的两大重要特征。然而，尽管劳动力短缺态势日益明显，年龄偏大（但尚未达到法定退休年龄）人口的劳动力市场参与却普遍较低。OECD发布的数据显示，2010年劳动年龄主力人口（25—54岁）的劳动参与率在中国为88%，欧盟为85%，英国为84.9%，美国为82.2%，OECD成员合计为81.3%；55—64岁年龄人口的劳动参与率在中国为59.7%，OECD成员合计为57.4%，欧盟为49.6%，英国为59.8%，美国为64.9%。这组数据表明，随着年龄增大，越来越多的人选择退出了劳动力市场，其中既包括正常退休，也包括较大规模的提前退出。蔡昉根据中国2010年人口普查数据计算，5 岁组非农劳动参与率在 30—35 岁到 86% 的峰值水平，随后迅速下降，到 50—55 岁年龄组下降为 57%，60—65 岁年龄组则只有 13.8%。① 年龄偏大劳动者退出劳动力市场，一方面，在部分国家是慷慨养老金计划诱导的结果，也与劳动者本人随着财富的积累而对赚取工资收入的偏好消退有关；② 另一方面，年龄偏大劳动者在求职时，也容易受到歧视，尤其是接近退休年龄时。③

　　如果注意生产过程中的技术进步现象，则有可能为世界范围内年龄偏大群体劳动力市场参与普遍较低提供新的解释。

　　研究与开发活动是促进生产技术进步的主要源泉，被普遍视为产业升级和应对劳动力短缺的重要手段，但其在微观方面对劳动供给会产生两个方向的效应：由研发活动带来的技术进步直接改善了劳动生产率，劳动者因产出的增加而获得"加薪"；同时，研发活动催生的新技术加速了现有生产技术淘汰或生产组织形式调整，劳动者原有的技能结构因无法直接适应新的生产，加快了劳动者的人力资本折旧。经典劳动供给理论表明，在确保工作机会的前提下，"加薪"效应又会对劳动者个人产生收入效应和替代效应，其增加岗位内劳动供给时间与否取决于劳动者的边际收入效用，但如果以是否仍然保有工作机会为前提，"加薪"效应则会使劳动者倾向于更珍视当前工作，并努力保有工作机会；由于存在人力资本磨损，要继续保有工作机会，需要通过学习或培训等方式进行人力资本更新，以适应新技术条件下的生产组织形式。否则，劳动者无法获得技术"加薪"红利，且还需要完成从新技术岗位到旧技术岗位之间的职业转换，甚至退出劳动力市场。A. Ahituv 和 J. Zeira 指出，④ 对于年龄偏大的劳动者而言，慷慨的养老金计划以及劳动者早期形成的财富积

　　① 蔡昉：《读懂中国经济：大国拐点与转型路径》，中信出版社 2017 年版。

　　② A. Ahituv, J. Zeira, "Technical Progress and Early Retirement", *The Economic Journal*, Vol. 121, No. 551, 2011, pp. 171 – 193.

　　③ D. Neumark, I. Burn, P. Button, "Is It Harder for Older Workers to Find Jobs? New and Improved Evidence From a Field Experiment", *Journal of Political Economy*, Vol. 127, No. 2, 2019, pp. 922 – 970.

　　④ A. Ahituv, J. Zeira, "Technical Progress and Early Retirement", *The Economic Journal*, Vol. 121, No. 551, 2011, pp. 171 – 193.

累等因素，在面临技术进步浪潮时，增长了更新劳动技能的惰性，因此索性退出劳动力市场。

二 社会研发投入加大并推动技术进步

技术进步带来生产效率的改进，中国越来越重视技术创新和研究与开发活动。改革开放以后，在科学技术是第一生产力的指引下，中国更加重视科学技术的研究和应用，这从历次指导中国国民经济发展的五年计划中可见一斑。例如，"八五"计划指出，要围绕农业、大型成套设备、能源、交通、微电子和新兴技术等领域大力开展科技攻关；"九五"计划明确提出要加速科技进步，提高产业技术开发创新能力；"十五"计划要求科技创新能力增强，技术进步加快。从"十五"计划开始，全社会研究与开发和试验发展经费占 GDP 的比重作为一个重要的量化指标出现在规划文本之中，从"十五"计划到"十三五"规划，提出 R&D 经费占 GDP 的比重目标分别是 1.5%、2.0%、2.2%、2.5%，非常明确地表达了中央政府的产业发展导向将更加突出科学技术的引领性。尽管实际落实五年发展规划的过程中，挂钩 GDP 比重的 R&D 目标指标存在未完成的情况，但历年 R&D 经费占 GDP 比重在过去十余年均表现出逐年稳步增长的态势。研究与开发活动是创新的来源，其结果可能表现为产品或服务的创新，更好地满足市场的需要，也可能是生产技术或生产组织形式的创新，通过技术升级和更富效率的管理来提高劳动生产率。尽管创新可能有不同的表现形式，可以归类为劳动力节约型或互补型等，但如果不考虑市场扩大的因素，则创新带来的技术进步均会表现为劳动力节约型，即导致单位产出所需要的劳动力减少。

三 年龄偏大劳动力人力资本整体水平不高

尽管社会不断增大的需求可以通过创新和技术进步来实现，通过节省劳动力的使用可以在整体上减缓劳动力不足带来的挑战。但在当前阶段，中国居民在整体上并不富裕，仍然需要主要以就业来获得收入并满足生活的需要。因此，必须要重视技术进步过程中的就业问题。与此同时，劳动力市场上的技术进步，对于年龄偏大人群的就业实现可能并不友好,① 而劳动年龄人口大龄化又恰好是中国劳动力资源的一个显著特征。

年龄偏大劳动力的就业问题越来越被引起重视。40 岁以上群体在稳岗就业的各类政策中,多以"4050 人员"的称谓被专门提及,一个主要原因在于他们的平均人力资本水平相对于更年轻的劳动力明显偏低、适应产业调整和技术变迁的能力偏弱,当原有就业岗位被压缩之后,他们大多面临"就业被嫌老、退休自嫌早"的窘境,需要社会给予更加充分的关注。例如,60 岁人口的平均受教育年限仅为 6 年(而美国为13.7 年),年龄偏大人群的低劳动参与率是他们在劳动力市场上缺乏竞争力的结果,"沮丧的工人效应"使他们在达到法定退休年龄之前就过早地退出了劳动力市场。② 张川川和赵耀辉指出,与年轻劳动力群体通过更多的正规教育积累更多通用人力资本相比,中国中老年劳动者群体的人力资本主要来自长年累月在岗位上积累的工作经验,人力资本的专用性较强,快速的经济增长和产业结构变迁使工作特征不断发生变化,对岗位提出新的技术要求,老年人的技术知识结构往往无法适应新的工作岗位。③

第二节　技术进步影响年龄偏大劳动者
就业的现有研究

本章研究的逻辑起点是,由研发投入增长所代表的技术进步,可能改变年龄偏大劳动者的就业状态。相关的文献主要涉及两方面:一是技术进步与劳动力供求之间的关系,二是对劳动者提前退休行为的研究。

---

① A. P. Bartel, N. Sicherman, "Technological Change and Wages: An Interindustry Analysis", *Journal of Political Economy*, Vol. 107, No. 2, 1999, pp. 285 – 325; L. Burlon, M. Vilalta-Bufí, "A New Look at Technical Progress and Early Retirement", *IZA Journal of Labor Policy*, Vol. 5, No. 1, 2016.

② 蔡昉:《读懂中国经济:大国拐点与转型路径》,中信出版社 2017 年版。

③ 张川川、赵耀辉:《老年人就业和年轻人就业的关系:来自中国的经验证据》,《世界经济》2014 年第 5 期。

一　技术进步的劳动力市场效应

在理论层面上，约瑟夫·熊彼特最早地系统性指出，经济中的周期性失业问题是创新活动导致的"创造性毁灭"。[①] 从机制上看，技术进步的直接效应是改进生产效率，其发生的过程可能会改变生产要素的投入组合，于是就产生了对要素的偏向性：有些技术进步伴随资本对劳动力的替代，有些则反之；有些技术进步扩大了对技能型劳动力的需求，而又有些新技术与一般劳动力之间是互补关系。[②] A. Ahituv 和 J. Zeira 认为，技术进步持续改变着生产物品和服务的方式，带来了新的机器和新的生产方法，并对职业进行创造性毁灭，既带来新的职业又破坏旧的工种。[③] 新技术频繁地导致某些人力资本不再适用，同时对人力资本类型发出新的需求信号。

国外的相关研究表明，在总量及结构层面上，技术进步对就业的影响存在模糊性，既可能表现为促进作用，也可能表现为挤出效应，但改变了岗位的职责内容；[④] 在企业层面，企业通过增加研发投入等技术创新活动促进了生产率的改善、通过促进生产规模的放大而扩大了对劳动力的需求。[⑤] 国内

① ［美］约瑟夫·熊彼特：《经济发展理论》，何畏、易家详等译，商务印书馆 2020 年版。

② D. Acemoglu, "Technical Change, Inequality, and the Labor Market", *Journal of Economic Literature*, Vol. 40, No. 1, 2002, pp. 7 – 72.

③ A. Ahituv, J. Zeira, "Technical Progress and Early Retirement", *The Economic Journal*, Vol. 121, No. 551, 2011, pp. 171 – 193.

④ D. H. Autor, F. Levy, R. J. Murnane, "The Skill Content of Recent Technological Change: An Empirical Exploration", *The Quarterly Journal of Economics*, Vol. 118, No. 4, 2003, pp. 1279 – 1333; D. H. Autor, "Why are there Still so Many Jobs? The History and Future of Workplace Automation", *Journal of Economic Perspectives*, Vol. 29, No. 3, 2015, pp. 3 – 30; M. Goos, "The Impact of Technological Progress on Labour Markets: Policy Challenges", *Oxford Review of Economic Policy*, Vol. 34, No. 3, 2018, pp. 362 – 375; D. Acemoglu, P. Restrepo, "Automation and New Tasks: How Technology Displaces and Reinstates Labor", *Journal of Economic Perspectives*, Vol. 33, No. 2, 2019, pp. 3 – 30.

⑤ J. Merikull, "The Impact of Innovation on Employment: Firm-And Industry-Level Evidence From a Catching-Up Economy", *Eastern European Economics*, Vol. 48, No. 2, 2010, pp. 25 – 38; R. Harrison et al., "Does Innovation Stimulate Employment? A Firm-Level Analysis Using Comparable Micro-Data From Four European Countries", *International Journal of Industrial Organization*, Vol. 35, 2014, pp. 29 – 43; M. Capasso, T. Treibich, B. Verspagen, "The Medium-Term Effect of R&D on Firm Growth", *Small Business Economics*, Vol. 45, No. 1, 2015, pp. 39 – 62; L. Kogan et al., "Technological Innovation, Resource Allocation, and Growth", *The Quarterly Journal of Economics*, Vol. 132, No. 2, 2017, pp. 665 – 712.

相关研究主要从总量层面和行业层面考察技术变化与就业之间的关系。齐建国认为，技术进步一方面使单位产出所需要的就业人数减少，另一方面又会通过促进经济规模的扩张而增加就业。基于 1978—1999 年的总量关系计算表明，技术进步与就业变化之间的关系在不同时期具有不同的特征：1978—1990 年，中国技术进步在整体上促进了就业的增加，但 1991 年以后，技术进步导致了就业的缩减。如果考虑 5 天工作制的原因，则减少就业的程度更加明显。[①] 叶仁荪等采用 1990—2005 年中国省际面板数据，用 DEA 方法测算的全要素生产率变化度量广义技术进步，发现对应阶段技术进步对中国就业增长产生了不利影响。[②] 宋冬林等采用中国 1978—2007 年的时间序列数据，遵循新古典一般思路，验证了技能偏向型技术进步在中国的存在性，中性、非中性以及资本体现式技术进步均引致了对技能劳动力的需求增长，而压缩了非技能型劳动力的就业空间。近年来，人工智能、机器人、信息化成为技术进步的重要体现方式。[③] 陈彦斌等以应对人口老龄化作为政策目标，在包含人工智能的动态一般均衡模型中进行的数值模拟表明，人工智能可以提高生产活动的智能化和自动化程度从而减少生产活动所需的劳动力。[④] 蔡跃洲和陈楠研究认为，人工智能及自动化推进中，就业总量将保持基本稳定但结构性冲击不可避免，中间层岗位容易被替代，被替代行业中教育和技能水平较低、年龄偏大人群所受损失最大，就业结构将呈两极化趋势。[⑤] 孙早和侯玉琳也发现，工业智能化促使先进设备替代初中和高中学历劳动力，导致中国劳动力就业结构整体上呈现出"两极化"特征。[⑥] 闫雪

---

① 齐建国：《中国总量就业与科技进步的关系研究》，《数量经济技术经济研究》2002 年第 12 期。

② 叶仁荪、王光栋、王雷：《技术进步的就业效应与技术进步路线的选择——基于 1990—2005 年中国省际面板数据的分析》，《数量经济技术经济研究》2008 年第 3 期。

③ 宋冬林、王林辉、董直庆：《技能偏向型技术进步存在吗？——来自中国的经验证据》，《经济研究》2010 年第 5 期。

④ 陈彦斌、林晨、陈小亮：《人工智能、老龄化与经济增长》，《经济研究》2019 年第 7 期。

⑤ 蔡跃洲、陈楠：《新技术革命下人工智能与高质量增长、高质量就业》，《数量经济技术经济研究》2019 年第 5 期。

⑥ 孙早、侯玉琳：《工业智能化如何重塑劳动力就业结构》，《中国工业经济》2019 年第 5 期。

凌等使用中国2006—2017年制造业数据对工业机器人的就业效应进行的检验发现，工业机器人对制造业行业岗位数量有显著的负向冲击，工业机器人保有量每上升1%，就业岗位减少约4.6%。[1] 孔高文等联合地区层面与行业层面的机器人应用数据，发现机器人应用的推广在一定程度上导致了技术性失业，尤其是在易被机器替代的行业。[2] 在微观企业层面上，黄解宇等利用2009—2011年中国制造业上市公司的面板数据进行的实证研究发现，创新与就业水平在整体上显著负相关，但仅存在小企业里。[3]

二 年龄偏大劳动者为何提前离场

劳动者提前（比法定退休年龄）退出就业，是个体的劳动供给行为，现有研究主要集中于考察劳动者提前退休的决定因素，并重点对社会保障支付待遇引起的提前退休现象进行量化评估。[4]

A. P. Bartel 和 N. Sicherman 直接指出，技术进步会通过磨损人力资本而使劳动者提前离开劳动力市场。如果技术进步与员工的在职培训正相关，则技术进步快的行业中劳动者会推迟退休，但再培训对于年龄较大劳动者而言并不具有吸引力，未可预期的技术改变会导致年龄偏大劳动者提前退休。基于男性劳动力群体的实证检验验证了上述两种机制。[5] A. Ahituv 和 J. Zeira 进一步指出，技术进步会带给劳动者两种截然相反

① 闫雪凌、朱博楷、马超：《工业机器人使用与制造业就业：来自中国的证据》，《统计研究》2020年第1期。

② 孔高文、刘莎莎、孔东民：《机器人与就业——基于行业与地区异质性的探索性分析》，《中国工业经济》2020年第8期。

③ 黄解宇、孙维峰、杨朝晖：《创新的就业效应分析——基于中国上市公司微观数据的实证研究》，《中国软科学》2013年第11期。

④ J. I. Conde-Ruiz, V. Galasso, "The Macroeconomics of Early Retirement", *Journal of Public Economics*, Vol. 88, No. 9, 2004, pp. 1849 – 1869; L. Inderbitzin, S. Staubli, J. Zweimuller, "Extended Unemployment Benefits and Early Retirement: Program Complementarity and Program Substitution", *American Economic Journal: Economic Policy*, Vol. 8, No. 1, 2016, pp. 253 – 288; P. Ayyagari, "Health Insurance and Early Retirement Plans: Evidence From the Affordable Care Act", *American Journal of Health Economics*, Vol. 5, No. 4, 2019, pp. 533 – 560.

⑤ A. P. Bartel, N. Sicherman, "Technological Change and Wages: An Interindustry Analysis", *Journal of Political Economy*, Vol. 107, No. 2, 1999, pp. 285 – 325.

的效应，即工资效应和人力资本磨损效应，并对劳动者的退出产生影响。基于美国 HRS 1992—1996 年 50 岁以上男性人口数据，以全要素生产率（TFP）净增长作为技术进步的代理变量采用 Probit 模型进行的实证分析发现，在其基准情形下，部门 TFP 的净增长率平均每增加 1 个百分点，劳动者离开劳动力市场的概率增加 1.6 个百分点，技术进步把年龄偏大劳动者推离了岗位。[1] L. Burlon 和 M. Vilalta-Bufi 也证实，技术进步对人力资本的侵蚀，促进了提前退休现象的发生。[2] 也有一些研究更加关注具体的新技术应用与年龄偏大劳动者群体就业之间的关系，如计算机信息等新技术的推广应用会改变生产活动对技能结构的需求。L. Friedberg 以美国 20 世纪 80—90 年代计算机应用技术在生产中的推广和普及为事实，基于该国 1984—1997 年的调查数据发现，年龄偏大劳动者在生产中使用计算机的比例明显比年轻人低，在年龄偏大劳动者群体内部（60—64 岁人群），掌握计算机应用技术的人要退休得更晚一些；[3] P. Aubert 等通过分析法国 1998—2000 年 3000 多家企业的工资结构数据发现，企业使用计算机、因特网等新技术或者实施组织创新的行为，降低了年龄偏大劳动者人群（50 岁及以上者）在企业工资结构中的占比，并导致了年龄偏大群体就业机会的减少。[4] 然而，K. Schleife 分析德国 1997—2001 年的情形发现，即便年龄偏大的群体掌握并运用计算机技术，也并不能显著延迟他们退出劳动力市场的年龄。[5]

国内相关文献主要从劳动者自身及家庭特征以及社会保障制度等方面对提前退休现象进行解释。程杰发现，养老保险制度的覆盖，会显著

① A. Ahituv, J. Zeira, "Technical Progress and Early Retirement", *The Economic Journal*, Vol. 121, No. 551, 2011, pp. 171 – 193.

② L. Burlon, M. Vilalta-Bufi, "A New Look at Technical Progress and Early Retirement", *IZA Journal of Labor Policy*, Vol. 5, No. 1, 2016.

③ L. Friedberg, "The Impact of Technological Change on Older Workers: Evidence From Data on Computer Use", *Industrial and Labor Relations Review*, Vol. 56, No. 3, 2003, pp. 511 – 529.

④ P. Aubert, E. Caroli, M. Roger, "New Technologies, Organisation and Age: Firm-Level Evidence", *Economic Journal*, Vol. 116, No. 509, 2006, pp. 73 – 93.

⑤ K. Schleife, "Computer Use and Employment Status of Older Workers: An Analysis Based on Individual Data", *Labour*, Vol. 20, No. 2, 2006, pp. 325 – 348.

降低劳动者的劳动力市场参与水平。[①] 刘子兰等的研究表明，城镇职工参加养老保险会激励他们提前退休，养老金财富每增加1%，会促进劳动者把预计退休时间提早约1.2个月，隔代照料需求会强化劳动者提前退休预期。[②] 另一些基于 CHARLS 数据的实证研究也发现，隔代照料确实促进了中老年劳动者的提前退休。[③] 技术进步对劳动者的人力资本提出新的要求，中老年劳动者对新技术的适应性可能是其是否发生退休的一个原因。一些研究考虑了不同人力资本要求职业类型劳动者的提前退休现象。封进和胡岩发现，人力资本较低的人失业风险较大，专业技术人员和经理人员、熟练工人和服务人员的失业概率较低，失业或下岗可能性越大的个体提前退休的可能性越高，健康状况和子女的劳动力市场参与状况对提前退休也具有不同程度的影响。[④] 李琴和彭浩然从提前退休的对立面——延迟退休意愿的角度，考察不同因素对中老年人劳动力供给的影响，基于选择模型的实证分析表明，职称级别较高的人更倾向于延迟退休，有高级职称的人愿意延迟退休的概率要比无技术职称的人高13.3%，但是，更高受教育水平的劳动者延迟退休的意愿却更低。[⑤]

文献回顾表明，现有研究对技术进步与就业之间关系的考察重点集中在总量关系、分行业或部门针对各类技术进步对就业的影响，在微观层面上重点分析对企业用工行为的影响，而直接针对劳动者个人行为的研究并不多，但现有研究对推进本书的研究具有重要的参考价值。尤其是随着中国劳动力群体的平均年龄逐年提高，年龄偏大群体已经成为就业政策重点关注的对象，本章从劳动者行为（是否提前退出就业）的角度来检验技术进步的影响，丰富了对技术进步的就业效应的认识。同

① 程杰：《养老保障的劳动供给效应》，《经济研究》2014年第10期。

② 刘子兰、郑茜文、周成：《养老保险对劳动供给和退休决策的影响》，《经济研究》2019年第6期。

③ 何圆、王伊攀：《隔代抚育与子女养老会提前父母的退休年龄吗？——基于 CHARLS 数据的实证分析》，《人口研究》2015年第2期；邹红、文莎、彭争呈：《隔代照料与中老年人提前退休》，《人口学刊》2019年第4期。

④ 封进、胡岩：《中国城镇劳动力提前退休行为的研究》，《中国人口科学》2008年第4期。

⑤ 李琴、彭浩然：《谁更愿意延迟退休？——中国城镇中老年人延迟退休意愿的影响因素分析》，《公共管理学报》2015年第2期。

时，也将从一个较新的视角，为中国劳动力市场上的提前退休现象提供解释。

第三节　包含技术进步的两部门劳动力市场均衡模型

一　劳动者与厂商行为特征及市场均衡分析

劳动者具有人力资本、学习能力、年龄等方面的差异，体现为一组向量 X。法定退休年龄是劳动者职业生涯的一条重要参考线。从每个人进入劳动力市场开始，将其生涯分为三期：t_0 期使用既有人力资本正常从事生产并获得回报；t_1 期开始劳动者既有的人力资本已经磨损完毕，不再能够直接适应新的生产方式；t_2 期开始劳动者全部正式退出劳动力市场（退休）。劳动者从收入和闲暇中获得效用，并致力于终身效用最大化，简明起见，本部分讨论劳动者在一系列约束条件下对 t_1 期的最大化问题。

厂商按照收益最大化原则，使用劳动和资本进行生产，劳动力市场的成员具有异质性。厂商采用增加研发投入的方式获得技术进步 δ，伴随技术进步对劳动力要素进行重新筛选，并提高劳动生产率。根据竞争性原则，劳动生产率提高之后，对应职位上的薪资水平提高。

行业的技术进步对劳动者产生外生冲击，导致劳动者具有的存量人力资本产生损耗而不再直接适应生产要求，同时也会导致单位劳动时间的劳动回报改善，劳动者可以提出两种响应方式：一是直接从当前职业退出，二是人力资本更新以适应新的生产方式。

人力资本更新可以通过参加一定期限的针对性培训获得，但是具有学习成本 SL。其中的显性成本取决于直接支付的各种培训费用，假定对所有劳动者恒定或无明显差异；隐性学习成本取决于具体劳动者对新技能的习得难度、对新技能适应未来生产期限的预期，是劳动者学习能力禀赋的减函数且是年龄的增函数，由于学习能力禀赋难以测度，简化采用劳动者所接受过的正规教育 e 代替。因此，抽象掉显性成本之后，劳动者更新劳动技能的学习成本可以表示为 $SL = SL(1/e, -\delta)$。人力资本更新也可以通过"干中学"的渠道进行，但这种渠道的适应对象将受到限制，主要是边际技术劳动力（即劳动者所掌握的技能刚好适应生产，如果生产技术发生稍微更新，则劳动者的人力资本或过时），依据劳动者在生产过程中对技术变化的熟悉程度，不同人群的"干中学"能力具有差异，越是参与技术变化过程或了解技术变化趋势的劳动者，越具备这种能力。因此，如果将劳动者划分为 K 个类别，例如分别包括具有决策权限的经营管理者、专业技术性岗位就职者、一般行政性劳动者和具体操作性劳动者等，那么其"干中学"能力分布为 $k_1 > k_2 > k_3 > \cdots\cdots$。如果劳动者无法通过"干中学"更新人力资本，则采用培训的方式获得。此时，学习成本函数扩展表示为：$SL = SL(1/e, -\delta, K)$。从当前职业退出后，劳动者可以继续进行劳动力市场搜寻，试图进入其他能够与其当前技能特征相匹配的行业或职业，但由于信息的不完善性而具有搜寻成本 SR，劳动者也可以选择永久性退出劳动力市场（R）。

因此，在 t_1 时期劳动者留在劳动力市场的综合成本为 $TS = f(X) \cdot [\alpha SL(1/e, -\delta, K) + (1-\alpha)SR]$，其中 $\alpha = (0, 1)$，分别对应进行职业转换和不进行职业转换。劳动者继续就业的未来收入为：$TR = g(X) \cdot [\alpha W_0(\delta) + (1-\alpha)W_1]^\rho$，$W_0$ 为不转换职业的总收入，由于工资率受到技术进步的影响，因此预期总收入也是技术进步的一个函数；W_1 为转换职业的总收入，$W_0 > W_1$；ρ 为贴现因子，作用是将整个 t_1 期的收入流转换至与当期成本价格可比。由就业收入产生的净收益为 $TR - TS$，对应的总效用为 $U(TR, -TS)$；如果劳动者退出劳动力市场，则可获得闲暇效用，表示为 $U(L \cdot t_1, X)$，L 为单位时间带来的平均效用，但因年龄、受教育程度、财富、性别等方面（X）的差异而有所不同。这些因素会影响劳动者对于单位空闲时间的主观评价，也会影响他们对提前退休的偏好。

假定劳动者全部都是厂商对于劳动力配置方式的遵循者，则在市场均衡时，劳动者在 t_1 期继续留在劳动力市场的条件是 $U(TR - TS) > U(L \cdot t_1, X)$，即劳动者可以适应技术进步并愿意继续就业。劳动者退出就业则为以上不等式的对立情形，取等号时为"边际人"。于是，市场均衡时劳动者提前退出就业的概率如下：

$$P(R) = P[U(TR - TS) < U(L \cdot t_1, X)]$$

$$= P\{U\{g(X) \cdot [\alpha W_0(\delta) + (1 - \alpha)W_1]^p - f(X) \cdot$$

$$[\alpha SL(1/e, -\delta, K) + (1 - \alpha)SR]\} < U(L \cdot t_1, X)\}$$

由此，劳动者提前退出劳动力市场的概率是生产技术变化和个人各类特征的函数，它们分别产生自外生于劳动者本身的劳动力需求端和内生于劳动者本身的劳动力供给端。

二　技术进步可以由研发投入强度增加来体现

技术进步的测度本身较为复杂，并且方法较多，本章不对测度技术进步的具体方式进行深入探讨。但为了对后续的实证分析工作提供可靠的测度，拟直接采用行业层面的研发投入强度增加来代表对应行业的技术进步情况。借助相关的文献依据，对研发投入强度增加代表技术进步的合理性作以下说明。

第一，技术进步的测度本身具有困难性。因为生产技术富集于生产投入的过程之中，是无法直接观测出具体使用量的生产要素，学术界和实践领域尚未就技术进步的测度达成共识。L. Kogan 等指出，[①] 目前对技术进步的测度方法大致可分三种：一是借助加总层面或企业层面的全要素生产率，二是借助向量自回归模型或者结构方程模型的估计，三是借助企业在研发、专利等方面的微观表现。三种方法各有利弊，采用全要素生产率的方法会因为其残差性质而可能将资源重配等其他并不直接构成生产技术但对生产率具有重要影响的力量不自觉地纳入；基于模型设定的方法，测度技术的结论可能对建立模型所使用的特定前提假设具有较强的依赖性；而企业的技术研发或生产专利等方面的表现，也可能受到相关政策的影响，而在不同期具有非一致性体现。幸运的是，这些不同方法对技术进步的度量，大多具有较大程度的相关性，采用不同的测度方式通常不会改变研究的主要结论。

[①] L. Kogan et al., "Technological Innovation, Resource Allocation, and Growth", *The Quarterly Journal of Economics*, Vol. 132, No. 2, 2017, pp. 665－712.

第二，已有大量研究成果表明，研发活动是技术进步的直接来源。以研发活动为基础的内生经济增长模型断言，技术进步根植于利润最大化经营主体所开展的 R&D 活动。[1] C. I. Jones 指出，生产率是通过 R&D 活动发现新设计的回馈。[2] F. Pieri 等采用随机前沿模型估计 OECD 国家各产业在 1973—2007 年 R&D 的生产率效应表明，R&D 提升了行业内部的技术进步速度和行业内技术扩散。[3] 李雪松等对中国 1995—2014 年生产率增长来源的分解表明，研发投入对 TFP 增长具有显著贡献。[4] 余东华等针对制造业大中型企业分行业的系统 GMM 估计表明，R&D 投入显著地促进了全要素生产率的增长，推动了技术进步。[5] 郑世林和张美晨概括性地指出，R&D 活动是为了获得新知识而进行的投资，在形成知识资本积累的同时带来了技术进步。[6]

第三，即便不能确保研发投入与全要素生产率同方向按稳定关系变动，研发投入的变化本身也足够说明生产过程中对创新活动重视程度发生了变化，是劳动力市场变化的一个方面。例如，在中国宏观国民经济实践中，研发活动投入强度被列为科技进步类发展指标纳入"五年规划"考核，"创新驱动"及其同义词越来越频繁地出现在各类发展规划中。因此，研究这种变化与劳动者微观行为之间的关系同样具有意义。

三 研发投入强度增长与劳动者退出行为的关系假设

结合厂商的最大化生产的逻辑假定，伴随由研发投入增长等方式实

① P. M. Romer, "Endogenous Technological Change", *Journal of Political Economy*, Vol. 98, No. 5, 1990, pp. S71–S102; P. Aghion, P. Howitt, "A Model of Growth through Creative Destruction", *Econometrica*, Vol. 60, No. 2, 1992, pp. 323–351.

② C. I. Jones, "R&D-Based Models of Economic Growth", *Journal of Political Economy*, Vol. 103, No. 4, 1995, pp. 759–784.

③ F. Pieri, M. Vecchi, F. Venturini, "Modelling the Joint Impact of R&D and ICT on Productivity: A Frontier Analysis Approach", *Research Policy*, Vol. 47, No. 9, 2018, pp. 1842–1852.

④ 李雪松、娄峰、张友国：《"十三五"及 2030 年发展目标与战略研究》，社会科学文献出版社 2016 年版。

⑤ 余东华、张鑫宇、孙婷：《资本深化、有偏技术进步与全要素生产率增长》，《世界经济》2019 年第 8 期。

⑥ 郑世林、张美晨：《科技进步对中国经济增长的贡献率估计：1990—2017 年》，《世界经济》2019 年第 10 期。

现的技术进步，需要使用更富效率的劳动，在人力资源动态优化的过程中，会率先"驱逐"生产率相对较为低下的劳动者。中国年龄偏大劳动力在整体上的人力资本水平相对较低，对技术进步的适应性相对较为欠缺，因此，在这种劳动力市场需求变化的过程中，可能提前退出劳动力市场。于是，可以在此基础上概括提出本章的研究假设。

假设 1：劳动者所属行业的研发投入增加，提高了对劳动者的效率要求，会冲击劳动者的就业状态，导致一部分年龄偏大劳动者提前退出劳动力市场。

此假设可能存在完全对立的两种情形，即由研发投入带来的技术进步可能是劳动力替代型的，也可能是劳动力互补型的，后者可能并不引起劳动力市场上技能需求结构的足够变化，这便构成了借助实证方法检验上述假设的原因之一。不过，即便是与劳动力互补型的技术进步，一方面至少也会在一定程度上要求劳动者技能的适应性，另一方面可能更多为了与"未来"劳动者互补。对于本章重点研究的年龄偏大劳动力群体而言，可能被替代的程度也将较为明显。

假设 2：行业研发投入强度增加对劳动者就业状态的（潜在）冲击，在不同行业之间、不同劳动者群体之间具有差异。

研发投入强度增长幅度越大，对劳动者适应变化而提出的学习成本越高。如果再对研发投入进行边际提升，可能会对劳动者就业状态产生更大的影响。对于效用最大化的劳动者而言，其年龄、受教育程度、性别、原本所从事的岗位等特征本身会对其何时退出就业产生影响，同时这些因素也会通过影响其对于技术变化的适应性而影响其就业状态。

通过前述机制分析可以看出，以上两条理论假设均属于"存在性"假设，其是否与中国的实际情况很好适应，有待进一步实证检验。

第四节　拟使用的数据及初步处理

本章的实证分析涉及微观（个人）层面数据和宏观（行业）层面的数据。

个人层面数据来自北京大学国家发展研究院主持开展的中国健康与养老追踪调查（China Health and Retirement Longitudinal Study，CHARLS）。该项目于 2008 年开始试调查，自 2011 年起调查范围覆盖全国 28 个省（自治区、直辖市）的 150 个县、450 个社区（村），旨在形成一套具有代表性意义的有关中国 45 岁以上中老年人健康与养老问题的高质量微观数据。目前，CHARLS 项目数据已广泛用于中老年人劳动供给、养老与健康等领域的研究。本章拟使用其中 2011 年的数据，并以 2015 年的数据作为补充。重点使用 2011 年数据的主要原因在于，分析需要的一个核心变量是劳动者就业时所处的行业和岗位，2011 年的数据中包括了较为完善的个人工作史和从业信息：对于当前未就业者，具有其最近一份工作所属行业和具体岗位的信息；对于当前就业的人员，具有其所处行业和具体岗位的信息。这是本研究所需的关键信息，便于掌握不同行业不同职业劳动者就业状态发生的变化。CHARLS 项目其他年份的调查（如 2013 年、2015 年和 2018 年等），尽管在问卷中连贯使用了相应问题，但这些与被访者所属行业和职业相关的数据信息被限定了使用权限，公开使用的数据也不再直接"发布"受访者对这几个问题的回应信息。就目前全国各大研究机构对中老年群体进行的大型调查项目中，CHARLS-2011 是为数不多发布了被访者所处行业和职业信息的数据，因此，2011 年数据是本项研究较为理想的基础微观数据。2011 年的原始数据中包括 10257 户中的 17708 人，其中工作、退休与养老金部分的受访者为 17524 人。

行业层面数据主要来自投入产出表，其他补充数据随实证过程需要再补充说明。行业层面的信息需要清楚地描绘劳动者所从事行业的研发投入强度变化，还有必要提供行业本身的发展变化情况，为控制其他生产条件对劳动者行为的影响提供便利。投入产出表综合地体现了国民经济各部门的依赖关系，它以矩阵形式描述各个经济部门在一定时期生产活动的投入来源和产出规模及使用去向。投入端由两大部分构成：中间投入的产品或服务数量，增加值；产出端由三大部分构成：中间使用的产品或服务数量，最终使用的产品或服务数量，以及其他使用去向。由于实证过程在于考察劳动者所处行业的研发投入变化对劳动者劳动供给的影响，而观察劳动者行为的时点是 2011 年，便决定了所采用的投入产出表编制年份应当早于 2011 年，同时考虑到投入产出表结构的连贯性，本书采用 2002—2010 年的四张（41/42 部门）投入产出表。

一　对于拟使用微观调查数据的初步处理

第一，作为一项有关劳动者退出劳动力市场问题的研究，本章主要关注城镇劳动力市场上的受雇者或者曾经的受雇者，舍去农业自雇者（包括为其他农户打工的农业劳动者）子样本。在中国，由于养老保障体系等方面的原因，主要工作内容是自家农业的农民劳动者，只要健康状况尚未制约其田间劳作，他们多是"无休止劳动者"，① 其退出"就业"或完全停止劳动的决策特征与城镇劳动者具有明显的区别。如果不加区分自雇农业劳动者与城镇就业人员，就可能存在较大的干扰。

第二，舍去对就业行业信息回应留空的观测。受访者的工作岗位信息，是本章内容研究所需的关键信息。对于当前已经退出劳动力市场的人，需要至少获得其最近一份工作所属的行业及职业信息；对于当前处于就业状态的人，需要获得其当前所处行业及职业。在 CHARLS 问卷中，专门设计了有关的问题，如果缺失受访者回应信息，则舍去这样的观测。

第三，对研究对象的劳动参与情况和年龄进行限制。要求进入分析的样本中，被观测者至少曾经工作过且不会是因为正常退休而退出劳动力市场。具体地，在劳动力市场参与方面，限定被访者在受访时正处于就业状态或者曾经（至少在分析研发投入强度的变化起点时）处于就业状态；在年龄上限设定方面，限定受访者在调查开展的时点尚未达到适用于他们的法定退休年龄，即男性受访者在 2011 年尚未年满 60 周岁，女性受访者尚未年满 50/55 周岁。在本章的数据适用期间，除了特殊情况之外，中国的退休政策中规定女性适用两个法定退休年龄，即女性工人年满 50 周岁可以办理退休、女性"干部"年满 55 周岁可以退休。这种随身份相关的退休年龄规定制于 1978 年，适应于市场化就业以及

---

① 庞丽华等：《中国农村老人的劳动供给研究》，《经济学》（季刊）2003 年第 2 期；谭娜、周先波：《中国农村老年人"无休止劳动"存在吗？——基于年龄和健康对劳动供给时间影响的研究》，《经济评论》2013 年第 2 期。

非公有制就业较少的情形。随着企业就业尤其是在非国有和非集体经济中就业的大量增加，这种身份（"干部"或者"工人"）的模糊性越来越明显，因此不少对提前退休问题的相关研究直接舍去了对女性劳动者的讨论。为了尽可能地保留样本信息，本章将女性劳动者保留，但由于无法从问卷中直接读取出其是否为"干部"或者"工人"，采用其回答的职业信息（即从其对"您主要做什么工作"的回答）来判断其所对应的法定退休年龄，并结合《中华人民共和国职业分类大典》和受访者具有的职称等级情况、管理幅度以及职位等级信息，将劳动者岗位归为三个大类：技术和具有（部分）决策权的行政管理岗位（"高技""高管"）、一般操作性岗位、一般行政事务岗位，后两类岗位上的女性劳动者正常退休年龄设定为 50 岁，第一类岗位上的女性劳动者正常退休年龄设定为 55 岁。由于在 CHARLS-2011 的数据中，有关劳动者职业的信息，提供了五位数国标编码，这为本章归类就业岗位提供了便利，具体地：将这些编码与《中华人民共和国职业分类大典》匹配起来，如果职业名称的汉字体现为"_研究人员""_工程技术人员""技术员""_教学人员""_医师""律师""翻译"等明显可能具有专业技术要求的岗位，直接归类为技术类岗位；对于职业名称的汉字体现为"_生产人员""_工人""_制作人员""_修理人员""_服务员"等不能清晰从其职业名称上识别出是否为专业技术类的人员，将其归类为一般操作性生产人员，对于"行政业务人员""行政事务人员""治安保卫人员""营业人员"等职业名称，归类为一般行政事务类岗位。

第四，排除非市场性因素的干扰。由于党政机关等部门中的"国家干部"受劳动力市场的调节程度几乎可以忽略，主要受到干部人事制度的调整规范，他们的任免与本章所关注的行业研发强度变化之间没有关系。于是，直接将明确回答自己所属的行业是"公共管理和社会组织业"并且有编制的"公务员"观测样本舍去。对于事业单位，问卷涉及了当前就业者的"正式编制"情况，但缺少离职者是否具有正式编制，而对于国有企业、社会组织中的人员也未涉及"编制"情况。这三类准公共组织当中的人员，先保留在样本中。其中，女性的"干部"身份问题按照前述所处职业岗位性质来进行界定。在估计实证模型时，再作进一步讨论。

第五，因为借助投入产出表观测劳动力市场技术变化的起始点是 2002 年，本章又旨在研究这种技术变化对劳动者就业行为（是否导致其提前退出）的影响，因此需要通过观察起始点时的就业情况进行限制，即进入分析的样本中，满足所有观测在 2002 年时均处于就业状态（如果观测的起始点已经不就业，就无意义言劳动力市场变化的影响）。经过以上五个步骤的取舍后，获得本章实证部分的“工作人群样本”（Work Sample）构成：尚未达到法定退休年龄，当前正处于或生产技术变化之前处于城镇就业状态的劳动力。

然而，经过以上取舍过程，尤其是对农业自雇就业的排除、对年龄的限定以及对初始就业状况的限制，极大损失了样本的观测量，使适合本研究的观测数量骤降到 2010（人）。这可能会使实证结论（推断）遭遇小样本制约，但考虑到 CHARLS 项目设计的“多面关照性”，其结构本身就对应于中国农村人口规模较多、老龄人口（非劳动力）较多、中年至退休年龄段人口较少的国情，初衷包含了更加全面地对健康与养老问题相关研究的适用性，而具体到城镇中老年群体就业问题的专项研究，适用于具体研究目标的范围限定必然会导致样本缩减。在运用 CHARLS 数据进行的研究实践中，在统一标尺下服务特定研究目标的样本修剪导致观测量急剧缩减（至几百或 2000 左右）的情形较普遍，① 主要原因在将 CHARLS 数据的“多面关照性”向具体研究问题的聚焦过程中，科学地排除了无关者。如果不排除这些与焦点问题无关者的信息，反而不能得到有意义的结论。但这种精炼样本的方式采用的尺度规则是统一的，不会引起系统性偏差；同时，缩减后观测数量也将远远大于拟考虑的影响因素，也为实证估计的自由度留下了相当大的空间，仍然具备获得具有全国代表性结论的潜力。

二 借助跨多年投入产出表定义行业研发投入强度变化

从投入端看投入产出表，各个部门的生产活动都包含了中间使用其

---

① 张川川、陈斌开：《“社会养老”能否替代“家庭养老”？——来自中国新型农村社会养老保险的证据》，《经济研究》2014 年第 11 期。

他各经济部门产出的情况，其中包括使用研发部门的产出数量，因此，可以计算各个部门在生产过程中研发活动投入所占的份额。于是，对于国民经济行业部门 i，其在年份 k 的生产直接投入中研发投入所占份额如下：

$$prd_{i,k} = \frac{mrd_{i,k}}{mall_{i,k}} \times 100\% \qquad (4-1)$$

在式（4-1）中，分母表示部门 i 在年份 k 的中间投入总量的货币价值，包括使用本部门的产出、研发服务以及其他部门的产出；分子表示部门 i 在年份 k 的中间投入中，使用研发服务的货币价值量；$prd_{i,k}$ 则表示部门 i 在年份 k 的生产中，研发投入占全部中间投入的份额。式（4-1）直观地表达了部门 i 在年份 k 的生产投入中的研发投入强度。在投入产出分析中，也可以计算部门 i 在年份 k 的生产总投入中对于研发部门的消耗系数来代表对研发或技术服务的使用强度。例如，在具体某一年份中，部门 i 对研发部门 rd 的直接消耗系数为：

$$ard_{,i} = \frac{x_{rd,i}}{X_i}(i = 1,2,\cdots,n)$$

其中，X_i 代表部门 i 的总投入，包括全部中间投入和增加值部分。该直接消耗系数也常被称为投入系数，指的是生产经营过程中，第 i 部门的单位总产出直接消耗的研发部门（rd 部门）货物或服务的价值量。由于部门 i 的生产供应链还涉及其他产品或行业部门，例如使用部门 m 的产品作为中间投入之一，而部门 m 也可能会使用到研发部门 rd 的产出。因此，部门 i 的生产还以部门 m 的产品为中介，间接使用了一部分研发部门 rd 的产出。如果将部门 i 通过间接方式和直接使用的部门 rd 产品合并，则可以计算出部门 i 的单位产出中使用的全部 rd 产品，这被称为完全消耗系数。因此，部门 i 对于研发部门 rd 的消耗系数也能够反映出单位产出的研发投入强度，但由于式（4-1）分母只包括全部中间投入部分，表示的是每单位中间投入中研发投入所占的价值量，与表达每单位产出中研发投入所占价值量的消耗系数相比，式（4-1）更能直接地体现出研发投入强度。

利用国家统计局编制的投入产出表的基本流量表，方便计算各编制年份各行业部门 $prd_{i,k}$ 数值。

基础的行业层面数据采用国家统计局 2002 年、2005 年、2007 年、2010 年编制的 42（或 41）部门投入产出表，其中 2010 年为 41 个行业部门，与前面几个年份的区别主要在于其将制造业中的"废品废料"行业与"其他制造业"进行了合并，将 2002—2007 年投入产出表的对应行业也进行同样的归并，便可获得前后连贯的 41 个部门数据。确保了前后年份所使用的部门数一致之后，还需要确保各年份的部门数据具有相同的含义。出于这样的考虑，对于在前后年份所使用的名称有所差异的行业部门，结合对应年份投入产出表的编制说明，利用更细化的分产品部门投入产出表（如 122 部门表、135 部门表等）进行调整。例如，国家统计局编制的 2002 年 42 部门投入产出表包括了"旅游业"行业，而在 2007 年的 42 部门表中则未单列"旅游业"，而是包含在"租赁与商务服务业"之中；再如，上述 2002 年 42 部门表未直接包含其他年份所使用的"水利、环境和公共设施管理业"信息，为了使 2002 年的部门信息含义与其他年份保持一致，于是采用更细化的分产品部门（2002 年的 122 个产品部门）投入产出表信息来重新归类合并。

三 样本人口就业状态及其关联行业研发投入强度情况

前文对本章拟使用的微观数据和行业层面数据的处理，便于得到实证分析过程拟采用数据的主要特征。在微观层面上，最为关键的变量是劳动者[1]是否提前退出了劳动力市场，在行业层面上最为关键的变量是每一个劳动者所属行业的研发投入强度（变化），前者为响应变量（劳动者行为），后者为核心解释变量（劳动者所处行业的技术环境变化）。对于提前退出劳动力市场的方式，既包括通过履行退休手续办理的提前退休，也包括退职、失业、因病或因家庭等原因不再参与市场性有酬劳动。具体地，在前述"工作人群样本"中尚未达到法定退休年龄的劳动者，只要在调查时点，报告其已经退出了就业（但不包括因休假、培训等短期离开工作岗位的情形），就将其视为"提前退出就业"。这其实也

---

[1] 严格说来，已经退出劳动力市场的人口不再属于劳动者。为了表达便利，本章把当前处于劳动力市场中的人口（在岗者、临时休假者和失业者）以及曾经工作过的人口都统称为"劳动者"。

就是某种程度上的"提前退休"，但本章不对是否履行提前退休手续以及因病或个人所报告的其他原因加以区分，因为本章重点考察的是劳动者是否提前退出，而不强调提前退出的模式选择。在本章的"工作人群样本"中（即 2002 年处于就业状态，且 2011 年尚未达到法定退休年龄的 2010 人），在 2011 年调查时点有 712 人发生了退出，1298 人仍然处于就业状态，他们当前（或最近）所从事的行业涉及国民经济 19 个行业大类和 41 部门投入产出表中的 38 个部门①。

按式（4-1）计算的各行业在 2002—2010 年四个投入产出表编制年份的研发投入强度情况呈现在表 4-1 中，可以看出，这些行业部门在 2002—2010 年的研发投入强度发生了明显且具有差异的变化。由于按式（4-1）计算的各行业研发投入强度（部门 $prd_{i,k}$ 数值）在绝对数值上较小，出于在显示上的直观性考虑，表 4-1 对其进行了规模性转换，体现为平均每万元中间投入中所包含的研发投入，原定义变量的含义不发生变化。在中国国民经济各部门中，2002 年平均每万元中间投入中，研发投入费用约为 8.31 元，但到了 2010 年平均增幅达到了 2 倍以上，且由标准差可以看出，各行业研发投入强度的变化具有很明显的差异：金融业、建筑业、金属冶炼及压延加工业、农林牧渔业、批发和零售贸易业、交通运输设备制造业等部门发生了 5 倍以上的增加，而公共管理和社会组织，采掘业，信息传输、计算机服务和软件业，教育业等部门也发生了不同程度的缩减。

表 4-1　　　各行业平均每万元中间投入中包含的 R&D 投入量

部门分类	R&D 投入占中间投入份额				增长幅度：2002—2010 年
	2002 年	2005 年	2007 年	2010 年	
	(4)	(1)	(2)	(3)	(5)
所有行业部门	8.31	13.60	24.31	26.54	18.23
第一产业					
农、林、牧、渔业	5.82	5.70	36.00	35.86	30.04

---

① 在"工作人群样本"中，"采掘业"行业大类中的"煤炭开采和洗选业"无人员，"电力、热力、燃气和水的生产和供应业"未能进一步细分为投入产出表中"电力、热力的生产和供应业""燃气的生产和供应业""水的生产和供应业"3 个具体部门，对其进行加总合并。

续表

部门分类	R&D 投入占中间投入份额				增长幅度：2002—2010 年
	2002 年	2005 年	2007 年	2010 年	
	(4)	(1)	(2)	(3)	(5)
第二产业					
采掘业	19.10	22.26	23.06	18.91	-0.19
#金属矿采选业	10.24	10.65	5.27	4.86	-5.38
制造业	6.34	9.47	27.41	30.85	24.51
#食品制造及烟草加工业	2.89	3.60	10.32	10.30	7.41
#纺织业	1.24	1.52	5.76	5.78	4.54
#纺织服装鞋帽皮革羽绒及其制品业	2.38	2.88	5.52	5.71	3.33
#木材加工及家具制造业	1.89	2.21	7.21	7.15	5.26
#造纸印刷及文教体育用品制造业	2.70	3.26	6.02	6.34	3.64
#化学工业	6.62	8.33	23.76	26.38	19.76
#金属冶炼及压延加工业	2.09	2.25	17.19	17.86	15.77
#通用、专用设备制造业	8.52	12.06	39.73	43.74	35.22
#交通运输设备制造业	10.18	16.74	78.19	83.87	73.69
#电气、机械及器材制造业	11.18	16.21	36.90	41.05	29.87
#工艺品及其他制造业	10.23	13.04	52.82	62.37	52.14
电力、热力、燃气和水的生产及供应业	4.12	4.71	8.63	8.50	4.38
建筑业	1.02	1.22	9.20	10.12	9.1
第三产业					
交通运输及仓储业	0.86	0.96	5.40	5.08	4.22
信息传输、计算机服务和软件业	68.23	137.39	31.89	35.42	-32.81
批发和零售贸易业	6.41	8.13	49.80	50.90	44.49
住宿和餐饮业	0.12	0.12	0.18	0.14	0.02
金融业	3.78	4.66	30.18	40.00	36.22
租赁和商务服务业	6.28	8.86	6.48	7.69	1.41
水利、环境和公共设施管理业	7.64	9.39	15.86	16.81	9.17
居民服务和其他服务业	0.47	0.56	0.53	0.55	0.08
教育业	88.25	187.88	71.88	71.65	-16.6

续表

部门分类	R&D 投入占中间投入份额				增长幅度：2002—2010 年
	2002 年	2005 年	2007 年	2010 年	
	(4)	(1)	(2)	(3)	(5)
卫生、社会保障和社会福利业	7.96	10.26	9.34	6.84	-1.12
公共管理和社会组织	14.18	19.93	0.32	0.36	-13.82

注：表中未显示 CHARLS 数据集中对应从业人数较少（"4050 人员"20 人以下）的具体部门，包括采掘业中的 2 个部门、制造业中的 5 个部门以及第三产业中的 4 个部门。

资料来源：根据国家统计局对应年份投入产出表流量表计算，含义是平均每万元中间投入中所包含的研发投入货币价值。

劳动者个人特征及其家庭特征显示在表 4-2 中，在样本数据中，劳动者距离他们能够正常退休的年龄均值为 5.5 年左右，即男性劳动者平均年龄约为 54.5 岁，非"干部"女性劳动者平均年龄约为 44.5 岁，企业中的"干部"女性平均年龄约为 49.5 岁；37% 的人受过高中及以上层次的教育，17% 的人户口不在本地，绝大多数人有婚姻并与配偶生活在一起。从职业特征来看，他们参加工作时的平均年龄为 17 岁左右，进入目前所分析的行业工作时，平均年龄在 32 岁左右，三成左右的人持有养老保险，17% 的人所从事的岗位具有专业技术性或者管理幅度，1/4 的人是办事人员或一般行政人员，58% 左右的人从事的是一般的操作性岗位。这些在 2002 年处于就业状态的人，在 2011 年时已经有 35% 左右的人退出了就业，尽管他们的年龄未达到适用的法定退休年龄。从财产或债务特征来看，1/4 的人在银行等金融机构有一定数额的存款，他们（有存款者）的存款均值约为 1.7 万元，少数人（8% 左右）持有一定数量的有价证券。85% 左右的劳动者住在自己家里，并对住处拥有产权。这比较符合年龄偏大劳动者的特征。其中，13% 左右的人还至少在其他地方拥有一套有产权的住房。在样本劳动者中，10% 左右的人负有一定的债务，包括房贷或其他用途所欠银行的钱，他们（有债务者）中间绝大多数的债务余额在 1 万元以上，这些万元以上债务者的平均偿付责任约为 6.6 万元。从家庭特征来看，劳动者所在家庭的人口规模平均数为 3.46 人，家庭内劳动力旺龄（26—45 岁）人数平均为 0.43 人，个别劳动者双亲健在但年事已高，劳动者所在家庭平均有 0.61 个未婚子女或 0.78 个已婚子女，平均每 4 个劳动者对应的家庭中，会有一个共同居住的孙子女。

表 4 - 2　　　　　工作人群样本中的劳动者及其家庭基本特征

	变量名	均值	标准差	极值	观测数
基本人口学特征	距离法定退休年龄的年数	5.47	4.81	[1, 19]	2010
	接受过正规教育的年数	8.80	4.11	[0, 16]	2010
	完成高中及以上教育	0.37	0.48	[0, 1]	2010
	完成大专及以上教育	0.10	0.29	[0, 1]	2010
	已婚并与配偶共同生活	0.94	0.22	[0, 1]	2010
	户籍不在本地	0.17	0.37	[0, 1]	2010
	女性劳动者	0.38	0.48	[0, 1]	2010
职业生涯特征	初次参加工作的年龄	16.59	3.31	[10, 33]	2010
	进入当前工作的年龄	32.37	12.23	[11, 52]	2010
	参加职工养老保险	0.31	0.45	[0, 1]	2010
	不再参加有市场报酬的就业	0.35	0.47	[0, 1]	2010
	从事管理或专业技术岗位	0.17	0.37	[0, 1]	2010
	从事一般行政事务岗位	0.25	0.43	[0, 1]	2010
	从事一般的操作性岗位	0.58	0.49	[0, 1]	2010
财产债务特征	金融机构有存款	0.25	0.43	[0, 1]	2010
	#存款规模（对数，统计以上有存款者）	9.73	1.64	[1.61, 14.9]	503
	持有债券、基金、股票等资产	0.08	0.27	[0, 1]	2010
	对目前居住房屋拥有产权	0.85	0.35	[0, 1]	2010
	拥有产权的房产两处或以上	0.13	0.33	[0, 1]	2010
	有未付清贷款或房贷	0.10	0.29	[0, 1]	2010
	有万元及以上未付清贷款或房贷	0.09	0.28	[0, 1]	2010
	#债务规模（对数，统计万元以上债务者）	11.1	1.091	[9.2, 13.8]	178

	变量名	均值	标准差	极值	观测数
家庭结构特征	登记的家户人口规模	3.46	1.33	[1, 12]	2003
	家庭内26—45岁人口数	0.43	0.70	[0, 5]	2003
	家庭75岁年龄及以上人口数	0.05	0.22	[0, 2]	2003
	与本人一起居住的父母辈人数	0.11	0.33	[0, 2]	2003
	与本人一起居住的未结婚子女数	0.61	0.73	[0, 4]	2003
	与本人一起居住的已结婚子女数	0.78	0.73	[0, 5]	2003
	与本人一起居住的孙子女数	0.24	0.53	[0, 4]	2003

注：为表格美观完整，0—1型变量的标准差和极值一并列出，无确切的统计学意义。

资料来源：根据CHARLS数据中定义的"工作者样本"计算，不含农户自雇和为其他农户打工的情形，不含40岁以下的劳动者，不含达到法定退休年龄的劳动者。

表4－1和表4－2统计了全部行业研发投入强度的增长情况以及劳动者是否退出就业的情况，但缺乏二者之间的交叉信息，即劳动者的就业退出与研发投入强度变化之间的大致关系。将所有行业的研发投入强度变化情况均罗列出来，并按行业统计劳动者的退出（或在职）情况，可以得出劳动者退出率与研发投入强度变化之间的关系（见图4－1）。

需要指明的是，在CHARLS数据问卷中，如果劳动者所在的行业为制造业，则不能通过问卷中涉及行业的变量直接归属到更具体一层的制造业行业，本章根据其所涉及"具体做什么工作"的职业信息来对其所属的"I－O"表中的行业部门进行归类①。图4－1把各行业部门按式（4－1）计量的研发投入强度在2002—2010年的变化倍数作为横坐标，将CHARLS2011"工作人群样本"中2002年处于就业状态但2011年已经不再就业且尚未达到退休年龄的人占该行业2002年观测到就业人员

---

① 例如，参考问卷职业编码所依据的《中华人民共和国职业分类大典》，如果在涉及职业的问题中，回答的代码指向制糖和糖制品加工人员、食品添加剂及调味品制作人员、粮油食品制作人员、酿酒人员、卷烟生产人员等，则归集为投入产出表中的"食品制造及烟草加工业"；如果指向洗染织补人员、纺纱人员、织造人员、针织人员、印染人员等，则归集为投入产出表中的"纺织业"，以此类推。

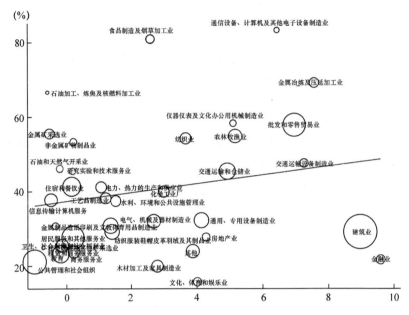

图 4 – 1　行业研发投入强度变化与劳动者提前退出发生率

注：圆圈的大小对应劳动者总人数，横坐标为基于投入产出表计算的行业研发投入强度变化倍数，纵坐标值为从 CHARLS2011 "工作人群样本"中统计出的劳动者提前退出率。

资料来源：笔者绘制。

的比重设定为纵坐标，概览地呈现了各行业研发投入增长与该行业劳动者提前退出率之间的关系。从图 4 – 1 可以初步看出，在 2002—2010 年行业研发投入强度增长幅度较大的行业部门，劳动者提前退出的比重较高，如食品制造及烟草加工业、金属冶炼及压延加工业、批发和零售贸易业、农林牧渔业等；而在公共管理、教育、租赁和商务服务等研发投入强度增长较小（或发生负增长）的行业部门中，劳动者提前退出就业的比重相对更低；另外，也有一些行业部门当中的劳动者提前退出比重与该行业的研发投入变化没有明显的关系。简单拟合的趋势线表明，二者在整体上存在着正相关关系。

图 4 – 1 的趋势线在整体上大致描绘了随着研发强度的增加，行业中劳动者发生提前退出就业的比重会升高，但这种拟合较为粗糙，因为未将劳动者的个人特征和其就业的岗位特征纳入考虑，而这些因素对于

劳动者提前退休的决策可能具有重要的影响。例如，金融业和建筑业是研发投入强度增长最大的两个行业，但这两个部门中劳动者提前退出劳动力市场的比例很低，这可能与行业中从业人员的人力资本水平和性别构成具有很大的关系，而他们又对劳动者是否提前退出就业具有重要影响，金融业从业人员的学历通常较高、建筑业中主要为男性，都对提前退出就业具有延缓性（对应时期大规模的基础设施建设、房地产开发等让建筑业劳动力需求不断扩大，也会因为制约劳动力提前退出）；而石油、采矿等相关行业的研发投入强度未发生增长，劳动者提前退出的比例却很高，这既可能是劳动者适用了特殊岗位对提前退休的特别规定，也可能是由于观测数较小而恰好出现的异常值。再如，劳动者在其行业中所从事的工作（岗位类型）、实际年龄、受教育水平甚至是否为本地人等微观层面的因素，也可能对其是否发生提前退出就业的行为产生影响（见图4-2），而图4-1并未将这些因素纳入，并且劳动者个人的不

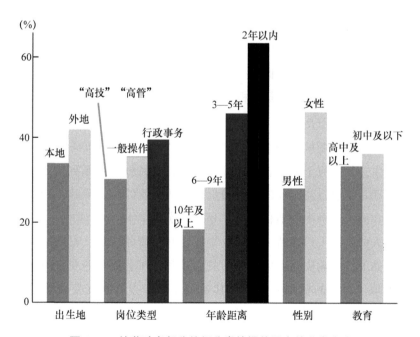

图4-2　按劳动者部分特征分类的提前退出就业发生率

注：分类标签中的"年龄距离"指的是劳动者实际年龄距离法定退休年龄的年数。

资料来源：笔者绘制。

同特征之间、个人某些特征与其所处行业研发强度变化之间还可能对其提前退出劳动力市场的行为产生交互式影响。此外，图4-1中二者之间的关系还可能并非线性。

无论如何，图4-1和图4-2为接下来进一步研究行业研发投入强度与劳动者提前退出劳动力市场之间的关系提供了一种感性认识，为了更加准确地揭示二者之间的关系，本书拟基于微观数据建立劳动者提前退出就业的概率模型，将其所属行业的研发投入强度变化作为最核心的解释变量，并充分考虑其他因素的影响，对于变量的选取及说明，在经验模型的设定过程中一并进行。

第五节　研发投入强度增长影响劳动者提前退出就业的实证检验

一　劳动者响应于行业技术特征变化的模型设定

在一个包含行业特征以及个人和家庭特征的二值响应模型中，考察研发投入强度变化对年龄偏大劳动者是否退出劳动力市场的影响。设定劳动者是否退出劳动力市场的概率模型如下：

$$P(R = 1 \mid X, K) = G(X\beta + K\gamma)P(X, K) \qquad (4-2)$$

其中，响应变量 R 取值 1 或 0，代表"退出劳动力市场"这一事件是否发生，其响应于劳动者就业环境以及自身特征等一系列因素；X 是代表劳动者就业行业特征的一组向量，包括行业的研发基础、行业增长速度、在国民经济中的地位等，K 是代表劳动者自身特征的一组向量，包括个人的基本人口学特征、职业特征、财产债务特征、家庭结构特征等。在如上二值响应模型中，我们关注 X 和 K 中各因素的变化将会如何导致 R 取值为 1 的概率变化，尤其是行业研发投入强度变化将会导致 $R = 1$ 的概率变化多少。

具体地，将连接函数（Link Function）G（·）设定为 Probit 形式，即 $G(z) = (z)\int_{-\infty}^{z} \varphi(v)dv$ ，其中，$\varphi(v) = \dfrac{1}{\sqrt{2\pi}} \cdot \exp(-\dfrac{v^2}{2})$ ，为标准正态

密度函数。

值得注意的是，在式（4-2）中的连接函数 G（·）采用 Probit 形式的设定情形之下，无论 X 或 K 中的元素是离散型的还是连续型的，对于向量 β 或 γ 中各元素的含义解释都需谨慎。第一，由于 Probit 模型所采用的累积分布函数不存在（有限）解析表达式，其中的参数系数本身不具有一般性的经济意义。第二，由于系数向量的直接作用是影响连接函数，进而通过连接函数来影响行为主体的经济行为，而连接函数并非线性函数，因此，具体因素对连接函数的效应并非其对行为主体的效应。基于以上两点考虑，对于连接函数为非线性函数的概率响应模型，我们更加关注参数的边际效应（或偏效应），而非模型中的参数系数。第三，对于某项具体的影响因素带给行为主体的最终效应，如 x_i，其发生变化带给个体退出就业的效应大小不仅取决于 x_i 自身，同时还取决于 x_1 — x_{i-1} 以及 k_1 — k_i，即影响因素集中的所有其他因素。例如，在连续型变量环境下，如 x_i 为劳动者所在行业过去一段时期以来的研发投入强度变化，其对个体 i 离开劳动力市场的偏效应（边际效应）可以表示为：

$$\frac{\partial\, p(X,K)}{\partial\, (x_i)} = g(X\beta, K\gamma)\, \beta_i，其中\, g(z) \equiv \frac{dG}{dz}(z) \qquad (4-3)$$

在式（4-3）中，x_i 对 P（X，K）的偏效应通过函数 g（$X\beta$，$K\gamma$）而产生，因素集中的其他元素会对 x_i 的效应大小产生作用。如果某个影响因素是离散型的变量，其偏效应同样受到其他因素的影响，如 k_i 为个人是否为女性的"0-1"型变量，其对个体 i 离开劳动力市场的偏效应为：

$$G(X, \gamma_0 + \gamma_1 \cdot k_1 + \cdots + \gamma_{i-1} \cdot k_{i-1} + \gamma_i) -$$
$$G(X, \gamma_0 + \gamma_1 \cdot k_1 + \cdots + \gamma_{i-1} \cdot k_{i-1}) \qquad (4-4)$$

同样，由于偏效应来自连接函数 G（·）取值的变化，性别离散变量的偏效应也会受到其他各因素的影响。为了通过式（4-3）计算行业投入强度变化对劳动者提前退出劳动力市场的偏效应，首先需要对 Probit 模型中的变量系数作出估计，本章采用极大似然法（MLE）来估计获得参数系数，然后在此基础上计算平均偏效应。

二　响应变量、核心解释变量和控制变量

响应变量（R）：劳动者是否发生提前退出劳动力市场的行为，以

"1-0"型二值变量刻画。以劳动者报告的当前状态为依据，对于未达到退休年龄的劳动力，如果已经退出劳动力市场或者办理了提前退休，则表示其发生了提前退出劳动力市场的行为，取值为1；反之则处于就业状态，取值为0。将样本范围限定在非农非自雇工作过或者仍处于非农非自雇就业状态的人员。

核心解释变量：劳动者所处行业研发投入强度变化。以41部门投入产出表中，各个行业 R&D 经费投入占该行业全部中间投入的百分比重在2002—2010年的变化进行刻画①。对于具体的个体劳动者而言，其所处行业的 R&D 投入强度变化是一种"大环境"变化，具有外生属性，尤其是对于普通劳动者而言。行业的这种生产条件变化可能足够引致具体单个劳动者的行为变化，但具体某个劳动者的个人行为不足以对行业的生产技术产生影响。基于这样的考虑，直接将行业生产投入的变化作为影响个体劳动者决策的核心解释变量，在一定程度上可以减轻对反向因果性的隐忧。但也可能由于其他未可观测原因，会出现某个行业的普通工人大量退出，这可能就会提高在位者的平均技能水平，进而带来劳动生产率的提高，可能使研发活动更易推进。为了减轻这种担忧，本章采取的基准办法是，至少不让劳动者退出行为发生在（进行观测的）研发投入强度变化浪潮之前。具体地，在观察行业研发投入强度变化的时间跨度期限（2002—2010年）内，对纳入分析的具体劳动者个体做出初始态在位的限定，仅保留2002年（初始时间）处于城镇就业状态的劳动者。在对样本做出这种限定下，如果在观察期末，劳动者报告其退出了劳动力市场，则其退出行为可能就是行业技术变化的结果，或者是伴随行业技术变化产生的结果。而且，本章内容在于研究技术变化对劳动者退出行为的影响，显然最好不能让劳动者的退出行为发生在观察技术变化的时期起点之前。在此核心变量的设定下，前述响应变量的含义可进一步概括为，对于初期处于非农非自雇就业状态的劳动者，当其所属行业经历了一段时期 R&D 投入强度变化之后，其是否离开了劳动力市场。

---

① 此处是以基准模型设定（研发投入强度变化期为2002—2010年）时进行的说明，后文在系列稳健性分析中会采用2002—2007年、2005—2010年的情形，则对应的变化对应于模型估计时所选择的时期。

主要控制变量[①]包括劳动者所处行业的特征、劳动者基本个人特征、职业特征、财产债务特征以及家庭特征。

在行业特征方面，首先考虑控制行业初始期的 R&D 投入强度。一方面，在特定时间跨度范围内，部门或企业的 R&D 投入强度的增长，可能在较大程度会受到其初始期的投入强度的影响，R&D 投入在整个中间投入中已经占有较大份额的部门或企业，后续进一步提升的空间可能有限；而前期对于 R&D 投入不足的部门或企业，尤其是尚未获得 R&D 投入而带来技术改进红利的部门或企业，增加 R&D 投入的空间可能更大。另一方面，由于初始期的研发投入不同，即便在后续一定时期保持了相同幅度的研发投入增长，其对于生产率的反馈进而对劳动者的技能要求也可能迥然不同。再者，不仅动态视角下的生产技术变化可能会对劳动者是否退出劳动力市场的决策有影响，比较静态视角下的生产技术本身可能也会对劳动者退出劳动力市场的时间选择具有作用。其次，考虑控制行业的增长特征，同时纳入行业初始期规模和 2002—2010 年期间的年均增长率[②]。其中，行业初始期规模采用 2002 年该行业的增加值取自然对数代表，在增长特征中纳入此变量，主要是基于"增长收敛"原理的考虑，经济或行业的后续增长表现通常与现有的基础水平有关；对于各行业部门的年均增长率，采用该部门增加值在考察期内的年均增长率作为代表，计算公式为 $\%v_{k,i} = 100 \times \left[(y_{t+k,i}/y_{t,i})^{\frac{1}{k}} - 1 \right]$。其中，$\%v_{k,i}$ 代表行业 i 的 k 年均增长率，$y_{t,i}$、$y_{t+k,i}$ 分别为行业 i 在 t 年和 $t+k$ 年的增加值。

在劳动者的基本个人特征方面，本章主要考虑了劳动者的年龄、学历、性别、是否为迁移者等人口学特征。本章是针对年龄偏大劳动者提前退出劳动力市场行为的研究，劳动者年龄因素毫无疑问可能是影响其决策的一个重要因素，尤其是实际年龄与法定退休年龄之间的距离。在

---

①　严格说来，由于 Probit 模型中各变量的估计结果会受到其他变量的影响，因此将主变量之外的变量称为"控制变量"并不是很贴切，为了体现与主变量之间在归类上的名称区别，本章仍然将这些变量称为控制变量。

②　同样，此处描绘的是以 2002 年作为起始分析点的基准情形，后文在调整观察期限做扩展分析时，相应的"初期"及时期区间都将进行对应调整。

生产技术变化的条件下，劳动者的人力资本水平，或者学习新事物的能力，决定了其对新技术的适应性，本章采用劳动者的学历进行控制。不同性别的劳动者以及本地人口与外来人口之间，也可能具有不同的决策模式，因此本章对劳动者的性别和迁移特征也进行控制。对于劳动者的职业特征，依据 CHARLS 数据提供的有限信息而将岗位进行分类，分为一般性生产操作类、行政事务以及专业技术和相对较高级的管理岗位（"高技""高管"），主要是考虑到这些不同类别的岗位本身对其所在行业技术变化的敏感性存在差异，进而对这些岗位上的从业人员具有不同的影响，同时考虑劳动者的职业经历和参加保险等情况。此外，还考虑劳动者的财产债务特征和家庭结构特征。

三　研发投入强度增长对劳动者的平均偏效应：基准结论

在基准的估计中，分析 2002—2010 年的劳动力市场变化对劳动者就业状态的影响。以观察期末（2011 年）尚未达到退休年龄的劳动者是否回答其已经退出劳动力市场作为响应变量，以劳动者所处行业在观察期（2002—2010 年）的 R&D 投入强度变化为核心解释变量，对式（4-1）采用 Probit 设定，并对劳动者所处行业以及个人和家庭层面的特征进行"控制"，采用极大似然法估计各变量的系数，然后基于式（4-3）计算"R&D 投入强度变化"等连续型变量的偏效应、基于式（4-4）计算各离散型变量的偏效应，并采用德尔塔方法计算标准差，[①] 得到各变量对劳动者提前退出就业行为的平均偏效应（APE）如表 4-3 所示。

表 4-3　　　　R&D 投入强度变化对劳动者提前退出就业
的平均偏效应（估计方法：MLE）

	(1)	(2)	(3)	(4)	(5)	(6)
研发投入强度变化（2002—2010 年）	0.326 ***	0.335 ***	0.218 ***	0.219 ***	0.223 ***	0.220 ***
	(0.054)	(0.060)	(0.056)	(0.056)	(0.057)	(0.056)

---

①　J. M. Wooldridge, *Econometric Analysis of Cross Section and Panel Data* (the Second Edition), The MIT Press, 2010.

		（1）	（2）	（3）	（4）	（5）	（6）
			控制变量族				
行业特征	研发投入强度的基期水平		0.033	0.023	0.012	0.009	0.011
			(0.053)	(0.052)	(0.057)	(0.058)	(0.057)
	行业基础规模		0.017	0.029*	0.027	0.025	0.023
			(0.015)	(0.014)	(0.014)	(0.014)	(0.014)
	行业年均成长速度（2002—2010 年）		−0.003	0.006*	0.007*	0.006*	0.006*
			(0.003)	(0.003)	(0.003)	(0.003)	(0.003)
个人基本特征	距离法定退休年龄的年数			−0.050***	−0.046***	−0.047***	−0.043***
				(0.003)	(0.005)	(0.005)	(0.005)
	完成高中及以上教育			−0.057	−0.063*	−0.063*	−0.060*
				(0.031)	(0.030)	(0.030)	(0.030)
	完成大专及以上教育			−0.161***	−0.144***	−0.148***	−0.151***
				(0.039)	(0.040)	(0.041)	(0.041)
	非本地户籍人口			0.178***	0.189***	0.182***	0.182***
				(0.021)	(0.021)	(0.021)	(0.021)
	女性劳动者			0.032	0.034	0.021	0.022
				(0.026)	(0.026)	(0.027)	(0.027)
职业生涯特征	在当前工作单位的年限				0.005***	0.005***	0.005***
					(0.001)	(0.001)	(0.001)
	参加职工养老保险				−0.064**	−0.063**	−0.065**
					(0.022)	(0.022)	(0.022)
	从事专业技术或管理岗位				−0.092**	−0.087**	−0.089**
					(0.032)	(0.032)	(0.038)
	从事一般操作性岗位				0.009	0.010	0.018
					(0.024)	(0.024)	(0.024)
财产债务特征	在金融机构的存款规模					0.003	0.003
						(0.003)	(0.003)
	拥有产权的房产处数					0.006	0.013
						(0.028)	(0.028)
	有债券、基金、股票等资产					0.047	0.055
						(0.037)	(0.037)

续表

		(1)	(2)	(3)	(4)	(5)	(6)
财产债务特征	有万元以上未清贷款或房贷					-0.043	-0.044
						(0.030)	(0.030)
家庭结构特征	家户人口规模						-0.014
							(0.026)
	未结婚子女数						-0.080**
							(0.027)
	与父母辈共居						0.061
							(0.045)
	与孙子女共居						0.067*
							(0.029)
观测量		2010	2010	2010	2010	2010	2003

注：小括号内是标准误（德尔塔方法）。空格表示模型没有加入左侧对应的变量。技术及管理劳动者、一般操作性岗位劳动者的参照对象是一般行政事务类岗位的劳动者。为节省篇幅，部分"控制变量"的偏效应未列出。其中，个人基本特征还包括受教育年限（正值，中等显著**）、是否有一起生活的配偶（负值，弱显著*）；职业生涯特征还包括累计职业年限（非常小的正值，不显著）；家庭结构特征还包括家庭 26—45 岁的人口数（正值，不显著）、已结婚子女数（正值，不显著）。

整体上看，一个行业的 R&D 投入强度在 2002—2010 年每提高 1 个单位（即 R&D 投入占全部中间投入的比重提高 1 个百分点），会导致该行业中的劳动者在期末被观测到发生提前退出劳动力市场的概率平均增加 22—34 个百分点。换算为平均弹性，则意味着行业的 R&D 投入强度在 2002—2010 年每增加 1%，会导致劳动者提前退出就业的概率增加 0.53%—0.65%。由于遵守投入强度用百分数表示的一般规则，其本身的数值往往很小（如 2020 年全社会 R&D 投入占 GDP 的比重为 2.4%），直接描绘增加 1 个单位（即 1 个百分点），实际上可能是生产过程中研发投入的颠覆性增长，因此也使对劳动者退出就业的冲击在直观上非常大。而弹性的概念，表示的不是研发投入占比提高 1 个百分点，而是在原来的基础上提高 1% 带来的影响；但为了与实证研究中呈现 Probit 结果的常见方式相一致，本章呈现常见方式的平均偏效应结果，随文必要之处报告对应的弹性。平均弹性的计算方式是，在样本所有取值点分别计算一次点弹性 $[(dy/dx) \cdot (x/y)]$，然后取算术平均值。

　　在表 4-3 中，第（1）列呈现的是未考虑任何控制变量的情形下，劳动者所在行业 2002—2010 年 R&D 投入强度的变化对其发生提前退出劳动力市场行为的平均偏效应。从第（2）列开始，纳入了行业层面的其他特征，第（2）列中控制变量的平均偏效应显示出，行业的初始 R&D 投入份额、行业初期规模、行业年均成长速度对劳动者提前退出劳动力市场的影响较为微弱，主变量的偏效应在第（1）列和第（2）列的设定情形下变化不大也有所体现。第（3）—第（6）列则依次进一步控制了劳动者的个人基本特征、职业生涯特征、财产债务特征以及家庭结构特征，与第（1）和第（2）列未考虑个人层面的特征相比，从第（3）列开始加入个人层面及家庭层面的影响因素之后，R&D 投入强度变化对劳动者提前退出行为的偏效应有所变小，说明除了劳动者所在行业的 R&D 投入强度变化这一对个体而言具有较强外生性的宏观冲击之外，劳动者的微观特征对其劳动供给决策也具有明显的作用。大量劳动经济学实证文献表明，劳动者受教育程度、年龄、居住地等个体层面因素是劳动供给决策的重要因素，本研究也更加倾向于加入个人层面特征之后的模型设定，即第（3）—第（6）列的设定。在考虑了行业增长特征和劳动者个人及家庭层面特征之后，以 R&D 投入强度增长所表示的技术进步会促进"4050 人员"提前离开劳动力市场，平均而言，劳动者所处行业 R&D 投入强度在 2002—2010 年每增加 1 个百分点，会导致其（在 2011 年被观察到）提前退出劳动力市场的概率提高 21.8—22.3 个百分点。如果换算为弹性表述，行业 R&D 投入强度每增加 1%，平均会导致"4050 人员"提前退出就业的概率增加 0.53% 左右。

　　在扩展和应用表 4-3 的结果之前，有必要对非市场性因素的干扰再做一些厘清。进入表 4-3 估计分析的样本中，在微观数据的取舍阶段将回答自己处于"公共管理和社会组织业"行业且是有编制的公务员排除掉了，但样本中仍然可能存在"国家干部"而调查数据未作直接识别。此处，再做三种依次强化的排除限制。第一，将自称"公务员"的人和自称在政府部门工作的人全部排除，无论其是否回答了有编制，也无论其回答的行业是什么。第二，对于事业单位的情形，CHARLS 问卷给当前工作者提了"您是正式编制内的吗"类似问题，但对于退出者，却未涉及曾经的工作是否"正式编制"。于是，对于此种情形，选择将涉及正式编制比例最高的事业类行业舍去，即不考虑在"教育业"和"卫生、社会保障和社会福利业"中的所有群体，无论其是否"在编"；对于"公务员"，仍然采用基准回归时的限定，排除"公共管理和社会组织业"中有编制的公务员。第三，将上面两种情形涉及的人员全部排除。对于排除"国家干部"之后新形成的样本，男性劳动者适用 60 岁作为法定退休年龄，对于女性劳动者全部按 50 岁作为法定退休年龄，在三种情形下，采用与表 4-3 相同的设定，分别对新的限制样本估计 Probit 模型并计算平均偏效应。

表 4-4 的基数序号列呈现了包括行业特征、个人基本特征以及职业特征的控制设定下，主变量的平均偏效应（与表 4-3 第（4）列对应的模型设定相同）；偶数序号列呈现了包含表 4-3 中全部控制变量的设定下（与表 4-3 第（6）列对应的模型设定相同），主变量的平均偏效应。在表 4-4 当中，各列呈现的偏效应与表 4-3 对应设定下计算的效应相比，变化不大。由此谨慎地判断，在微观数据取舍阶段，将有编制的公务员排除的做法，基本上消除了非市场性因素的干扰。其他行业部门中可能仍然存在的"干部"个体，其对主变量发挥效应的扰动可以忽略。

表 4-4　　　　R&D 投入变化对非公共部门劳动者提前退出
的平均偏效应（估计方法：MLE）

	(1)	(2)	(3)	(4)	(5)	(6)
	方案一		方案二		方案三	
研发投入强度变化（2002—2010 年）：dR/dx	0.214*** (0.058)	0.216*** (0.058)	0.218*** (0.057)	0.217*** (0.057)	0.221*** (0.058)	0.220*** (0.057)
行业特征层面控制变量系列	是	是	是	是	是	是

续表

	（1）	（2）	（3）	（4）	（5）	（6）
	方案一		方案二		方案三	
个人基本特征控制 变量系列	是	是	是	是	是	是
职业生涯特征控制 变量系列	是	是	是	是	是	是
财产债务特征控制 变量系列		是		是		是
家庭结构特征控制 变量系列		是		是		是
观测数	1978	1971	1877	1870	1845	1833

注："行业特征层面控制变量系列"包含研发投入强度的基期水平、行业基础规模、行业年均成长速度，"个人基本特征控制变量系列"包含当前年龄距离退休年龄的年数、受教育层次、婚姻、户籍、性别，"职业生涯特征控制变量系列"包含累计职业年限、是否参加职工养老保险、是否从事专业技术或管理岗位、是否从事一般操作性岗位，"财产债务特征控制变量系列"包括在金融机构的存款规模、拥有产权的房产处数、是否持有有价证券资产、是否负有万元以上贷款偿还责任，"家庭结构特征控制变量系列"包括家庭人口规模、家庭26—45岁的人口数、未结婚子女数、已结婚子女数、是否与父母辈共居、是否与孙子女共居；"是"表示加入了对应的变量系列。

四　超越平均偏效应（一）：研发投入强度提升急缓的边际影响

在 Probit 模型中，允许特定影响因素在不同取值点处的偏效应可以不相同，表4－3中的平均偏效应来自对所有可能取值点处的偏效应求平均值。相对于线性概率模型（LPM），Probit 模型的优势就在于允许影响因素的边际效应随因素本身的变化而变化。利用 Probit 模型这一优势，可以对更细节的情形（如 R&D 投入强度变化在行业间的不同步性对个人劳动供给行为的偏效应差异）做出进一步观察。

针对核心变量——劳动者所处行业 R&D 投入强度变化，表4－3的结果从整体上表明了这种变化将会推动"4050人员"提前退出就业，为了突破"平均而言"，探寻是否存在偏效应递增或者递减，抑或偏效应确实恒定等情形，基于表4－3中第（6）列的对应变量设定（即最为完整设定），再次对 Probit 模型进行参数估计，但在核心变量（研发投入强度变化：2002—2010 年）所有取值点处分别计算其对于劳动者提前退出的偏效应，结果呈现为图 4-3。

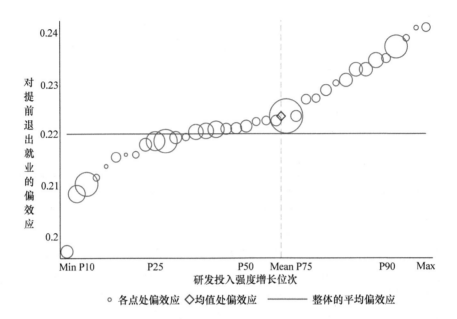

图 4-3　偏效应随研发投入强度变化不同而略有差异

资料来源：笔者绘制。

从图 4-3 可以看出，行业研发投入强度变化对 "4050 人员" 提前退出就业的边际效应具有略微的递增趋势：在样本考察期内（2002—2010 年），R&D 投入强度增长程度越大的行业，继续增加研发投入强度时，边际增量会对劳动者提前退出就业产生更大的冲击。主变量均值处的偏效应略微高于全样本各点偏效应的均值，主变量中位值处的偏效应与平均偏效应大致相等。图 4-3 所示不同取值处偏效应的大小差异也表明，尽管整体上呈现递增趋势，但偏离平均偏效应的幅度不大，表 4-3 中得到的平均偏效应对于全部行业都具有较好的代表性。

五　超越平均偏效应（二）：年龄越大者受影响程度越深

在基准结论表 4-3 中，代表年龄的控制变量自身对劳动者提前退出劳动力市场的偏效应表明，年龄因素本身对个体的劳动供给具有显著的影响，越年轻的人越不倾向于提前退出。但本章力图解释 R&D 投入强度变化对劳动者劳动供给的影响，鉴于年龄因素自身的重要性，有必要考察 R&D 投入变化的偏效应是否受到劳动者年龄的影响，即不同年龄人群从 R&D 投入变化中受到的偏效应是否存在差异。

　　具体的做法是，首先按照表 4 – 3 第（6）列的设定，获得 Probit 模型各项的系数，然后根据对不同年龄的情形（即"当前年龄距离法定退休年龄的年数"）分别计算主变量的平均偏效应。此处采取两种方案进行计算：方案一是将成员按照年龄分组，分别在各个年龄组的人群内部计算主变量的平均偏效应；方案二则不对成员按年龄分组，但在计算主变量的平均偏效应时，将年龄取值固定在某一个具体数值上。两种方案的区别在于计算平均偏效应的范围，方案一是在按年龄组构成的亚样本内部计算平均偏效应，人员的特征集仅限于该年龄人口所具有的特征；方案二则仍然是主变量在整个样本意义上的平均偏效应，除年龄（被固定在特定取值）之外的其他人员特征集将遍历整个样本。按照上述两种方案得到的主变量偏效应随年龄的变化呈现在图 4 – 4 中，左栏是年龄组内平均偏效应，右栏是固定年龄时基于全部观测的平均效应（两种方案得出的结果差异甚微，由于方案二的计算遍历了整个样本，结果变化更为平滑一些）。横轴代表劳动者当前年龄距离法定退休年龄的年数，年数越大代表劳动者越年轻，圆圈对应的纵轴数值代表对应的偏效应均值，圆圈自身的大小以该年龄涉及人数为权重。

　　图 4 – 4 呈现出了主变量的平均偏效应随个体当前年龄距离法定退休年龄年数的增加而具有衰减性，个体的年龄距离法定退休年龄的年数较短时，其提前退出劳动力市场的行为越容易受到其所处行业 R&D 投入强度增长的影响：对于尚有 12 年及更多年数才能达到法定退休年龄的劳动者而言，其所在行业 R&D 投入强度增长对于个体提前退出的偏效应降低到了 0.15 以下。这一趋势可能具有重要的现实含义：R&D 投入强度的增加带来了生产技术进步，岗位对劳动者的技能要求也会相应提高。劳动者如果要保有岗位则需要进行人力资本更新，实际年龄距离法定退休年龄时间越短的劳动者越缺乏更新人力资本的动力，从而通过

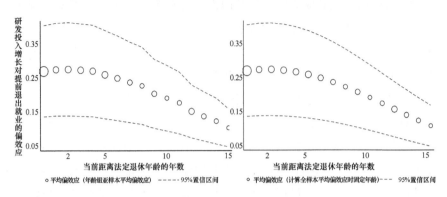

图4-4　研发投入强度变化的偏效应随年龄距离的衰减

资料来源：笔者绘制。

选择不同的方式退出劳动力市场。尽管更新人力资本可能具有加薪效应，但是更新人力资本同样具有成本，剩余职业生涯越短，人力资本更新投资的收益越少，甚至可能不足以覆盖投资成本，因此理性的选择是终止人力资本投资。从习得新技能的难易程度上看，中国年龄越偏大的劳动者整体上所受教育越少，习得新技能的难度也普遍更高，即更新人力资本的隐性学习成本较高。于是，距离法定退休年龄越近的劳动者，越容易受到技术进步的冲击而提前退出就业。

六　超越平均偏效应（三）：弱人力资本、迁来者及女性受影响更大

基准结果表4-3中，个人层面"控制变量"的平均偏效应表明，劳动者的这些特征本身对于提前退出劳动力市场具有不同程度的作用。此处进一步分析这些个体特征的异同是否会导致主变量的效应分化，也就是说，R&D投入强度变化对劳动者提前退出就业的影响，对于不同特征的人群是否存在差异。

按照与前文分析年龄相同的方式，继续基于与表4-3中第（6）列相应的Probit模型设定并估计得到各项系数，然后根据个人特征来对劳动者进行分组或者对这些特征的取值作出具体规定，评估个体主要特征的异同对主变量发挥效应的作用。考虑劳动者的四个方面特征，是否具有高中以上学历、是否处在专业技术型岗位或管理者岗位上、是否为迁

移者以及是否为女性，按这些特征分组计算的 R&D 投入强度变化对劳
动者提前退出的平均偏效应（方案一）以及对这些特征分别限定取值
（取 1 或 0）时计算的 R&D 投入强度变化对劳动者提前退出的平均偏效
应（方案二）报告在表 4 - 5 中。按这些特征划分成的两组"对立"人
群均受到了主变量的显著影响，简单对比来看，两种计算方案均表明，
未受过高中或以上程度教育者、非技术性或管理职位者、外地人口和女
性人口的提前退出决策在 R&D 投入强度的变化中受到的冲击更大
一点①。

表 4 - 5　　　　　　　R&D 投入强度变化对劳动者提前退出的
平均偏效应：按个人特征计算

	高中以上者		技术及管理者		非本地劳动者		女性劳动者	
	是	否	是	否	是	否	是	否
	(1)	(2)	(3)	(4)	(5)	(6)	(7)	(8)
方案一 （组内计算）	0.2092***	0.2194***	0.1977***	0.2193***	0.2269***	0.2133***	0.2379***	0.2009***
	(0.054)	(0.057)	(0.052)	(0.057)	(0.058)	(0.055)	(0.061)	(0.052)
方案二 （取值限定）	0.2069***	0.2201***	0.1938***	0.2202***	0.2179***	0.2153***	0.2210***	0.2148***
	(0.054)	(0.057)	(0.051)	(0.057)	(0.057)	(0.056)	(0.057)	(0.056)

注：表中报告的是主变量（研发投入强度变化对"4050 人员"提前退出就业）的平均偏
效应，各列对应的 Probit 模型设定均与表 4 - 3 中第（6）列对应的 Probit 模型设定相同。

在效应差异的可能原因上，未受过高中或以上程度教育者、从事非
专业技术性职位或管理职位者在整体上的人力资本水平较低，适应技术
进步所需要的额外人力资本投资成本更多，习得难度也较大，因此在面
临劳动力市场变化时的稳岗脆弱性更大。R&D 投入强度增加对迁移者群
体提前退出决策的影响略微高于本地劳动者，说明迁移者群体对城镇劳
动力市场变化的适应性要比本地劳动者弱一些。女性群体受到的冲击大

①　此处没有做统计检验，不排除存在"统计上无差异"的可能，因此是一种简单对比。
简单对比数值的大小在一定程度上也有意义，因为计算偏效应所依赖的方程相同，其中方案二
的可比性更大一些。

于男性，除了女性劳动者退休年龄更早而更新人力资本的收益期限更短之外，女性在劳动力市场上的相对弱势地位仍然一定程度存在，加之家庭劳动的角色分工因素，当面临劳动力市场技术变化时，促进了年龄偏大女性劳动者的提前退出就业行为。

第六节　跨多期的扩展分析和稳健性探讨

一　不同时期研发投入强度增长的当期就业退出效应

前文基于 2002—2010 年各行业 R&D 投入强度的变化，考察了这种变化对 "4050 人员" 劳动者提前退出劳动力市场的偏效应。2002—2010 年，中国共编制了 4 次投入产出表，即 2002 年和 2007 年的基本表、2005 年和 2010 年的扩展表，充分利用这些投入产出表之间的时间跨度，采取与前文度量 R&D 投入强度相同的方式并获得跨期变化，在与表 4 – 3 相同的框架下估计 Probit 模型并计算偏效应，能为前文（基准情形的）结论是否稳健提供证据。

具体地，分别考察 2002—2007 年和 2005—2010 年两个 5 年跨期的 R&D 投入强度变化对相应行业中 "4050 人员" 提前退出就业的偏效应。样本范围继续限定为观察 R&D 变化的起始期处于就业状态的劳动者，即针对 2002—2007 年的考察时，限定为 2011 年尚未达到法定退休年龄且 2002 年处于就业状态的劳动者；针对 2005—2010 年的考察时，限定为 2011 年尚未达到法定退休年龄且 2005 年处于就业状态的劳动者。基于 Probit 模型估计系数计算的平均偏效应报告在表 4 – 6 中，各列的 "控制变量" 设定与表 4 – 3 相对应。当主变量设定为 "研发投入强度变化：2002—2007 年" 时（横栏一），行业层面的 "控制变量" 的基期状态为 2002 年，行业年均成长速度为 2002—2007 年的增加值年均增长率；当主变量设定为 "研发投入强度变化：2005—2010 年" 时（横栏二），行业层面的 "控制变量" 的基期状态为 2005 年，行业年均成长速度为 2005—2010 年的增加值年均增长率；个人及家庭层面 "控制变量" 均与表 4 – 3 各对应列相同。此外，在 R&D 投入变化的观察期为 2005—2010

年时，舍弃了 2005 年已经退出劳动力市场的个体，导致观测数目的减少。

表 4 - 6　　R&D 投入强度增加（不同期）对劳动者提前
退出的平均偏效应（估计方法：MLE）

		(1)	(2)	(3)	(4)	(5)	(6)
研发投入强度变化期：2002—2007 年	平均偏效应（dR/dx）	0.352***	0.331***	0.211***	0.213***	0.216***	0.215***
		(0.057)	(0.066)	(0.061)	(0.062)	(0.062)	(0.061)
	观测数	2010	2010	2010	2010	2010	2003
研发投入强度变化期：2005—2010 年	平均偏效应（dR/dx）	0.126***	0.296***	0.206***	0.206***	0.209***	0.209***
		(0.032)	(0.057)	(0.054)	(0.054)	(0.054)	(0.053)
	观测数	1889	1889	1889	1889	1889	1882
行业特征层面控制变量系列			是	是	是	是	是
个人基本特征控制变量系列				是	是	是	是
职业生涯特征控制变量系列					是	是	是
财产债务特征控制变量系列						是	是
家庭结构特征控制变量系列							是

注：各控制变量系列具体包括的变量与表 4 - 4 相同，"是"代表加入该系列下的全部变量，小括号内是标准误（德尔塔方法）。

表 4 - 6 中主变量的平均偏效应显示，劳动者所处行业在一定时期的 R&D 投入强度增加，对劳动者提前退出就业具有显著的影响。当考虑了个体特征之后，平均偏效应非常稳健：劳动者所处行业 R&D 投入强度在 2002—2007 年每增加 1 个百分点，对劳动者提前退出劳动力市场的平均偏效应为 0.21— 0.22；劳动者所处行业 R&D 投入强度在 2005— 2010 年每增加 1 个百分点，对劳动者提前退出劳动力市场的平均偏效应为 0.21 左右。表 4 - 6 中主变量的平均偏效应较好地呼应了基准表 4 - 3 中的结果，劳动者所处行业的研发投入强度增加，显著地促进了劳动者提前退出就业。

二　研发投入强度增长对就业退出的跨期效应及持续

时期一的研发投入强度变化对劳动者行为决策的影响，会持续到时期二吗？实际上，可能某些决策个体对环境变化的响应具有迟滞性。为了检视这一问题，可以将观察行业研发投入强度的时间窗口设定为2002—2007年（这两个年份都是投入产出表基础表的编制年份），观察劳动者就业状态是否变化的时间窗口设定为2008—2015年；并行地，将观察行业研发投入强度的时间窗口设定为2002—2010年（前文采纳的基准时期区间），观察劳动者就业状态是否变化的时间窗口设定为2011—2015年。也就是说，限定观察行业研发投入调整的期末时，所研究的劳动者均处于就业状态，然后给予一段更长时期的等待（直到2015年），再去观察劳动者的就业状态。

　　2015年的就业状况信息来自CHARLS项目2015年的数据，将其与2011年的数据进行匹配，获得劳动者所处就业行业及职业的信息。与基准估计不同的是，基准估计时限定的是，在观察研发投入变化的起点上，样本内的所有人都处于就业状态；而此处限定的是，在观察研发投入变化的截止点上，样本内的所有人都处于就业状态。前者更加突出研发投入变化对劳动者就业决策的伴生冲击，后者更加突出事后冲击。与基准估计相同的是，对人员的限定均为尚未达到退休年龄的劳动者。由于对劳动者观察的时间窗口延长，会让基准分析中符合条件的部分观测因年龄的自然增长，达到了其适用的退休年龄而不再符合限制条件，加上追踪数据本身难免存在个体丢失问题，会使样本规模再一次减少，但仍然足够用于本问题的分析。

　　本部分使用两种措施来拓展这一议题。一是利用CHARLS2015数据中的当前就业信息和工作史信息（观察当期不就业者最近一次进入和离职的时间，以及最近一次工作的行业和职业）来限定进入模型估计的个体均为2007年具有城镇非农就业且在2015年时均未达到法定的退休年龄，考察2002—2007年的研发投入强度增长对2008—2015年提前退出就业的平均偏效应；二是不再利用CHARLS数据中有关工作史的信息，直接通过CHARLS2011数据限定使用的样本范围是2011年处于城镇就业的劳动者，匹配2011年数据和2015年数据后，保留尚未达到法定退休年龄的群体，并观察其在2015年的追踪访问中所回答的就业状态，以此来考察2002—2010年的研发投入强度增长对2011—2015年提前退出就业的平均偏效应。Probit 模型设定继续采用与表 4 - 3 中对应的形式，并计算以上两种办法下"研发投入强度增长"对劳动者提前退出就业的"后续"偏效应，计算的结果报告在表 4 - 7 对应的栏目中。

表 4 - 7　　　　　　R&D 投入强度增加对劳动者提前
退出的平均（持续）偏效应（估计方法：MLE）

		(1)	(2)	(3)	(4)	(5)	(6)
2002—2007 年研发投入强度增长：2008—2015 年提前退出就业	平均偏效应（dR/dx）	0.195 ***	0.256 ***	0.186 **	0.188 **	0.187 **	0.187 **
		(0.058)	(0.064)	(0.058)	(0.057)	(0.058)	(0.058)
	观测数	1281	1281	1281	1281	1281	1277
2002—2010 年研发投入强度增长：2011—2015 年提前退出就业	平均偏效应（dR/dx）	0.188 **	0.208 ***	0.149 **	0.155 **	0.154 **	0.153 **
		(0.058)	(0.062)	(0.056)	(0.055)	(0.055)	(0.055)
	观测数	934	934	934	934	934	931
行业特征层面控制变量系列			是	是	是	是	是
个人基本特征控制变量系列				是	是	是	是
职业生涯特征控制变量系列					是	是	是
财产债务特征控制变量系列						是	是
家庭结构特征控制变量系列							是

注：各控制变量系列具体包括的变量与表 4 - 4 相同，"是"代表加入该系列下的全部变量，小括号内是标准误（德尔塔方法）。

在表 4 - 7 中，控制个人特征之后，这些结果均比较稳健，并且具有一定的显著性。结合表 4 - 7 和表 4 - 3、表 4 - 6 可以看出，对于"4050 人员"而言，其所在行业的研发投入强度增长，对其提前退出就业不仅具有"即期效应"，并且具有"后期效应"。在包含个人及家庭特征的 Probit 模型中，基于估计结果计算的平均偏效应显示，2002—2007 年研发投入强度增长对劳动者 2008—2015 年提前退出就业的平均偏效应为 0.186— 0.188，2002—2010 年研发投入强度增长对劳动者 2011—2015 年提前退出就业的平均偏效应为 0.149— 0.155，尽管这些劳动者在 2015 年时均未达到其适用的法定退休年龄。

三　基于工具变量法的估计

尽管行业特征之于个人行为而言，本身具有较强的外生性，不必过分担心内生性问题的困扰，尤其是反向因果性问题，但出于谨慎性考虑，同时也为了进一步丰富经验证据，本部分尝试寻找主变量的工具变量，并借助工具变量 Probit 模型（IV-Probit）估计主变量的系数进而计算平均偏效应。

适当的工具变量需要"足够外生"于模型系统而又要与主变量"足够相关"。增加研发投入的一个重要目的是提高生产效率，一个基本的考虑便是行业劳动生产率的提升，不过，尽管二者之间可能足够相关，却不够外生。随着中国 2000 年之后更加广泛地融入世界市场，国际上的先进技术经验可以广泛地被中国学习或采用。如果国外的先进技术或生产方式可以随着外商投资一并进入国内市场，那么由各行业吸纳的外商投资对于该行业固有劳动者而言可能满足外生性条件。不少经验研究却表明，外商投资并未带动中国相关行业的技术进步，因此可能难以满足相关性要求，且在实践上难以完整获得较细行业部门吸纳外资的情形（制造业利用外资多为一个整体数据）。不过，改革开放以来尤其是加入世界贸易组织以后，中国不仅更加广泛地融入世界市场，各行业也更加关注国际生产的技术动向，尤其是一些发达国家较为先进的生产技术或生产组织方式对国内相关行业在一定程度上起到标杆性的作用。

综合这些因素的考虑，本部分采用欧盟 15 国成员（作为一个经济体而不分国别）劳动生产率的变化作为中国 R&D 投入强度变化的工具变量。兼顾本章前述分析研发投入强度变化的各个时期（2002—2010 年，2002—2007 年，2005—2010 年），拟采用欧盟 15 国各行业在 2002—2007 年的劳动生产率增长统一作为主变量在三个时期情形下的工具变量。

具体地，我们收集欧盟 15 国 2002 年和 2007 年各行业不变价格增加值、对应年份各行业雇员劳动总小时数，计算得到各年各行业平均每位雇员每小时创造的增加值，以此作为劳动生产率的代理变量，进而计算出各行业 2007 年劳动生产率相对于 2002 年的累计增长率。其中，增加值和雇员劳动小时原始数据从克雷默（KLEMS）增长与生产率项目数据库（EU KLEMS database）直接获取。KLEMS 项目创办的初衷是便于国际比较，可以方便地将欧盟的行业与中国的行业关联对应起来，对应之后的欧盟劳动生产率增长率便形成中国各行业 R&D 投入强度变化的工具变量。

对于 IV-Probit 模型的估计，通常的方法是"RV 两步法"估计（Rivers and Vuong Two-step Procedures）和联立信息最大似然估计（MLE）。"RV 两步法"的第一步是具有内生性的解释变量对工具变量和其他外生变量进行 OLS 回归（即通常的 2SLS 的第一阶段回归），获得残差；第二步是将残差作为一个新的解释变量加入原来的 Probit 模型，并进行最大似然估计，[①] 该方法又被称为两步法条件最大似然估计（2SCML）。这种方法的好处是便于通过第一阶段的结果来直接检验工具变量是否有效（如 F 检验等），但由于在过程中将（一部分）未可观测扰动通过残差进行了替换，使其成为一种有限信息策略（Limited Information Procedure），导致难以获得一致性标准误，且难以直接计算主变量的偏效应。该方法对被解释变量 y 和含有内生性的变量 x 在工具变量 z 条件下的联合分布信息，只考虑了 $f(y, x \mid z) = f(y \mid x, z)$ 的情形。

联立信息最大似然估计是将具有内生性的解释变量与工具变量之间的分布关系直接迭代进入 Probit 模型对应的概率密度函数中，然后进行最大似然估计；被解释变量 y 和含有内生性的变量 x 在工具变量 z 条件下的联合分布为：$f(y, x \mid z) = f(y \mid x, z) f(x \mid z)$。J. M. Wooldridge 指出，[②] 联立信息最大似然估计相对于"RV 两步法"的优势在于估计值更加有效、易于计算偏效应以及获得一致性标准误等方面。为了便于计算主变量的偏效应以及对应标准误，本书采用联立信息最大似然法估计 IV-Probit 模型，但为了遵循对工具变量有效性作 F 检验的惯例

---

① D. Rivers, Q. H. Vuong, "Limited Information Estimators and Exogeneity Tests for Simultaneous Probit Models", *Journal of Econometrics*, 1988, Vol. 39, No. 3, pp. 347 – 366; J. M. Wooldridge, *Econometric Analysis of Cross Section and Panel Data* (the Second Edition), The MIT Press, 2010.

② J. M. Wooldridge, *Econometric Analysis of Cross Section and Panel Data* (the Second Edition), The MIT Press, 2010.

（解释变量中仅有一个变量涉及内生性问题的情形），在估计之前单独附加运行"RV两步法"的第一步，即运行主变量（R&D投入强度变化）对工具变量和其他解释变量的OLS估计，并获取F（1，k）值。

采用CHARLS项目两期（2011年和2015年）数据，对R&D投入强度变化分别设定观察期为2002—2010年、2002—2007年、2005—2010年，并以欧盟雇员2002—2007年小时劳动生产率的增长作为工具变量，重新对表4-3、表4-6和表4-7对应的设定进行IV-Probit估计，并基于估计系数计算平均偏效应，得到核心结果如表4-8所示。

表4-8　　　　　　　R&D投入变化对劳动者提前退出的
平均偏效应（Ⅳ-Probit，MLE）

	（1）	（2）	（3）	（4）	（5）
平均偏效应（dR/dx）	0.244**	0.257**	0.215*	0.165**	0.144**
	(0.086)	(0.081)	(0.104)	(0.059)	(0.052)
研发投入强度变化期	2002—2010年	2002—2007年	2005—2010年	2002—2007年	2002—2010年
效应测算期	2002—2010年	2002—2010年	2005—2010年	2008—2015年	2011—2015年
第一阶段F值	395.0	683.3	499.2	143.0	172.6
观测量	2003	2003	1882	1277	931
"劳动者"数据来源	CHARLS2011			CHARLS2015/2011	

注：计算偏效应所依赖的Probit模型均包含表4-3中行业特征、个人基本特征、职业生涯特征、财产债务特征以及家庭结构特征所对应的全部变量。小括号内是标准误（德尔塔方法）。效应测算期表示在时期（表中对应的年份）起点时，所有人均处于城镇就业状态；在结束点时，所有人均未达到其适用的法定退休年龄。

表4-8中的第一阶段F值表明所采纳的工具变量在统计上不存在弱工具问题，欧盟劳动生产率的变化是中国对应行业R&D投入变化的一个有效工具变量；但表中未列出的基于瓦尔德外生性检验（Wald test of Exogeneity）的卡方值很小，不能拒绝原模型设定的解释变量为外生的零假设。这在一定程度上再次印证了本研究实证设定的基础：一方面，

欧盟的劳动生产率进步对于国内 R&D 投入变化具有强的正相关性；另一方面，国内 R&D 投入变化对于劳动者个体行为而言具有较强的外生性。同时，也印证了在实证分析建模中往往难以同时获得完美的工具变量外生性检验统计量和内生性检验统计量这一实践性事实。[①] 基于 IV-Probit 模型估计结果计算的平均偏效应来看，行业 R&D 投入份额的增加仍然比较显著地提高了劳动者提前退出劳动力市场的概率。

在完全控制变量设定情形下，工具变量法的结果显示出劳动者所处行业 R&D 投入份额在 2002—2010 年平均每增加 1 个百分点，对劳动者提前退出劳动力市场的平均偏效应为 0.24 左右；劳动者所处行业 R&D 投入份额在 2002—2007 年平均每增加 1 个百分点，对劳动者提前退出劳动力市场的平均偏效应为 0.26 左右；劳动者所处行业 R&D 投入份额在 2005—2010 年平均每增加 1 个百分点，对劳动者提前退出劳动力市场的平均偏效应为 0.22 左右。与此同时，研发投入强度变化对"4050 人员"提前退出就业决策的边际冲击具有持续性，例如，2002—2010 年的研发投入强度增长能够促进劳动者在 2011—2015 年增加提前退出就业的倾向。

第七节　技术进步对劳动力偏向性筛选的政策启发

基于年龄偏大劳动力人群劳动力市场参与较低的事实，本章重点以"4050 人员"的就业退出行为为微观视角，将行业的研发投入强度变化作为影响其行为的核心因素，试图解释行业研发投入强度增加对"4050人员"提前退出就业的影响。利用 2002—2010 年不同年份投入产出表中各行业在中间投入中使用的 R&D 投入量占全部中间投入的比重变化来体现行业研发投入强度的变化，将 CHARLS2011 数据中尚未达到法定退休年龄且在观察 R&D 投入的起始时点处于就业状态的劳动者作为微观样本，以 2002—2010 年的情形为基准，计算 Probit 模型中研发投入强

① 邱嘉平：《因果推断实用计量方法》，上海财经大学出版社 2020 年版。

度变化对劳动者提前退出就业的平均偏效应。在考虑行业特征和劳动者个人及家庭特征情形下的平均偏效应表明，如果劳动者所处行业在2002—2010 年研发投入强度平均每提高 1 个百分点，会导致劳动者提前退出劳动力市场的概率提高 22 个百分点左右。研发投入强度增长对劳动者提前退出就业的平均偏效应并不恒定，一方面会随着研发投入强度增长的幅度而递增；另一方面，不具有高中及以上学历的劳动者、从事非专业技术或管理岗位的劳动者、外地户口者、女性劳动者相对于他们的对比者受到的冲击更加明显。结合 CHARLS2015 数据进行的 "后续效应" 分析表明，2002—2010 年的研发投入强度增长，还会提升劳动者在2011—2015 年提前退出就业的概率，尽管这些劳动者在 2015 年均尚未达到他们所适用的法定退休年龄。

"4050 人员" 是中国劳动力市场上的重要力量，同时也构成了就业政策的重点关注对象，本章的研究内容不仅为他们提前退出就业的现象提供了新的解释视角，还具有一定的政策蕴含。

一　增强就业政策对年龄偏大劳动者群体的针对性

研发投入强度增长，通过技术进步而提高劳动力市场对劳动者的技能要求，进而显著提高年龄偏大群体提前退出劳动力市场的概率。由于表现为相对正常退休年龄而提前离开劳动力市场，实际上是发生了退出预期的改变，均可视为被非自愿地推离就业岗位。有必要从服务对象、服务方式两个方面提高劳动力市场政策的针对性。一方面，面向不同类别的服务对象，精准施策。对于以工资为主要收入来源的人要给予重点关注，政府、社区以及行业协会等可通过开发公益岗位、组织分流转岗培训等形式提供针对性的公共服务，鼓励市场化人力资源服务商面向这些群体开发个性化的服务产品，降低年龄偏大群体的人力资本更新成本和职业转换成本。对于就业意愿本已不再强烈并具有较好财富积累的"边际人"，当劳动力市场发生变化时他们便顺势而为地提前退出。这部分群体面临的问题不是民生问题，而是人力资源充分利用问题，公共政策应注重增强对相应人群继续参与劳动力市场活动的激励，包括鼓励运用已积累的工作经验和物质财富进行二次创业、鼓励加入公益志愿性活动、鼓励参与家庭劳动分工从而提高家庭其他成员的有效劳动供给等。另一方面，在服务方式上要充分利用现代信息技术的计算匹配优势，降低劳动力市场摩擦。由于在具有关联性的行业之间、在产业内的企业之间，技术更新通常具有梯度性，并非所有企业同时将生产组织形式都升级到（潜在）溢出工人不可及的程度，溢出工人再就业时主要难点是摩擦性因素和信息获取不充分、不及时。因此，就业服务部门有必要充分利用其在企业岗位数据库、人力资源数据库等方面的信息优势，基于劳动者技能等具体特征与劳动力需求方的具体要求的匹配，以减少劳动力市场搜寻摩擦、促进提高再匹配效率。

二　推迟退休的政策实践应当与提升社会人力资本水平充分结合

目前，推迟法定退休年龄的政策制定已经进入实施日程，主要是出于缓解劳动力供给不足、充分利用现有人力资本的考量，并满足更多人继续参与社会劳动的需要，其次是适当延迟养老金支付。本章的实证分析结论意味着，劳动力市场技术需求变化会显著引起部分年龄偏大劳动力的不适应，其背后的原因主要在于中国年龄偏大劳动者人力资本水平较低，学习或更新技能的综合（主观和客观）成本较高。如果提高法定退休年龄的政策势在必行，则必须要完善培训制度和终身学习体系，从根本上降低即将迈向退休阶段劳动力人群的人力资本更新成本（包括客观成本和机会成本），否则会导致一部分人因为失业却无法及时享受退休待遇而降低生活水平或陷入贫困。或许，延长法定退休年龄之前，研究如何减少现有退休政策下的提前退休（或其他形式的提前退出劳动力市场）现象，可以作为充分开发年龄偏大劳动年龄人群人力资源的第一步，遵循小步慢跑的改革逻辑，充分提升并利用好现有的人力资本，增强年龄偏大劳动者人群对劳动力市场变化的适应性。

三　以更完善的劳动力市场政策为更富效率的产业升级提供支撑

本项研究发现 R&D 投入强度增加会显著导致相应人群过早退出就业的证据，绝不在于以此建议抑制 R&D 投入或者唱衰技术创新，而在于强调关注创新过程中伴生的就业问题，尤其是年龄偏大的劳动者群体。随着中国经济逐步转向高质量发展阶段，产业发展必将更加突出以创新为驱动，劳动力市场必然也要求对劳动者进行重新筛选。一方面要客观看待与行业研发投入增长或技术升级所伴生的就业溢出现象，重新筛选的过程本质上是提高效率的过程，也是人员社会性流动在劳动就业领域的一种体现形式。另一方面要提供更具针对性的就业服务，以及更加健全的社会保障体系。应客观地看到，"并不是每个人都是艺术家，并不是每个人都是有创造力的工匠"，"贫困给身体和精神带来的伤害，是单调乏味工作的千倍"，① 必然也会有一部分人再也无法实现就业而可能陷入生活困境，对于年龄更大、技能更新更加困难、再就业难度更大的产业溢出工人，应当有完善且替代率恰当的社会保障政策兜底其基本生活。

---

① ［美］乔舒亚·B. 弗里曼：《巨兽：工厂与现代世界的形成》，李珂译，社会科学文献出版社 2020 年版。

第五章

▶ ▶ ▶

数字经济加快发展与就业
扩容提质机会

数字经济蓬勃发展，为就业扩容提质创造了新的机遇，也通过改组生产要素配置方式和重塑经济发展格局，促进了就业方式和劳动力市场的变革。本章首先讨论近年来数字经济发展对经济增长的拉动作用，并行地，探讨近年来经济增长与城镇就业之间的关系，进而评估数字经济通过拉动经济增长而产生的就业净贡献。进一步地，从数字产业化助力就业质量提升、产业数字化助力就业数量扩容、就业服务数字化助力劳动力市场运行效率提升三个维度探讨数字经济带动就业的动能枢纽。

第一节 中国数字经济整体发展情况概览

以互联网、大数据、云计算、人工智能、区块链等新一代信息技术为基础的数字经济已经日益融入经济社会各领域全过程，由于数字经济与经济社会其他领域的深度融入性，难以独立、直接地测量数字经济的客观规模，因此，认识数字经济的规模依赖所采用的测算依据。

许宪春和张美慧将数字经济活动的范围界定为数字化赋权基础设施、数字化交易、数字化媒体三大领域，把国民经济中涉及的行业和产品目录逐一框入这三大领域对应的位置。借鉴美国经济分析局（BEA）的方法对中国数字经济规模测算的结果显示，2017 年（其研究结果中的最新年份）中国数字经济增加值约为 5.3 万亿元，占国内生产总值的比重约为 6.46%。① 蔡跃洲和牛新星将数字经济划分为"数字产业化"和"产业数字化"两部分，使用以增长核算为基础的测算框架得出的结果显示，中国数字经济在 2017 年的规模为 13.86 万亿元，占国内生产总值的比重为 16.66%；2020 年的规模超过 19 万亿元，占国内生产总值的比重约为 18.8%。② 中国信息通信研究院基于对数字经济更广概念上的测算结果显示，2017 年中国数字经济占国内生产总值的比重为 32.7%，2020 年则提升至 38.6%（2022 年进一步提高至 41.5%）。③

尽管不同测算方式下数字经济规模具有差异，但上述结果表明，中国数字经济体量庞大并且成长迅速，越来越成为经济增长的引擎。近十年来，数字经济增加值增长率高于同期国内生产总值增长率，也已被多种测算方式证实。

第二节　数字经济通过拉动经济增长而带动就业

经济增长与就业之间关联密切。在凯恩斯的宏观经济理论体系中，充分就业产生自经济成长的过程，好的经济增长带来明显的就业改善。奥肯的统计性研究表明，当经济实际增长水平明显低于潜在增长率，实际失业率会高于自然失业率，或者说经济增长率的变动会导致失业率的反向变动（奥肯定律）。因此，保持宏观经济运行在合理增长区间，是维护就业大局稳定的前提。经济增长的合理区间由潜在增长率决定，取决于排除周期性因素干扰条件下的生产要素供给和配置状况。经济增长不下滑到由潜在增长率所决定的下限以下，是防止周期性失业、保民生的充分条件，这也是中国长期以来设置预期增长目标的基本考量。自从

---

① 许宪春、张美慧：《中国数字经济规模测算研究——基于国际比较的视角》，《中国工业经济》2020 年第 5 期。

② 蔡跃洲、牛新星：《中国数字经济规模测算及"十四五"预测》，载李海舰、蔡跃洲主编《中国数字经济前沿（2021）：数字经济测度及"十四五"发展》，社会科学文献出版社2021 年版。本章后文使用"蔡跃洲和牛新星（2021）"时，均代表此文献，不再另注。

③ 《中国数字经济发展研究报告（2023 年）》，2023 年 4 月 28 日，中国信通院 CAICT，http://www.ec100.cn/detail-6627068.html。

中国经济在 2013 年前后进入新常态以来，经济增速持续放缓，尤其是"十三五"后半期以来中美经贸摩擦、新冠疫情暴发等因素导致经济下行压力加大，而数字经济所表现出的快速增长在较大程度上缓和了经济增长下行的势头，进而为稳定就业作出了贡献。

本部分拟通过对两个比较重要的宏观变量的计算，进而认识数字经济对城镇就业的净额贡献。逻辑起点在于：一是数字经济增长对整个经济增长具有贡献，可计算由数字经济增长拉动的经济增长；二是经济增长能够带动就业，增长具有就业弹性。基于这两个变量可计算出，由数字经济拉动的那一部分经济增长所产生的就业。

一　近十年来数字经济对经济增长的拉动

对数字经济增长拉动经济增长的百分点数作出评估，并结合经济增长与就业之间的关系，能够在宏观层面上评估数字经济通过拉动经济增长而带动的就业情况。

拉动（增长的百分点数）涉及对局部变量增长与总变量增长之间关系的计算，是经济社会发展评价中经常使用的一个指标。与拉动点数紧密相关的另一个指标是贡献率。国家统计局发布国民经济核算时，通常一并发布"三次产业和主要行业对国内生产总值增长的拉动"或"三大需求对国内生产总值增长的贡献率和拉动"等指标的测算结果（如《中国统计年鉴（2021）》中的表 3 - 8 和表 3 - 14）。拉动和贡献率关系的紧密程度，直接体现在计算拉动时一般需要以贡献率为基础，国家统计局使用的英文表述中，拉动采用单词 Contribution 表示，而贡献率采用单词组 Contribution Share 表示。采用国家统计局计算产业经济（或部门）拉动经济增长的方法，结合中国数字经济规模及增速的测算数据，可对数字经济拉动经济增长的情况作出计算：

$$CDE = CSE \times GDP_{idx}/100 \qquad (5-1)$$

$$CES = \frac{\Delta DE}{\Delta GDP} \times 100\% \qquad (5-2)$$

在式（5 - 1）中，CDE 表示数字经济增长拉动经济增长的百分点数，其体现为数字经济对经济增长的贡献率（CSE 表示, % 单位）与经济增长速度（*GDPidx*,% 单位）的乘积。式（5 - 2）是 *CSE* 的计算过程，数字经济对经济增长的贡献率是数字经济增加值与 GDP 的比值。式（5 - 1）与式（5 - 2）中的国内生产总值及其增长率数据可以直接从国家统计局编制的《中国统计年鉴》获得；各年数字经济增加值数据可以采用有关方法进行测算，也可以直接采用相关测算研究的成果。本研究不在于贡献一种对数字经济的测算方式，而是对数字经济拉动经济增长（进而带动就业）作出评价，因此，直接应用相关测算结果作为数据来源，而不再专门进行测算。目前，国内学者或机构对中国数字经济规模的测算成果中，蔡跃洲和牛新星、中国信息通信研究院提供了过去十余年来连续的年度数据表。其中，蔡跃洲和牛新星还给出了数字经济增加值的实际增长率测算数据。① 本研究使用这两个来源的数据，对数字经济对经济增长的拉动进而对就业的带动进行考察。

第一，名义拉动：数字经济增加值名义增量对名义 GDP 增长的拉动。在式（5 - 1）中，名义经济增长速度（*GDPidx*）设定为当年国内生产总值相比上一年国内生产总值的增长率，不考虑价格因素；在计算数字经济对经济增长的贡献率（*CSE*）时，同样采用不经过价格调整的数据来计算式（5 - 2）的分子部分（数字经济增加值增量，ΔDE），以及分母部分（国内生产总值增量，ΔGDP）。计算 ΔDE 时，使用两个数据来源：把蔡跃洲和牛新星对数字经济增加值的测算结果作为数据"来源一"，进而计算得到"口径一"下的名义拉动量；把信息通信研究院对数字经济增加值的测算结果作为数据"来源二"，进而计算得到"口径二"下的名义拉动量。两种口径下计算得到的近年来数字经济增加值名义增长对名义经济增长的拉动点数，如表 5 - 1 中第（4）列和第（5）列所示。

第二，实际拉动：可比价格下，数字经济增加值增量对实际 GDP 增长的拉动。式（5 - 1）中所需要的经济实际增速数据，可直接从国家统计局历年发布的《国民经济和社会发展统计公报》或《中国统计年鉴》

---

① 蔡跃洲、牛新星：《中国数字经济规模测算及"十四五"预测》，载李海舰、蔡跃洲主编《中国数字经济前沿（2021）：数字经济测度及"十四五"发展》，社会科学文献出版社 2021 年版。

中获取。在计算数字经济对经济增长的贡献率（CSE）时，式（5-2）的分子、分母同样都需要采用可比价格的数据。可比价格的增量数据，采用以上一年为基期的可比增长率与上一年的水平数据相乘而获得，例如，2019 年的国内生产总值比 2018 年实际增长 6%，2018 年国内生产总值为 91.93 万亿元，因此可计算得出在可比价格下实际增长为 5.52 万亿元；可比价格的数字经济增加值增量，按同样的方式得到。但是，前述两个关于数字经济增加值的数据来源中，只有蔡跃洲和牛新星给出了可比价格的增长。因此，在计算实际拉动量时，只有一个数据来源和一个相对应的计算口径。数字经济拉动实际 GDP 增长的百分点数的计算结果，如表 5-1 中第（8）列所示。

表5-1　　　　　　　近年来数字经济拉动经济增长的情况

年份	GDP（万亿元）	数字经济增加值（万亿元）		数字经济拉动名义经济增长		GDP 增长（可比价,%）	数字经济增速（可比价,%）	数字经济拉动实际经济增长
		"来源一"	"来源二"	"口径一"	"口径二"		"来源一"	"口径一"
	(1)	(2)	(3)	(4)	(5)	(6)	(7)	(8)
2011	48.79	6.57	9.91	2.80	4.83	9.6	11.9	1.60
2012	53.9	7.46	11.74	1.99	3.76	7.9	11.1	1.53
2013	59.3	8.49	14.05	1.95	4.29	7.8	11.4	1.63
2014	64.36	9.53	16.80	1.79	4.63	7.4	11.1	1.63
2015	68.89	10.54	18.94	1.80	3.34	7.0	10.4	1.58
2016	74.64	11.56	22.62	1.65	5.33	6.8	8.2	1.30
2017	83.20	13.33	27.21	2.38	6.15	6.9	10.4	1.68
2018	91.93	15.06	31.26	2.30	4.87	6.7	9.0	1.50
2019	98.65	17.03	35.81	1.36	4.95	6.0	11.3	1.94
2020	101.60	19.14	39.22	2.14	3.45	2.3	11.6	2.00

资料来源：国内生产总值、可比价增速数据来自《中国统计年鉴（2021）》；数字经济增加值数据"来源一"是蔡跃洲和牛新星的研究、数据"来源二"是中国信通院对应年份的《中国数字经济白皮书》，"口径一"和"口径二"是根据数据"来源一"和"来源二"的计算结果。

从表 5-1 可以看出，无论是从名义变量上看还是从价格可比的口径上看，过去十余年，中国数字经济发展都对整个经济增长产生了明显的拉动作用，有力地发挥了稳增长的功能。其一，从名义拉动量上看，2011—2020 年，基于数据"来源一"进行的计算表明，数字经济各年拉动国内生产总值增长 1.36—2.80 个百分点，而基于数据"来源二"进行的计算表明，数字经济各年拉动国内生产总值增长 3.34—6.15 个百分点。其二，从拉动实际经济增长的情况看，除了 2020 年这一特殊（新冠疫情）年份之外，数字经济对国内生产总值增长的拉动量均在 1 个百分点以上。

二 经济增长与城镇就业关系的数量分析

观察经济增长与就业增长之间关系的一个常用指标是就业弹性，指的是经济增长每变化一个百分点所对应的就业增长百分率。就业弹性越大，表明经济增长对就业的带动性越强，即一个单位的经济增长能够带动的就业增量越多。改革开放之后一段时期，中国经济的持续高速增长创造了大量的就业机会。有研究发现，改革开放初期的 1979—1981 年，1 个百分点的经济增长能够带动 0.44 个百分点的就业增长，大约对应着 180 万个就业岗位，20 世纪 80 年代经济增长的就业弹性保持在相对较高的水平（0.3 左右），然后经历 1989—1991 年的快速下降之后，直到 2000 年均保持在 0.1 左右的水平。刘伟等研究发现，2004—2013 年，中国经济的高速增长极大地带动了就业增长，GDP 每增长 1 个百分点，带动整体就业增长 0.12 个百分点或非农产业就业增长 0.57 个百分点，并指出在 2015 年前后要保持充分就业不受严重影响，需要经济保持 7% 以上的增长率。[①]

进入 21 世纪以来，中国就业弹性下降，是劳动年龄人口规模具有上限、技术进步、生产要素配置结构调整等多重因素共同作用的结果。对于中国经济而言，经济增长对就业增长的带动力减弱是经济发展的自然趋势。尽管就业弹性发生趋势性下降，稳定和扩大就业仍然离不开经济增长带动。事实上，便是在劳动生产率提高的背景下，观察中国经济

---

① 刘伟、蔡志洲、郭以馨：《现阶段中国经济增长与就业的关系研究》，《经济科学》2015 年第 4 期。

增长与就业的关系时，将目标变量设定为总就业规模具有局限性。

其一，总就业规模存在极限，其上限不可能超过劳动力人口总量，而在人口增长放缓尤其是劳动年龄人口趋于负增长的条件下，即便是实现完全就业，就业增量也可能出现负值。其二，中国的农村居民几乎是"无休止劳动者"，只要生活在农村并且健康条件允许，无论经济增长的情形如何，他们是否参加农业劳动与经济增长之间几乎没有关系，只有劳动供给方式和供给量的变化。基于这两点考虑，研究城镇就业变化更具有代表性，尤其是在劳动年龄群体中观察城镇就业的变化更具有意义。于是，本节采用历年城镇新增就业、15—64岁年龄段人口中每万人城镇就业人数、历年城镇就业基数（即上一年年末城镇就业规模）、经济增长等数据，可对经济增长与城镇就业相关指标之间的关系作出评估，针对近十年的计算结果如表5-2所示。

表5-2　　　　　　中国经济增长与城镇就业之间的关系测算

年份	城镇总就业	城镇新增就业			每万"15—64岁人口"就业		
	量（万人）	量（万人）	名义弹性	实际弹性	量（人）	名义弹性	实际弹性
	(1)	(2)	(3)	(4)	(5)	(6)	(7)
2011	36003	1221	0.19	0.37	3587	0.18	0.35
2012	37287	1266	0.34	0.46	3702	0.31	0.41
2013	38527	1310	0.35	0.45	3813	0.30	0.38
2014	39703	1322	0.40	0.46	3930	0.36	0.41
2015	40916	1312	0.47	0.47	4052	0.44	0.44
2016	42051	1314	0.38	0.47	4166	0.34	0.41
2017	43208	1351	0.28	0.47	4298	0.28	0.46
2018	44292	1361	0.30	0.47	4426	0.28	0.45
2019	45249	1352	0.42	0.51	4545	0.37	0.45
2020	46271	1186	0.96	1.40	4777	1.70	2.21

注：（1）年度新增就业与净增就业不同。（2）右栏"每万'15—64岁人口'就业"的含义是15—64岁人口中平均每万人对应的城镇就业人数。（3）名义弹性的含义是，按GDP名义增长率计算的就业弹性；实际弹性的含义是，按GDP实际增长率计算的就业弹性。

资料来源：城镇总就业量的数据来自《中国统计年鉴（2021）》，城镇新增就业量的数据来自对应年份的《国民经济和社会发展统计公报》，历年15—64岁人口数量来自《中国统计年鉴（2021）》，GDP及指数相关数据来源同表5-1。

表 5 - 2 的测算结果表明，2011—2019 年（2020 年因新冠疫情突发冲击以及人口普查数据与之前年份推算数据的口径差异等因素，后文单独讨论）：对于城镇新增就业［第（3）列和第（4）列］，各年名义经济增长平均每提高 1 个百分点能够带来就业增加 0.19—0.47 个百分点，各年实际经济增速平均每提高 1 个百分点能够带来就业增加 0.37—0.51 个百分点；对于 15—64 岁年龄人口中平均每万人的城镇就业人数［第（6）列和第（7）列］，各年名义经济增长平均每提高 1 个百分点能够带来就业增加 0.18—0.44 个百分点，各年实际经济增长平均每提高 1 个百分点能够带来就业增加 0.35—0.46 个百分点。基于表 5 - 2 中就业弹性的计算结果表明，在过去近十年间，经济增长与城镇就业的整体关系大致稳定。

三　估算数字经济拉动增长而带动的就业

借助前述数字经济拉动经济增长、经济增长带动就业的逻辑链条，更有助于理解数字经济带动就业的整体效应。相比于直接测算数字经济领域的就业人数，测算数字经济（通过拉动经济增长而）带动的就业增加至少具有如下三个方面的优势，从而更加客观。

第一，数字经济领域的实际就业规模，并不必然由数字经济本身所创造，相当一部分来自其他领域的就业转移。如果没有数字经济，这些就业可能会以其他形式存在，将所有与数字经济相关的就业都归功于数字经济创造，就会高估数字经济的就业效应。例如，即便没有滴滴出行，仍然会有相当规模的人员以传统方式从事城市出租客运服务，而当全行业都运用滴滴出行平台之后，可以将所有从业人员都视为与滴滴出行有关的就业，但不能将这些就业都归因于滴滴平台所创造，因为就业规模中包含就业方式的转移迭代。第二，数字经济本身提供就业机会之外，还具有一定程度的外溢性，可能会扩大某些与数字经济关联度并不高的领域的就业。例如，具有生产办公家具比较优势的某地，业内企业通过产业数字化实现效率提升和规模扩大，衍生地在人造板加工、家具设计、仓储保管、保卫消防等岗位扩大了用工。这些职位与数字经济的关联度较弱，但如果缺乏数字经济对传统生产方式的变革，就可能不会产生这些领域的新增岗位。第三，有些就业岗位既具有一定程度的数字经济属性，又具有非数字经济的成分。例如，目前即便是在前述木材加工、仓储保管、保卫消防等职业，都或多或少含有数字经济的影子。因此，以人员是否属于数字经济领域来测算就业规模，进而评估数字经济总就业效应的方式，可能造成较大的误差。从经济增长带动就业的视角，是在理解数字经济拉动经济增长的基础上，结合经济增长的就业弹性，计算由数字经济拉动经济增长部分带动的就业净增加，将直接和间接的就业创造、就业转移等都包含在内，得到的是整体性的综合效应。

迭代表 5-1 和表 5-2 的结果，便能得到历年来数字经济通过拉动经济增长而带动的就业增加情况。简以 2019 年"口径一"为例说明计算过程：表 5-1 显示 2019 年在"口径一"的计算下，数字经济名义增长拉动名义经济增长 2.14 个百分点，表 5-2 显示当年城镇新增就业指标对名义经济增长的弹性是 0.42，于是 2.14 个百分点的名义经济增长带动的城镇就业增加 0.90 个百分点，对应 396 万人；类似地，当年 15—64 岁人口中每万人城镇就业指标对名义经济增长的弹性是 0.37，拉动名义增长所带动就业增加 0.79 个百分点，平均到 15—64 岁人口中每万人的城镇就业人数为 35 人，对应到当年全国 15—64 岁人口总规模调整之后则约为 347 万人；其他各年以及"口径二"的计算方式以此类推。

图 5-1 和图 5-2 呈现了两种口径下数字经济增加值名义增速通过拉动名义 GDP 增长，进而对就业增加的带动情况。其中，图 5-1 是基于数据"来源一"的计算，图 5-2 是基于数据"来源二"的计算，连线图是带动就业增加的百分点数，给出了采用城镇新增就业、15—64 岁人口中每万人城镇就业人数两种指标下的计算，条形表示对应的就业规模。

从图 5-1 和图 5-2 可以看出，无论是从城镇新增就业的视角还是从 15—64 岁人口所对应城镇就业人数的视角，过去十年间数字经济名义增长（通过拉动名义经济增长而）产生了明显的就业带动效果。需要说明的是，2011 年和 2020 年的数据相对较为特殊，2011 年因经济增速明显较快从而使增长与就业之间的关系相比以后其他年份略微更弱；2020 年的 15—64 岁段人口数是人口普查的结果，在总人口中的占比及

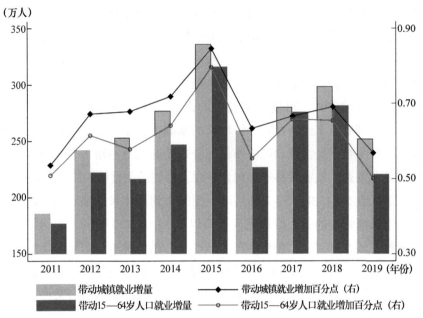

图 5－1　数字经济拉动经济名义增长带动就业（"口径一"）

资料来源：笔者计算并绘制。

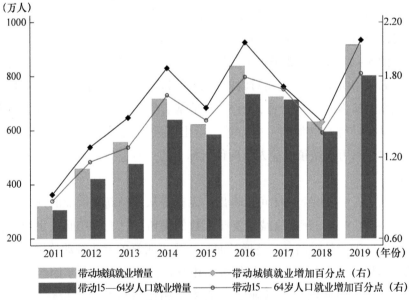

图 5－2　数字经济拉动经济名义增长带动就业（"口径二"）

资料来源：笔者计算并绘制。

规模变化与之前各年相比急剧下降，从而使计算每万人中对应的就业人数时，分母急剧减小（国家统计局的数据显示，2020 年全国 15—64 岁人口相比 2019 年下降 2 个百分点、规模减小 2681 万人）。因此，计算得到的数字经济对 2020 年就业的带动效应较强，数值较大。例如，2020 年带动的城镇新增就业人数是其他年份的 4—8 倍。如果与其他年份的结果同时放入同比例坐标图中，会降低图示数值之间的区分度，因而未将 2020 年的测算结果显示在图中。本研究视 2012—2019 年的情景为 2011—2020 年十年间中国经济增长和就业发展等方面的常态化情景。

图 5–1 基于"口径一"的计算表明，2012—2019 年，各年数字经济名义增长带动城镇新增就业平均提高 0.67 个百分点，平均每年带动城镇就业增加约 265 万人；[①] 各年数字经济名义增长带动 15—64 岁人口每万人对应的城镇就业平均提高 0.61 个百分点，平均每年带动 15—64 岁人口城镇就业增加约 242 万人；图 5–2 基于"口径二"的计算表明，2012—2019 年，各年数字经济名义增长带动城镇新增就业平均提高 1.60 个百分点，平均每年带动城镇就业增加约 643 万人；各年数字经济名义增长带动 15—64 岁人口每万人对应的城镇就业平均提高 1.46 个百分点，平均每年带动 15—64 岁人口城镇就业增加约 586 万人。"口径二"比"口径一"的计算结果数据更大，主要原因是数据"来源二"对数字经济的界定范围更为广泛，本书更倾向于"口径一"的结果。

结合表 5–1 和表 5–2 中可比价格下计算的数字经济对经济增长的拉动、经济实际增长的就业弹性两个方面的信息，可以对数字经济通过拉动实际经济增长而带动的城镇就业情况作出估算，过程与上述对名义量的估算一致，估算结果如图 5–3 所示。

从图 5–3 呈现的估算结果可以看出，2012—2019 年，各年数字经济实际增长（通过拉动经济实际增长而）带动城镇新增就业平均提高 0.74 个百分点左右，平均每年带动的城镇就业规模约为 293 万人，各年

---

① 这里体现的是对各年计算结果取平均值，而不是依据各变量在 2011—2019 年的均值而进行的计算结果。如果基于对 2011—2019 年数字经济增加值及其年均增长、国内生产总值及其年均增长、年均城镇新增就业等进行计算，可得到此期间数字经济年均名义增长带动城镇新增就业提高 0.55 个百分点，相当于年均带动城镇就业增加约 197 万人。

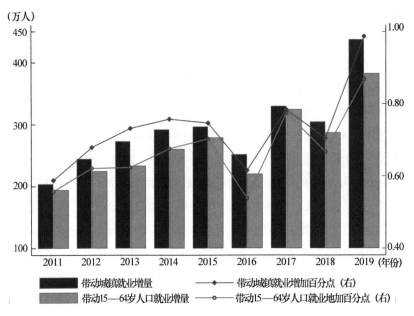

图 5 - 3　数字经济拉动经济实际增长带动就业

资料来源：笔者计算并绘制。

带动 15— 64 岁人口每万人对应的城镇就业平均提高 0.67 个百分点，年均对应的城镇总就业规模约为 267 万人。从图 5 - 3 的结果仍然可以看出，近年来数字经济通过拉动经济增长而对稳定和带动就业发挥了明显的积极作用。

第三节　数字产业化与就业扩容提质机会

数字经济促进就业扩容提质的主要机制有三个方面：一是数字产业化推动数字经济核心产业吸纳高质量就业，二是产业数字化通过促进相关产品或服务的市场扩张而带动更多就业，三是就业服务的数字化促进劳动力市场匹配效率提升。从产业层面看，数字经济核心产业本身承载的就业数量有限，其对就业人员具有较高的生产率要求，但其产品和服务对其他市场主体提供就业具有庞大的引致带动能力，而产业数字化对就业的规模性带动更加突出地体现在生活服务业和其他新兴的服务业领域。

一　数字产业化与数字经济核心产业

数字产业化指的是以数字设备和相关技术为主要生产投入，并以数字技术设备或数字技术服务为产品的生产部门，生产方式从零星到集聚，增加值在国民经济中的地位不断提高，从分散形态成长为体量庞大的产业并持续发展壮大的过程。国家统计局在《数字经济及其核心产业统计分类（2021）》中，将数字产品制造业、数字产品服务业、数字技术应用业和数字要素驱动业四个大类界定为数字经济核心产业，可以视为数字产业化的主要生产部门，都基本可归入《国民经济行业分类（2017）》中的"计算机、通信和其他电子设备制造业"及"信息传输、软件和信息技术服务业"。由于基于《国民经济行业分类》的经济活动具有年度连续的统计数据，本书采用"计算机、通信和其他电子设备制造业"及"信息传输、软件和信息技术服务业"两个国民经济行业来对数字产业化进行分析，前者属于制造业，后者属于现代服务业。

二　数字产业化核心产业的就业容量

过去十余年来，中国产业结构持续调整，第二产业在国民经济中的比重稳步下降，第三产业占比不断上升并成为吸纳劳动力就业的主要领域。在数字产业化的两大核心行业部门中，"计算机、通信和其他电子设备制造业"和"信息传输、软件和信息技术服务业"吸纳就业的规模呈现出此消彼长态势，即以"计算机、通信和其他电子设备制造业"为代表的数字产品制造部门吸纳的就业在2014年前后达到峰值后，就业绝对规模逐年下降，而以"信息传输、软件和信息技术服务业"为代表的数字产品服务部门在过去十余年来所吸纳的就业绝对规模保持了较快增长的势头。

从城镇非私营单位就业的情况来看，制造业就业规模及其占全部就业的比重在2013年达到峰值，总就业人数约为5258万人，占城镇非私营单位全部就业的比重为29.04%，此后伴随产业结构调整而持续下降，到 2020 年年末，城镇非私营单位制造业就业人数减少至 3806 万人，比重降至 22.33%，城镇非私营单位的制造业就业规模在 2013—2020 年下降了 27.62%，在全部就业中的比重降低了 23.08%。制造业就业吸纳能力的整体性减弱，主要原因在于技术进步、工业机器人的应用等，通过技术和机器替代而使操作性岗位对人员的需求减少。[①] 制造业中的"计算机、通信和其他电子设备制造业"，在吸纳就业规模的变化趋势上大致与整个制造业部门相同，但下降的过程相对更加缓和。

图 5 – 4 呈现了近年来中国"计算机、通信和其他电子设备制造业"城镇单位就业的情况，条形代表总就业规模，连线表示该行业就业规模占整个制造业大类的比重。可以看出，"计算机、通信和其他电子设备

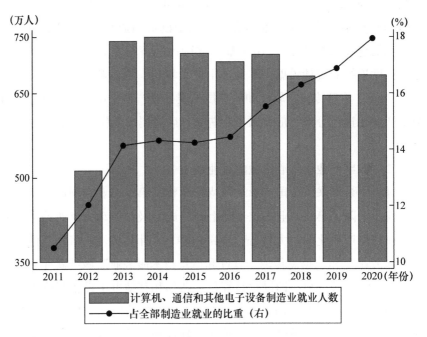

图 5 – 4　数字经济核心制造业城镇单位就业情况

资料来源：笔者根据国家统计局基础数据计算并绘制。

---

① 王永钦、董雯：《机器人的兴起如何影响中国劳动力市场？——来自制造业上市公司的证据》，《经济研究》2020 年第 10 期；余玲铮等：《工业机器人、工作任务与非常规能力溢价——来自制造业"企业—工人"匹配调查的证据》，《管理世界》2021 年第 1 期。

制造业"的就业规模在 2014 年达到峰值 751 万人，然后小幅波动式下降至 2020 年年末的 683 万人。整体上，该行业就业规模在 2013—2020年的减少幅度为 8.14%，比整个制造业就业规模的减少幅度缓和 19.48个百分点。此外，尽管就业人数的绝对规模在 2013—2020 年整体上呈现下降态势，但在城镇非私营单位就业人员中，"计算机、通信和其他电子设备制造业"占整个制造业的比重却保持上升态势。在"十三五"时期趋势尤为明显，从 2013 年的 14.14% 上升至 2020 年年末的 17.94%。这表明，在制造业技术创新加快、就业吸纳能力整体性减弱的背景下，以"计算机、通信和其他电子设备制造业"等为代表的数字经济产品核心制造产业的就业吸纳能力仍然较强。

相比之下，以"信息传输、软件和信息技术服务业"为代表的数字经济核心服务业在城镇非私营单位就业中的比重及总规模不大，但过去十年来保持了稳健增长。如图 5-5 所示，在可比的统计口径下，该行业

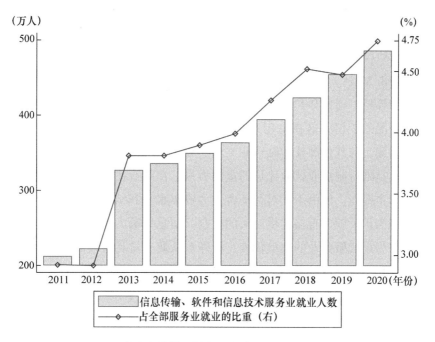

图 5-5　数字经济核心服务业城镇非私营单位就业情况

资料来源：笔者根据国家统计局基础数据计算并绘制。

城镇非私营单位就业人员（年末）数在2013—2020年从327万人增加到487万人，增长了48.93%，在服务业大类中所占的比重也保持稳步上升。

三　数字经济核心产业扩容就业的效率特征

数字经济核心产业扩容提质就业，主要体现在提质方面。其对人员数量的需求增幅不明显，岗位创造力有限，但是其对人力资本具有较高的要求，并且能够给从业人员提供较高的劳动报酬。因此，数字经济核心产业的就业扩容具有比较明显的效率特征，主要表现在两个方面。

一方面，数字经济核心产业的扩张呈现研发驱动型，对从业者人力资本水平提出更高要求。行业中就业者的特征持续发生变化，随着创新活动的扩张，行业劳动生产率进一步提高。例如，根据第四次全国经济普查规模以上工业的相关数据，在计算机、通信和其他电子设备制造业中，设有R&D机构的企业占该行业企业的比重为41.5%，全行业专职研究人员占从业人员的比重约为2.92%；相比之下，其他所有制造业中设有R&D机构的企业平均占比为19.24%，专职研究人员占从业人员的比重为1.52%。无论是设有研发机构的企业占比，还是专职研究人员占比，计算机、通信和其他电子设备制造业几乎都是制造业大类其他企业整体情况的2倍，这在一定程度上说明该行业具有较强的研发驱动特征。因此，与其他高技术制造业类似，数字经济核心产品制造业尽管可能仍然是维持制造业就业比重的重要力量，在制造业就业中的占比还可能进一步提高，但由于其对劳动者人力资本水平和结构的高要求，本身并不能为扩大就业直接提供巨大的机会。信息传输、软件和信息技术服务业作为现代服务业的典型代表，同样对从业人员具有较高的人力资本要求。相关研究分析发现，2018年上半年在企业新发布的招聘岗位中，在计算机软件制造及相关服务业的招聘广告中，77.5%以上的岗位要求应聘者具备大专及以上学历，其中44.2%的岗位要求本科及以上学历。[①]

---

① 中国社会科学院财经战略研究院：《NAES宏观经济形势分析（2018年第2季度）》，中国社会科学出版社2018年版。

数字核心产品生产部门通过向市场提供相关产品并作为其他部门的资本品而引致的就业扩容的效果，大于行业自身的就业吸纳。

另一方面，数字经济核心产业就业人员获得相对更高的劳动报酬。就业人员的工资水平，能够核心地体现其就业质量。前述数字经济两大核心产业之一的"信息传输、软件和信息技术服务业"平均工资水平在全部 19 个国民经济行业大类中持续位居第一，"计算机、通信和其他电子设备制造业"平均工资持续高于制造业大类平均工资水平。表 5 - 3 是从国家统计局发布的数据中摘录的部分年份城镇非私营单位就业人员平均工资数据。可以看出，"信息传输、软件和信息技术服务业"城镇非私营单位就业人员历年的平均工资不仅在水平上明显较高，并且连续保持了较快的增速。近年来，该行业就业人员平均工资水平是全部行业城镇非私营单位就业人员平均工资的 1.79—1.89 倍，是除该行业之外所有其他行业城镇非私营单位就业人员平均工资的 2 倍以上，2021 年该行业城镇非私营单位就业人员平均年工资达到 20.15 万元。对于以"计算机、通信和其他电子设备制造业"为代表的数字经济核心制造业，其平均工资水平在所有国民经济行业和制造业内部并不突出（个别制造业的工资水平明显较高：2020 年烟草制品业为 20.90 万元、汽车制造业为 10.11 万元、医药制造业为 9.47 万元），但该行业工资水平仍处于制造业中的中等以上水平。这组数据说明，以城镇单位就业人员平均工资为代表，数字经济核心产业能够为从业人员提供较高质量的就业。

表 5 - 3 城镇非私营单位就业人员在数字经济核心产业的平均工资水平

（单位：万元/年）

		2017 年	2018 年	2019 年	2020 年	2021 年
服务业	信息传输、软件和信息技术服务业	13.32	14.77	16.14	17.75	20.15
	（全部服务业，含以上行业）	(7.43)	(8.24)	(9.05)	(9.74)	(10.68)
制造业	计算机、通信和其他电子设备制造业	7.15	7.81	8.42	8.91	10.03
	（全部制造业，含以上行业）	(6.45)	(7.21)	(7.8)	(8.28)	(9.25)

资料来源：根据国家统计局相关公报整理。

第四节 产业数字化与就业扩容提质机会

某些行业在数字化的作用下，能够与数字经济核心部门形成合力，共同创造出庞大的就业机会，其产生的就业机会远超数字经济核心部门本身。

一 产业数字化与服务业就业能力

产业数字化指的是国民经济中所有产业将数字部门生产的产品或服务用作生产投入的一部分（运用数据要素），转变生产组织形式，进而实现产业结构或产品结构调整的过程。随着数字经济对传统产业加快渗透，当前，几乎所有的国民经济行业均已处于产业数字化的进程之中。在中国经济发展的当前阶段，与产业数字化密切相关的就业扩容主要来自服务业相关行业的数字化，尤其是生活性服务业的数字化。

第一，服务业涉及的领域众多，在19个国民经济行业大类中对应着14个类别，本身具有广阔的就业承载空间。第二，服务业门类中，既有知识和技术密集型的现代服务业部门，也有依赖于劳动者体力体能的传统服务部门，能够为各种技能梯度的劳动者提供就业机会。第三，服务业数字化过程极大地拓展了服务的市场半径，但提供服务具有时长约束，即便是在效率显著提高的条件下，单个从业人员的单次服务对象具有人数（或订单）上限，尤其是生活性服务业。因此，市场扩大的同时必然要求增加与之相关的从业人员数。而制造业相关行业的数字化过程，更大程度上体现为劳动生产率的提高，产品质量提升诚然有助于继续打开市场而产生新的劳动力需求，但制造业数字化对操作性工人的替代性整体上大于产品市场扩张引致的劳动力新需求，从而使制造业数字化对扩大就业的净效应不明显甚至为负。第四，生活性服务业中以增进居民日常生活便捷性为属性的不少领域，居民对同类服务具有较高频度的重复性需求，并且高质量的服务会导致更高频次的需求，如餐饮、住宿、家政、娱乐等。因此，与居民日常生活密切相关的服务业，通过与数字经济融合和扩大市场范围从而带动就业增加。

二　网络平台交易是灵活就业的集散中枢

服务业数字化带动城镇就业扩容的最主要载体是电商批发零售等生活信息服务交易平台。平台发挥了促进需求和供给快速匹配的作用，使市场需求在不断强化中扩大，进而扩大与之相关的劳动力需求。产品或服务的供给方在平台发布展示与产品或服务相关的参数数据，消费者在平台浏览所需的产品或服务属性，平台使消费者在极短的时间内实现对数量众多供应商的浏览，并选出满意的产品或服务，甚至同时选中多个供应商的产品或服务。由此实现供需双方的第一次匹配，即在虚拟空间（信息）上的匹配。第一次匹配之后，还需要相关人员来实现物理空间上的匹配，将消费者在平台上选择的产品或服务送达至消费者，这便产生了第二次匹配。第二次匹配根据产品或服务的属性与承运人是否可分离，分为两种情形：一种情形是产品或服务内容与承运人不可分离，如家政服务、家电维修、水电安装等，需要承运人本身就是产品或服务的直接供应者；另一种情形对承运人没有（与产业或服务内容直接相关的）特殊要求，如快递送件、外卖送餐等。在两种情形下，供应商在信息服务平台的作用下都将面临扩大的市场范围，会因扩大产能而产生新的劳动力需求。在平台提供消费者点评的情况下，消费者点评会产生示范效应，高评分供应商能够进一步强化对市场的占有。对于第二种情形，在专业化分工的背景下，承担运送的人员也有机会通过加入这一平台而专门面向不同的供应商提供运送环节的服务，平台强大的信息和运算能力能够让运送人员的工作量足够饱和，使之能够成为专门的配送从业者。随着平台所容纳供应商数量的扩大，又将会对专职配送人员产生庞大的需求。

第一类生活服务类信息平台可以被概括为"大全式"的供求信息展示张贴枢纽，以提供海量信息为主要特征。典型代表之一是"58同城"。该平台是一种"大全式"的信息发布平台，涵盖招聘、房产、汽车、家庭保洁、维修、搬家、家政等与居民日常生活相关的几乎所有领域及其细分领域的供求信息。该平台通过提高供需匹配效率而助力其注册用户扩大就业，但由于大多数使用该平台就业的用户也会通过其他渠道获得业务，因此难以较清晰地评估其就业扩容的量化贡献。例如，在其平台注册的家电维修服务供应商户，不少具有实体店铺而属于就业状态，快狗打车同城货运配送平台的司机用户本身已经是城市货运从业人员，缺乏完整的统计数据将这些商户通过平台接单数量化折合成标准工时数，但不可否认的是，这些生活类信息发布平台为从业人员提升就业饱和程度、向相当一部分求工求职者提供有效的就业信息，从而在整体上促进了更多的就业。

第二类生活类信息服务平台以各种电商零售平台为代表，包括京东、天猫、淘宝、苏宁易购、网易严选、拼多多、抖音等以实体百货产品为主的零售平台，也包括美团、饿了么、叮咚买菜、淘菜菜等以餐饮或生鲜配送为主的配送平台，此外还有一些提供配送的快餐类餐饮企业，如百胜餐饮等。这类平台对就业的带动，一方面让大量劳动者有机会通过成为创业者（店铺主）并产生对仓储、理货、分拣、客服、售后服务等岗位的劳动力需求；另一方面又对物流业务不断释放新的需求，带动物流配送相关岗位增加。

三　基于重点网络交易平台的就业规模推算

对于由各类交易平台为主要载体的服务业数字化产生的就业规模，目前按行业统计就业的统计制度只能揭示其中较小的一部分。随着与数字平台相关的交易增多，国家统计局近年来对零售业、餐饮业、邮政业等与数字化融入程度较高的服务业进行统计时，对一些代表性子目进行了专门分类，但是仅涉及对"限额以上企业法人"部分的统计，只在经济普查年份对全部企业法人进行了统计。例如，对于2020年限额以上企业法人，零售业企业中互联网零售企业年末就业人数为31.27万人、餐饮企业中餐饮配送及外卖送餐企业的年末就业人数为11.46万人，但缺乏对邮政业中快递服务和其他配送业的统计；第四次全国经济普查的数据显示，2018年全国全部企业法人中，互联网批发企业从业人数为

9.22万人，互联网零售企业从业人数为82.00万人，邮购和电视电话零售业从业人员数为1.92万人，自动售货机售货从业人数为0.95万人，餐饮配送及外卖送餐企业从业人员数为12.47万人，邮政业中快递服务业企业从业人员数为83.2万人，其他寄送服务企业从业人员数为2.9万人。从国家统计局的统计数据大致可以看出，这几类与服务业数字化关联最为紧密的行业，从业人员数的统计结果大致在200万人以内。但事实上，绝大多数与生活服务业数字化相关的就业尚未被纳入统计范围。一是从各年度的统计来看，"限额以上"只能将一小部分企业纳入统计。例如，2020年全国批发零售法人单位总数约为841.5万个，但"限额以上"仅为5.82万个，全行业达到报数标准的企业不足0.7%，其他行业情况类似。二是从普查年度的统计来看，不少从业人员游离于法人单位（企业法人）之外。例如，2018年第四次经济普查显示，批发和零售业、住宿和餐饮业、运输仓储和邮政业、居民服务业个体经营从业人数分别为6443.2万人、2235.3万人、1173.0万人、1303.9万人，经济普查数据未能体现这些领域中与数字化密切相关的从业人员数。三是为了避免重复统计，已经在"成熟"统计分类行业中体现的从业人员，不再被"单列"统计。例如，餐饮业行业中，"正餐服务""快餐服务"统计项的人数与"餐饮配送及外卖送餐"统计项的人数是互补关系，即列入此项的人员不再列入彼项，但实际情况是不少"正餐服务"企业均能提供配送和外卖，几乎所有的"快餐服务"企业都提供配送和外卖。因此，目前单列统计的服务业数字化从业人员主要是"纯粹"以互联网为依托、"成熟"统计门类无法体现其经营属性的企业中的从业人员，不能体现全貌。由此可见，目前正式的统计数据无法充分揭示服务业数字化过程中形成的就业，并且服务业数字化对统计制度提出了挑战。

为弥补正式统计制度因范围界定而造成的不足，结合相关企业的用工情况、行业部门的统计报告进行大致推算，有利于更直观地认识服务业数字化产生的就业效果。本书从本地生活配送骑手、快递收派员、网络出行、网络零售四个大项推算，与服务业数字化密切相关的就业人数在2021年约为6000万人，推算过程及依据如下（见表5-4）。

表 5 - 4　　　2021 年生活性服务业主要领域数字化就业人数推算　（单位：万人）

	估算范围	主要资料（推算依据）	人数估算
餐饮配送	黄蓝骑手数、连锁快餐自建配送、本地生鲜配送等	《美团 2021 年年报》《饿了么：蓝骑士发展与保障报告》《叮咚买菜 2021 年年报》等	800
快递收派	顺丰、中通、申通、京东物流、德邦、圆通、EMS 等	国家邮政《快递市场监管报告》《2021 年中国快递发展指数报告》等	400
网络出行	网约车平台司机端用户，扣除巡游出租车和多平台用户	滴滴招股说明书、交通运输部统计数据、相关行业新闻、笔者调研等	1200
网络零售	网络零售店铺从业人员；无实体店全员、实体店减半折算	《2021 年上半年中国网络零售市场发展报告》《中国经济普查年鉴（2018）》等	3600
合计	—	—	6000

资料来源：笔者整理、推算。

　　一是从"黄蓝骑手"人数可大致推算，全国餐饮配送、本地生鲜配送从业人员规模约为 800 万人。"美团"年报数据显示，2021 年 12 个月内通过平台获得收入的骑手数量约为 527 万人，根据"饿了么"发布的《2022 蓝骑士发展与保障报告》，2021 年当年通过该平台取得稳定收入的骑士人数为 114 万人。这两个平台在 2021 年提供的骑手职位总数为 641 万，这两个餐饮配送超级平台合计市场份额约为 95%，假设市场份额与骑手份额成比例，则 2021 年全职依托第三方平台从事餐饮配送的骑手人数约为 750 万人。考虑到一部分快餐企业，如肯德基、必胜客、麦当劳等组建有自己的配送队伍，不依托美团和饿了么进行配送的本地生鲜电商也组建有配送队伍，如叮咚买菜、永辉生活、多点等，这两部分配送人员总规模约为 50 万人。综合来看，2021 年从事快餐和本地生鲜配送的人员数约为 800 万人。二是从国家邮政局的年度《快递市场监管报告》推算，2021 年全国快递从业人员数约为 400 万人。2019 年度报告显示，全年快递业务量超过 600 亿件，收入超过 7000 亿元（7497 亿元），从业人员数超过 300 万人；2020 年度报告显示，业务量为 834 亿件，收入总额为 8795 亿元，但 2020 年度报告中未列从业人员数的情况。假设从业人员人均对应的业务量或业务收入与 2019 年大致相当，则 2020 年年末的从业人数为 380 万—410 万人。根据国家邮政局发布的《2021 年中国快递发展指数报告》，全年快递业务量为 1083 亿件、业务收入为 10332 亿元，但仍无从业人员规模数据发布。按前述生产率关系初步推断，从业人员规模为 450 万—510 万人。考虑行业科技进步导致分拣和配送效率提升、价格指数、疫情等因素，可推断认为 2021 年全国快递从业人员人数大约为 400 万人。三是根据滴滴等头部移动出行平台企业估算，近期中国以网约车为主要收入来源的司机规模为 1200 万人左右。2021 年 6 月滴滴提交的招股说明书内容显示，其 2020 年 3 月—2021 年 3 月在中国内地拥有 1300 万名活跃司机。2021 年 7 月之后，滴滴从 App 商城下架，但仍然维持移动出行的龙头地位，市场份额约为90%。不过，滴滴未在其招股说明书中说明其中兼职司机的比例，而根据笔者的调研观察，巡游出租车司机几乎都是滴滴平台的用户（未使用任何网络平台的巡游出租车不足 3%），无巡游牌照的网约车司机端用户中，80% 以上的用户使用了两个以上的平台。因此，剔除这些重复性因素之后，依托网约车平台就业的人数约为 1200 万人。四是根据商务部监测数据推算，网络零售店铺从业人员约为 3600 万人。根据《2021 年上半年中国网络零售市场发展报告》，2021 年上半年商务部大数据重点监测的网络零售平台店铺数量为 2152.5 万家，其中实体店铺有 1066.7 万家，假设实体店铺脱网之后仍可经营，则剩余 1085.8 万家店铺完全依托网络零售。保守假定所有网络平台店铺就业容量均按个体经营情况推算，根据第四次全国经济普查数据，第三产业中个体经营户数和从业人员数的比例关系约为 1:2.22[①]。因此，无实体店铺的从业人数约为 2410 万人，假定实体店铺从业人员总工时的一半可折合为完全网络零售，则约为 1184 万人，两项合计约为 3600 万人。

　　从以上对数字经济核心产业、以服务业为主要载体的产业数字化吸纳就业的数量关系对比可以看出，当前数字经济对扩就业和稳就业的主

[①]　根据《中国经济普查年鉴（2018）》表 1-19 计算，在全部行业中，个体经营户和从业人数的数量比例关系约为 1:2.37；扣除采矿业，制造业，电力、热力、燃气及水的生产供应业，建筑业，计算个体经营户和从业人数的关系约为 1:2.2。

要机制来源在于产业数字化，尤其是数字经济与生活性服务业密切相关行业的渗透。

作为数字经济核心产业之一的"信息传输、软件和信息技术服务业"平均每产生 1 个就业岗位，在整体上大致对应前述生活性服务业数字化四大领域（餐饮配送、快递收派、网络出行、网络零售）5 个就业岗位以上：2021 年"信息传输、软件和信息技术服务业"纳入统计的单位就业为 519.2 万人，但"单位就业"并非全部就业且在常规年份的统计数据中并不体现。根据第四次全国经济普查数据计算，该行业全部就业（含城镇非私营单位、私营单位、个体）人数是"单位就业"的 2.48 倍，假设这一比例大致不变，因此，该行业的全部就业大致为 1300 万人；文中推算四个生活性服务业数字化主要领域的就业为 6000 万人，由此可得出 5 倍左右的放大关系。

从微观层面看，个别头部平台的带动力更强。例如，美团 2022 年发布的数据显示，2021 年年末隶属于美团的全职雇员数为 10 万名，而在当年通过该平台获得收入的骑手数为 527 万人，年末在该平台活跃的商家数约为 880 万家。其 10 万名雇员可计入核心产业"信息传输、软件和信息技术服务业"，仅从骑手数一项可以看出，其通过服务业数字化产生的衍生就业是其核心产业就业的 50 倍以上。如果再将其通过促进平台商家扩大业务量而多使用的从业人员数纳入考虑，则其产生的衍生就业可能达到核心产业就业人数的 100 倍（假如 880 万活跃商家因加入美团扩大业务而多使用 0.5 个劳动力的乐观情形，则将再由商家产生 440 万个就业机会）。由此可见，与生活性服务业密切相关的产业数字化成为稳就业的重要力量。

四 产业数字化程度与劳动者工资水平

产业数字化与各产业工资变化的关系，难以直接采用统计数据进行描绘。考虑到数字经济融入其他产业部门，必须要通过相应的硬件、软件和技术来实现，可以通过信息技术硬件设施使用情况与工资之间的关系来大致体现。

一是在横截面上观察数字化水平不同的地区之间的工资差异情况。

假定一个地区产业数字化的整体水平可以由从业人员对计算机的使用数量来代表，借助国家统计局的信息化相关统计数据，图5-6呈现了地区工资水平与计算机使用之间的相关关系。横轴体现的是2020年代表性企业平均每100名从业人员使用的计算机台数，其中，代表性企业指的是规模以上工业、有资质的建筑业、限额以上批发和零售业、限额以上住宿和餐饮业、有开发经营活动的房地产开发经营业和规模以上服务业中的法人单位，纵轴体现的是全部在岗职工平均工资。

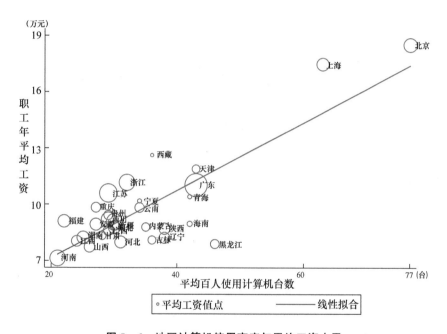

图5-6　地区计算机使用密度与平均工资水平

注：圆圈大小体现就业规模。

资料来源：笔者绘制。

从图5-6可以看出，一个地区的在岗职工平均工资水平与该地代表性企业计算机使用密度具有非常强的正相关关系。整体上，在考虑地区城镇就业总规模情形下的拟合关系表明（图5-6中拟合直线），平均百人计算机使用量增加1台，平均工资会相应升高1.45个百分点（约合1800元）。尽管不能简单地将二者之间的正相关直接视为因果关系，但至少能够说明,工资水平与企业的计算机应用水平之间关系密切。尤其是北京和上海这两个直辖市,在岗职工平均工资水平明显高于全国其他省份的平均工资;与之相对应的是,这两地的代表性企业中,计算机使用密度也明显高于全国其他地区。

二是从工资增长的视角来看产业数字化与工资增长之间的关系。图5-7呈现了2013—2020年,各地代表性企业计算机使用台数的增幅与在岗职工平均工资增幅的关系。如果一个地区在2013—2020年代表性企业计算机使用量增幅越大,则对应着该地所有在岗职工平均工资的更高增幅,整体关系线性拟合为图中的直线,其中虚线拟合的是不包括计算机使用增幅超过100%和低于20%的省份的情况。从全国来看,2013—2020年,在岗职工年平均工资名义值从5.24万元提高到10.05万元,增长幅度为91.79%,全国代表性企业计算机使用总台数从3653万台增加至5778万台,增加幅度为58.17%。地区平均工资在一定时期的增长

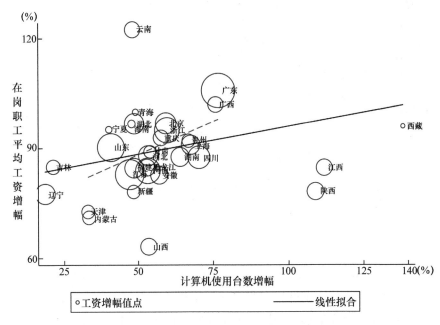

图5-7 2013—2020年计算机使用台数增幅与职工工资增长

资料来源:笔者绘制。

与地区平均工资的基数水平有关，基数低的地区通常会表现更大的增幅，也与地区产业结构调整有关，高附加值产业占比增幅越大的地区，工资增幅也可能越大，不能以此作出严格的因果推断。即便如此，计算机使用增幅能够说明地区产业经济增长中是否更多地使用了计算机设备，总量上的关系表明一个地区的工资增长与数字经济核心产品的使用强度是相伴随的。

三是产业数字化能够促进劳动力流动和重新配置，提升就业质量。劳动力合理流动是提升就业质量的主要途径。数字经济使岗位迭代加速，促进劳动力市场流动。一方面，产业数字化能够加速实体产业的创新步伐，强化劳动力市场筛选，对劳动力发出更高的人力资本要求，促进效率提升并产生人员溢出；另一方面，借助数字经济的信息泛在优势，劳动者可以获取与自身劳动技能更为匹配的职位信息，流向劳动生产率更高的就业岗位。近年来，制造业行业加快工业机器人普及和工业互联网应用。在此过程中，增加值、劳动者工资保持增长，而就业规模发生收缩，产业数字化替代了大量操作性岗位上的工人，使在位者获得数字化"加薪效应"。尤其是高新技术制造业，这些行业对应着更深程度的产业数字化水平，对劳动者具有更高的技能要求，在岗工人也具有更高的薪资水平。随着金融业的数字化，银行业金融机构离柜交易所占比重提高。根据中国银行业协会发布的《2021 年中国银行业服务报告》，2021 年银行业平均电子渠道分流率已经超过 90%，在智能机具、手机银行推广过程中，银行业普通柜员人数和机构网点数持续减少，对科技岗位的人员数相对增加。在邮政行业中，"邮政基本业务"从业人员数加快减少，取而代之的是"快递"。根据第三次、第四次全国经济普查数据，2013—2018 年，中国"邮政业"全部法人单位中，快递业务从业人员数从 53.41 万人增长到 83.20 万人，法人单位数从 11601 家增加到 24108 家，相比之下，"邮政基本业务"从业人员从 71.08 万人降低到 57.7 万人，法人单位数基本稳定。产业数字化促进了岗位迭代，劳动者从生产率较低的领域流向生产率较高的领域。

第五节　就业服务数字化与劳动力市场匹配效率

就业的实现，产生于劳动力需求与劳动力供给的匹配，就业服务的数字化促进了劳动力市场匹配效率改进。

一　通过改变人才市场形态而扩展人才招聘市场容量

人才招聘市场的传统形态表现为物理实体空间，是供招聘方和求职者进行密集交流的专门场所。劳动力需求方（企业）向人才招聘市场支付场地使用费用，设展位展示企业的基本情况和人才需求情况，并安排专人向有意向者提供相关咨询、收集求职者的应聘意向。求职者携带若干份求职简历进入招聘市场，在企业招聘展位前逐一驻足浏览信息，对于与求职意向不相符的企业招聘展位，求职者快速浏览并迅速离开；求职者可能会来到下一个招聘展位并了解更多一些信息，于是对展台的招聘海报阅读得更详细，还可能与企业招聘专员咨询一些问题，几番交谈之后，发现这个企业也并不具有足够的吸引力，但如果实在没有成功应聘到更好的工作，这个岗位尚可，于是留下一份求职简历。求职者继续穿行于数量众多的招聘展位，然后在一定程度符合求职期望的企业展位那里留下求职简历。企业的招聘人员再将从人才招聘市场收获到的求职简历全部收集回企业，进一步筛选，然后组织求职者面试。在数字经济背景下，以物理实体空间形态存在的人才市场的功能极大弱化，成为辅助形态或补充形态。各类招聘网站和招聘求职手机 App 应用成为劳动力市场集散中枢，实现了人才招聘市场从定期开放到随时开放、有限容量到（近似）无限容量的转型。

二　通过改变人力资源信息筛选方式来提高服务效能

人力资源服务商作为招聘需求和求职需求的信息中枢，企业和求职者通过填写注册表单的形式，将众多企业的主要特征、招聘条件等信息和众多求职者的求职期望、职业经验、受教育情况等信息汇集于服务器，通过算法设计实现更加高效的劳动力市场搜寻匹配。求职者可以根据自身的求职预期，在招聘网站设定搜索关键词，限定行业、职业职能、工资预期、企业规模、所有制性质、学历要求、工作经历要求等条件，提高搜寻职位的精准性。招聘企业同样可以根据相对应的方式，主动发起对开放求职简历的注册者的搜索和筛选，获取与招聘要求具有一定契合性的求职者的信息。除了求职者和企业方各自根据需求在招聘网站发起搜索，数字化招聘服务商还可以根据双方需求而提供定制化的信息推送，将符合求职者预期的潜在雇主推送给定制该类服务的个人，并将获得授权的求职简历推送给符合条件的企业人力资源专员。借助算法自动匹配规则，不相关的信息被自动屏蔽，双方从人力资源市场初次获得的信息与各自需求的契合性增强，求职者和潜在雇主发生信息交换的时间缩短，劳动力市场搜寻的效率提高。

三　通过改变招募测评方式而解除空间距离等限制

企业通过对有意向的求职者进行多轮筛选，最终识别出其认为最适合的求职者，尤其是具有完善人力资源规划、设置有人才集中招聘季的大型企业。企业发布空缺职位招聘需求、充分收集求职者的应聘简历并初步筛选之后，通过组织现场笔试测评的方式，对简历入围者进行初步测评，是企业人力资源招募的常规环节。这种方式虽然具有很强的仪式性和正规程序，但其会受到时间和空间的限制，并可能导致招聘中断。无论是企业直接组织初选笔试，还是委托第三方组织，现场测评均会受到场所容量的限制，于是在筛选应聘者简历的环节不得不强化限制条件，一些有潜力的未来员工可能就此落选。赴现场参加笔试对于应聘者还具有交通成本，会弱化其对部分求职者的吸引力。过去三年里，受限于新冠疫情暴发及多点散发，组织现场笔试测评可能会引起疫情传播风险，导致人力资源招募流程中断。在初评环节，借助适当的计算机流程和视频监控技术，采用远程测评的方式，降低了疫情传播的风险，节省了企业的招聘成本和求职者的交通成本。

四　通过赋能公共服务而持续增进便捷性

数字化赋能公共就业服务，提升服务质量并拓展服务容量。人力资源和社会保障领域的公共服务在数字经济背景下持续变革，业务职能上云用数赋智，公共就业服务实现网上办、码上办，不仅减少居民现场排队等待时间，并且服务流程和环节也在数字技术环境下得到优化，提高服务效率。创业就业咨询、学习培训、社保交费及查询、职业技能考试鉴定、失业登记、失业保险申领等几乎所有公共就业服务事项，均已实现网上可完全办理或可部分办理。这在提升居民获取公共服务便捷性的同时，公共服务部门获取整理、归档分析有关服务事项数据的完整性和及时性增强。居民通过网上办事，还有助于更加便捷高效地传播就业政策以及相关的保障性政策。一网通办成为线上政务服务的发展方向，在数字城市、智慧城市等概念的快速推广背景下，用户可以在同一线上系统实现对所有相关公共服务的办理，公共服务效率进一步提升。

第六节 数字经济的稳就业前景扼要展望

本章从数字经济拉动经济增长、经济增长带动城镇就业增加的理论逻辑出发，基于宏观经济统计数据和国内学者对数字经济规模的代表性测算，分别计算了过去十年来中国数字经济对经济增长的拉动作用和经济增长的就业弹性，进而得出数字经济通过拉动经济增长而对城镇就业产生的净额贡献。本章以 2012—2019 年的情境作为 2011—2020 年经济增长、就业发展等方面常态化情境。基准测算口径表明，2012—2019年，各年数字经济拉动国内生产总值名义增长 1.36—2.30 个百分点，年均带动城镇就业增加约 265 万人；过去十年来，中国数字经济增长对实际经济增长的拉动作用均在 1 个百分点以上，通过拉动实际增长年均带动城镇就业增加约 204 万人。

由于数字经济对经济社会各领域各环节具有广泛渗透性并且程度不一，直接采用归类统计就业人数的方法，易因漏计或多计而对数字经济的实际就业贡献造成不准确评估，而就业增加离不开经济增长，通过考察数字经济对经济增长的拉动进而评估其就业贡献，则能够在较大程度上减小这一误差，得到更加客观的评估结论。进一步地，本章从数字产业化助力就业提质扩容、产业数字化助力就业扩容提质、就业服务数字化助力劳动力市场提升运行效率三个角度探讨数字经济稳就业的动能枢纽。

从这些动能枢纽的作用可以发现，数字经济对于稳就业、扩就业的潜能巨大，有必要进一步通过优化数字经济治理，克服数字技术滥用、数字歧视等弊端，充分发挥其就业友好方面的优势，在就业扩容提质、创造体面劳动、增进劳动者获得感等方面发挥更显著的作用。与此同时，公共就业服务部门有必要进一步挖掘数字经济的公共服务潜能，面向不同劳动者群体的多元化需求，提供更具针对性的公共就业服务。

第六章

▶ ▶ ▶

营商环境优化与流动人口
创业型就业

　　自主创业、灵活就业是重要的就业方式，高质量的创业还能通过带动更多就业而形成社会收益。营商环境作为劳动力市场的一个重要宏观环境，是影响创业质量和人力资源配置效率的重要变量。中国经济进入发展新常态以后，商事制度改革加快推进，营商环境更趋优化，极大地促进了兴业创业的便捷性。本章以商事制度改革作为一个典型的"自然实验"，从各地工商登记制度改革启动时间、"三证合一"落实时间和是否设立市场监管局三个方面测度商事改革，并结合流动人口监测调查微观数据，检验由其带来的营商环境优化对城市流动劳动力人口创业型就业的政策效应。

第一节　营商环境趋优是劳动力市场环境的改善

一　商事制度改革与行政审批制度改革

　　商事制度作为规范各类市场主体从事各类商业事务活动的法律法规整体构建，通过规范、约束、激励、调整、监管等手段，确保各类市场主体和潜在市场主体具有充分自主的权利从事合法的市场经营活动，获得合法收益。白雪洁和孙献贞认为，商事制度在内容上主要涉及市场准入、交易环节、市场退出等活动的法律规章和政策，并且会因适应经济社会发展与商业形态的变化而不断调整和变化。① 商事制度改革，指的是适应经济社会发展要求，不断完善相关法律法规、优化市场准入条件、完善监管和优化服务，增强市场主体从事各环节商事活动的便捷性。行政审批制度是行政机关以国家权力为基础，为维护公共秩序、保障公共利益，依据相关法律法规，对自然人或法人从事相关活动进行审核通过或批准的制度，其本质是要求杜绝或防止公共利益或公共秩序受到损失。行政审批涉及的范围广，具体事项的完整审批周期长短，取决于涉及的行政审批部门的多少、审批手段等因素。近年来的行政审批改革，主题就是压缩事项的审批环节、减少审批部门、促进部门并联审批、集中审批，缩减审批周期。

商事制度与行政审批制度具有交集。由于行政审批是对特定活动的事前管理行为，从概念上看，商事制度所涉及市场主体的市场准入、特定交易、退出环节的具体行为发生前，均会与行政审批制度相关。因此，可以在较大程度上把商事制度视为行政审批制度在市场经济活动领域的具体化，尤其是在营商环境语境下的商事制度和行政审批制度，二者具有更加广阔的交集。商事制度改革和行政审批制度改革，都是通过优化行政机关的办事服务流程，提高办事服务效率，以更好地发挥市场机制的作用。黄群慧指出，改革开放以来，中国最大的制度情境变化是市场化改革。② 商事制度改革和行政审批改革具有相似性，都属于市场化改革和简政放权改革的范畴，但改革出发点和具体内容上具有较大差异，后者更侧重政府对经济社会活动的管制行为，前者则更关注企业的事前准入和事后监管，前者的范畴相对较小，内容指向性也相对明确。

二 新一轮商事改革和营商环境优化进程

2012 年 10 月，国务院发布的《关于第六批取消和调整行政审批项目的决定》明确提出，凡公民、法人或者其他组织能够自主决定，市场竞争机制

---

① 白雪洁、孙献贞：《商事制度改革对资本生产率的影响——基于准自然实验的研究》，《中国经济问题》2022 年第 4 期。

② 黄群慧：《改革开放四十年中国企业管理学的发展——情境、历程、经验与使命》，《管理世界》2018 年第 10 期。

能够有效调节，行业组织或者中介机构能够自律管理的事项，政府都要退出。凡可以采用事后监管和间接管理方式的事项，一律不设前置审批。以部门规章、文件等形式违反行政许可法规定设定的行政许可，要限期改正。

党的十八届三中全会通过的《中共中央关于全面深化改革若干重大问题的决定》中再次明确要求，深化行政审批制度改革，最大限度减少中央政府对微观事务的管理，市场机制能有效调节的经济活动，一律取消审批。这标志着中国商事制度改革进入加速发展阶段，随即放宽工商登记条件。2014 年，工商登记制度改革在全国范围启动；2015 年，全面实施"三证合一"和"一照一码"制度；2016 年，推行企业信用信息公示系统；2018 年，党的十九届三中全会决定设立国家市场监管总局；2020 年 1 月 1 日起，《优化营商环境条例》正式施行。而且，受国内国际经济形势和新冠疫情影响，优化营商环境工作的重要性进一步提升。2020 年的政府工作报告强调，以公正监管维护公平竞争，持续打造市场化、法治化、国际化营商环境。

微观层面的调查可以生动地说明近年来中国营商环境的明显优化。一类是体现本轮大力度改革初期的例子。世界银行 2005 年对中国 30 个省份 1.2 万多家企业的调查显示，企业平均每年要花 58 天与政府的四个主要部门（税务、公安、环保、劳动与社会保障）打交道。据中国上市公司协会 2013 年公布历时三年对 1539 家企业的调查结果显示，每家企业每年平均向政府申报审批项目 17.67 个，单个项目涉及的审批部门平均为 5.67 个，审批程序平均为 9.4 道，受调查企业审批时间最长项目的平均值为 171.35 天，其中最长约为 1500 天。[①] 另一类是体现本轮大力度改革实质性推进之后的成效。徐现祥等发现，2013—2018 年，企业注册所需时间从 8.4 天降至 7.0 天，交涉窗口数从 2.6 个降至 1.9 个，办理许可证数量从 3.4 个降至 2.0 个。[②] 前后对比可以发现，随着商事改革的推进，不必要的审批或前置事项被大幅压减，行政机构办事效率

---

① 周亮亮、胡赫：《关于行政审批制度改革的几点思考》，《中共太原市委党校学报》2017 年第 2 期。

② 徐现祥、林建浩、李小瑛编著：《中国营商环境报告（2019）》，社会科学文献出版社2019 年版。

大大提升，营商环境不断优化。2020 年 7 月，世界银行公开发布《中国优化营商环境的成功经验——改革驱动力与未来改革机遇》专题报告，分领域具体地指出了中国近年来在"放管服"改革、优化营商环境方面取得的巨大成就，为全球其他经济体优化营商环境改革提供借鉴，表明中国营商环境大幅改善，获得国际肯定。

三 商事制度深度影响市场运转的国际经验

从劳动者的角度看，无论是受雇型就业还是自雇型就业，都与劳动力市场环境密切相关。从企业等劳动力使用方来看，由商事制度决定的营商环境，也直接影响着劳动力等各种生产要素的匹配和使用效率。如果把灵活就业或自雇就业视为劳动者在自己举办的"企业"中就业，则所有的就业均可以被看作劳动者与企业之间的匹配，就业量的多少和质量，受到企业数量的多少和企业存续质量的影响。商事制度是决定企业市场进入、获取生产要素以及配置资源的核心因素之一。企业设立（注册登记和获取执照等）、日常经营（投资项目和股权质押等）、扩容（经营范围扩大和注册资本增加等）、变更（企业性质和注册地变更等）、注销和破产等各环节，都离不开商事制度。

从国外经验来看，印度、墨西哥、葡萄牙、意大利等国家都进行了商事制度改革，相关研究也较为丰富。国外相关研究主要围绕企业创业、劳动力就业和经济增长等方面展开，多倾向于认为，更宽松的商事制度、更便利的准入环境可以促进企业进入市场，提高市场竞争力。P. Aghion 等发现，印度废除许可证制度后，经济自由化程度高的地区发展优势被放大，地区增长差距拉大。[1] M. Bruhn 对墨西哥 2002 年的快速开办企业制度改革（SARE）进行了研究，发现改革促进了潜在企业进入和产出增长。[2] L. Branstetter 等发现，葡萄牙设立一站式服务机构

---

① P. Aghion et al. , "The Unequal Effects of Liberalization: Evidence From Dismantling the License Raj in India", *American Economic Review*, Vol. 98, No. 4, 2008, pp. 1397 – 1412.

② M. Bruhn, "License to Sell: The Effect of Business Registration Reform on Entrepreneurial Activity in Mexico", *Review of Economics and Statistics*, Vol. 93, No. 1, 2011, pp. 382 – 386; D. S. Kaplan, E. Piedra, E. Seira, "Entry Regulation and Business Start-Ups: Evidence from Mexico", *Journal of Public Economics*, Vol. 95, No. 11 – 12, 2011, pp. 1501 – 1515.

(On the Spot Firm) 减少了企业的等待时间和成本，并使"边缘企业"进入了市场，但它们通常由受教育程度较低的企业家所拥有，在低技术领域运营。[1] M. Amici 等对意大利商事制度改革的研究发现，改革提升了企业的进入率和存活率，但不影响退出率。[2] J. I. Haidar 使用世界银行的营商环境数据实证发现，一国或地区每增加一项商事制度改革，可提升经济增长率 0.15 个百分点。[3] L. Foster 等研究表明，美国零售业中90% 的增长，都是通过新企业进入、旧企业退出这一资源重新配置的方式实现的。[4] 当然，也存在少数研究对此表示怀疑，认为仅仅是进入自由化并不代表结构的优化和效率的提高。

商事制度主要通过影响生产要素的配置效率而影响宏观效率，进而影响经济发展与增长。商事制度改革的核心任务在于，矫正扭曲，促进生产要素更具效率地配置到生产活动之中。例如，D. R. Baqaee 和 E. Farhi 在一般均衡的框架下通过放松新古典生产函数规模报酬不变、投入产出结构、扭曲楔子（Wedge）等假设构建理论分析框架，并以美国为例进行非参估计，研究发现美国1997—2015 年全要素生产率增长总量的一半来自配置效率的提升。[5] 整体上看，通过制度改革和环境优化来提升资源配置效率，是经济高质量发展的重要途径。

第二节　商事制度改革激发创业活力的可能机制

制度对于创业的重要性已受到广泛认可。商事制度改革及行政审批

---

[1] L. Branstetter et al., "Do Entry Regulations Deter Entrepreneurship and Job Creation? Evidence from Recent Reforms in Portugal", *Economic Journal*, Vol. 124, No. 577, 2014, pp. 805 – 832.

[2] M. Amici et al., "Red Tape Reduction and Firm Entry: New Evidence from an Italian Reform", *Economics Letters*, Vol. 146, 2016, pp. 24 – 27.

[3] J. I. Haidar, "The Impact of Business Regulatory Reforms on Economic Growth", *Journal of the Japanese and International Economies*, Vol. 26, No. 3, 2012, pp. 285 – 307.

[4] L. Foster, J. Haltiwanger, C. J. Krizan, "Market Selection, Reallocation, and Restructuring in the U. S. Retail Trade Sector in the 1990S", *Review of Economics and Statistics*, Vol. 88, No. 4, 2006, pp. 748 – 758.

[5] D. R. Baqaee, E. Farhi, "Productivity and Misallocation in General Equilibrium", *Quarterly Journal of Economics*, Vol. 135, No. 1, 2020, pp. 105 – 163.

改革能够促进市场进入和降低制度性成本，并激发人力资本的优化利用，推动创业行为的发生和创业质量提升。

一 良好的制度环境有助于降低创业的不确定性

企业家为了捕获市场机遇而开展的市场进入、R&D、扩大分工等行动，面临着沉没成本、产权保护等不确定性，成为影响创业的最大"绊脚石"，而完善的制度可以降低创业的不确定性。当行动（如研发与商业化）得到制度支持时，创业者更易获得开展行动所需资源。尤其是在新企业成立的早期阶段，创业者大多是在既存制度框架下行动，无效的制度将导致企业资本僵化和低效。

激发"大众创业、万众创新"的热情，需要更加良好的制度环境。企业家的重要职能是对变化着的环境或被普通人忽视了的市场机会保持警觉，制度环境的变革会影响或塑造企业家的行为。[1] 政府的不合理管制及其造成的创业负担将削弱创业意愿，完善的制度环境能够有效培育创业机会，新技术和新产品往往集中在制度成本较低的特殊时期大量涌现。[2] 在过去的很长一个时期，中国工商注册制度给企业设置了较高的进入门槛，亟须规范化和便利化。商事登记制度改革是行政审批制度改革的"牛鼻子"，是理顺政府与市场、政府与社会关系的重要切入点和突破口，对于降低市场进入门槛、激发经济活力都具有决定性作用。[3] 毕青苗等发现，在1998—2007年设立行政审批中心的地级市，企业进入率显著提高2—25个百分点。[4] 可以说，制度本身一直隐藏着无尽的创业机会，

---

① I. M. Kirzner, *Competition and Entrepreneurship*, University of Chicago Press, 1973; C. Freeman, *The Economics of Industrial Innovation*, MIT Press, 1982.

② T. Frye, A. Shleifer, "The Invisible Hand and the Grabbing Hand", *American Economic Review*, Vol. 87, No. 2, 1997, pp. 354–358; N. Kshetri, N. Dholakia, "Regulative Institutions Supporting Entrepreneurship in Emerging Economies: A Comparison of China and India", *Journal of International Entrepreneurship*, Vol. 9, No. 2, 2011, pp. 110–132; W. R. Kerr, R. Nanda, M. Rhodes-Kropf, "Entrepreneurship as Experimentation", *Journal of Economic Perspectives*, Vol. 28, No. 3, 2014, pp. 25–48.

③ 艾琳、王刚：《商事登记制度改革的行政审批视角解析——兼评广东省及深圳市商事登记制度改革的实践》，《中国行政管理》2014年第1期。

④ 毕青苗等：《行政审批改革与企业进入》，《经济研究》2018年第2期。

巧妙地利用制度松绑可创造新的商业模式，带来超额创业回报。

二 良好市场环境有助于人力资本发挥创业潜能

在一定的营商环境下，人力资本是创业决策的一个重要因素。尤其是中国经济已由高速增长阶段转向高质量发展阶段，人力资本对于创业的重要性进一步提升。商事制度改革是否激发了人力资本在创业方面的比较优势呢？从创业的制度门槛上看，人力资本的高低并无较大差异，高人力资本人士对市场和商机的敏感性和应对能力较强，但与其他人一样创业项目可能被制度阻隔，机会更多集中在具有政治背景、社会关系和物质资本的人手中。[①] 商事制度改革则给更多的人公平创业的环境，这恰恰成全了高人力资本人士的创业想法。同时，创新型人才并非仅仅追求一些物质上的东西，而更希望生活在创新氛围浓厚、多元化、包容度高、制度环境好的地方。

以人力资本为中介，由商事制度改革带来的营商环境优化还可能从两个方面促进创业质量的提高。一方面，商事制度改革推动更高层次的创业。S. Djankov 等将创业分为生存型和机会型两类，前者主要是为了实现就业，后者则倾向于寻求商业机会。[②] 机会型创业更接近熊彼特的"创造性破坏"的本意，也符合中国供给侧结构性改革和高质量发展阶段的需要，可以说是相对更高层次的创业。相比而言，高人力资本人士创业更多的是寻求商业机会，因为他们放弃稳定工作的机会成本更大。杨婵等发现，社会精英家庭出身的农民倾向于机会型创业，而其他农民创业更多是为了就业和生存。[③] 范晓光和吕鹏证实，受过高等教育的企业家比重在上升。[④] 经测算，1978—2013 年人均人力资本对中国 GDP 的贡献约

---

① 马光荣、杨恩艳：《社会网络、非正规金融与创业》，《经济研究》2011 年第 3 期。

② S. Djankov et al. , "Who are China's Entrepreneurs?", *American Economic Review*, Vol. 96, No. 2, 2006, pp. 348 –352; S. Ardagna, A. Lusardi, "Heterogeneity in the Effect of Regulation on Entrepreneurship and Entry Size", *Journal of the European Economic Association*, Vol. 8, No. 2 – 3, 2010, pp. 594 –605.

③ 杨婵、贺小刚、李征宇：《家庭结构与农民创业——基于中国千村调查的数据分析》，《中国工业经济》2017 年第 12 期。

④ 范晓光、吕鹏：《中国私营企业主的社会构成：阶层与同期群差异》，《中国社会科学》2017 年第 7 期。

为0.23，低于简单劳动的贡献0.30，说明现阶段劳动密集型产业及追加的资本投入是中国主要的增长来源，[①] 增长质量仍有待提高。另一方面，商事改革还为创新提供便利，使创业质量更高。A. A. Young 提出知识、技术具有边际收益递增特征[②]以来，目前已被学界普遍接受。大量研究表明，政府干预越多则大众创业水平越低，对企业进入的规制直接关乎企业家创新的成本，对新进入者的制度便利会推动创新和增长。[③] 而且，创新活动一旦被激发，高人力资本人士的回报普遍较高。贾根良认为，与前两次工业革命的核心以机器替代工人的体力劳动不同，第三次工业革命的核心是以人工智能系统替代人类脑力劳动，以智能制造为核心的工业智能化是工业化的新类型及高级阶段，"资本的智能生产率"已经成为国际竞争的战略制高点。[④] 短期内人口结构变化引起的劳动力成本提升可以随着人力资本技能和生产效率的提高而解决，不仅长期有利于出口结构优化，也有助于价值链攀升。[⑤]

第三节　商事制度改革促进创业的实证模型设计

一　拟采用的微观调查数据简介

本章使用的创业数据来自2013—2016 年全国流动人口卫生计生动态监测调查。该数据是由国家卫生计生委组织开展的在全国 31 个省份（不含港澳台地区）的随机抽样调查。调查对象为在流入地居住一个月及以上，非本区（县、市）户口的 15 周岁及以上的流入人口，每年调查个体约 20 万。调查涉及家庭成员基本情况、就业特征、公共卫生服

① 张勇：《人力资本与中国增长和转型》，《经济科学》2015 年第 1 期。

② A. A. Young, "Increasing Returns and Economic Progress", *Economic Journal*, Vol. 38, 1928, pp. 527 – 542.

③ W. R. Kerr, R. Nanda, M. Rhodes-Kropf, "Entrepreneurship as Experimentation", *Journal of Economic Perspectives*, Vol. 28, No. 3, 2014, pp. 25 – 48.

④ 贾根良：《第三次工业革命与工业智能化》，《中国社会科学》2016 年第 6 期。

⑤ 铁瑛、张明志、陈榕景：《人口结构转型、人口红利演进与出口增长——来自中国城市层面的经验证据》，《经济研究》2019 年第 5 期；戴翔、刘梦：《人才何以成为红利——源于价值链攀升的证据》，《中国工业经济》2018 年第 4 期。

务和婚育情况等内容，本章主要使用其中的教育水平、自我雇佣等个体特征和创业相关的变量。

与个体创业相匹配的制度变量，通过地级市商事制度改革的实际进展来度量。现有文献主要使用世界银行2008年对中国省会或2005年对中国微观企业的调查数据，不能充分反映2013年开始的新一轮商事制度改革的最新动态。为此，本章拟从商事制度改革启动时间、核心内容（"三证合一"）、"大部制"改革（设立市场监管局）三个角度刻画各城市商事制度改革进展情况，相关数据通过各城市网站、百度新闻等互联网检索得到。具体地，样本包括了全国所有的地级以上城市（含直辖市和副省级城市），但不包括自治州、盟以及港澳台地区。个人创业匹配城市制度数据之后，剔除了创业及商事改革为空缺的样本，最终研究样本为2013—2016年284个市的589029人的非平衡面板数据。

在实证模型的估计过程中，还将控制可能会影响创业的个体和城市两个层面的一些变量，数据分别来自全国流动人口调查和《中国城市统计年鉴》。

二 商事制度改革、人力资本与创业的实证关系模型

本章主要在于检验商事制度改革、人力资本对创业型就业的影响。首先，考察商事制度改革对创业型就业的影响，基本的计量经济方程设定如下：

$$Entrp_{ijt} = \alpha_1 + \alpha_2 Rgstr_{jt} + \beta X_{ijt} + \gamma Z_{jt} + \delta_j + t + v_{jt} + \mu_{ijt} \quad (6-1)$$

在式（6-1）中，下标 i、j 和 t 分别表示第 t 年 j 城市中的个体 i。被解释变量 $Entrp$ 是衡量创业的变量，拟包括创业意愿、创业质量两个方面；主要解释变量 $Rgstr$ 表示所涉及城市的商事制度改革程度。X 和 Z 分别表示可能影响创业的个人和城市特征向量。δ、t 和 v 分别代表城市、年份以及联合固定效应。

进一步地，劳动经济学中经常将人力资本作为就业和收入的一个关键性决定因素，考虑到个人的人力资本水平可能对创业型就业具有重要影响，因此，有必要扩展性地将人力资本纳入考虑，于是式（6-1）可拓展为：

$$Entrp_{ijt} = \alpha'_1 + \alpha_3 Edu_{ijt} + \alpha'_2 Rgstr_{jt} + \alpha_4 Rgstr_{jt} \times Edu_{ijt} + \beta' X_{ijt}$$
$$+ \gamma' Z_{jt} + \delta_j + t + v_{jt} + \mu_{ijt} \tag{6-2}$$

式（6-2）中，Edu 表示个体的人力资本水平，以受教育程度进行测度。其他符号的含义与式（6-1）中对应的符号相同。以下对计量模型（6-1）和模型（6-2）中拟使用的被解释变量、主要解释变量和控制变量作必要说明：

1. 创业以及创业型的就业

对于创业意愿的衡量，在方程中通过是否创业（$Entrp$）来表示。已有研究普遍使用自我雇佣来表示创业。[①] 全国流动人口调查问卷设置了"您现在的就业身份属于哪一种"这一问题，并给出了雇员、雇主、自营劳动者、其他四个选项，本章将雇主和自营劳动者都视为创业型的就业。在这种测量方式下的很多"创业"观测，实际上并非真正意义上的创业，而可能是找不到理想工作的被迫选择，集中于创造性较低的工业或生活性服务业（灵活就业或无固定雇主的就业），这并非为了寻求商机而进行的熊彼特式的富含企业家精神的创业。

更深层次的创业差异可能体现在行业上：各行业的资本密集度、契约密集度、科技含量等方面都有显著差异，所以可以通过行业来体现创业质量。通过对不同受教育水平的人力资本分类，研究发现初级人力资本对产业升级有明显的抑制作用，东部地区受到的抑制作用最大；中级、高级人力资本对产业升级有明显的促进作用，并且高级人力资本的边际贡献大于中级人力资本。[②] 各地区由于人口结构不同，人力资本的作用和匹配程度也不同，以北京为代表的发达地区，其人力资本与产业结构的匹配程度最高，大部分省份的人力资本水平滞后于产业结构水平。于是，本章从创业行业的角度测度创业质量。全国流动人口调查问卷的题目"您现在在哪个行业工作"调查了制造业、建筑业、住宿餐饮

---

① 宁光杰：《自我雇佣还是成为工资获得者？——中国农村外出劳动力的就业选择和收入差异》，《管理世界》2012 年第 7 期；张龙鹏、蒋为、周立群：《行政审批对创业的影响研究——基于企业家才能的视角》，《中国工业经济》2016 年第 4 期。

② 李敏、张婷婷、雷育胜：《人力资本异质性对产业结构升级影响的研究——"人才大战"引发的思考》，《工业技术经济》2019 年第 11 期。

业等 20 个行业的分布情况，考虑到不同行业创业的层次差异，这里借鉴张龙鹏等的做法，[①] 将创业行业分为工业、建筑业、生活性服务业、生产性服务业和其他服务业五类，并依次赋值为 1—5。其中，工业包括采矿业、制造业、电力煤气及水的生产和供应业；生活性服务业包括批发和零售业、住宿和餐饮业、居民服务和其他服务业、教育业、卫生社会保障和社会福利业、文化体育和娱乐业；生产性服务业包括交通运输、仓储和邮政业，信息传输、计算机服务和软件业，金融业，租赁和商务服务业，房地产业，科学研究技术服务和地质勘查业；其他服务业包括水利环境和公共设施管理业、公共管理和社会组织、国际组织以及其他。

2. 城市层面商事制度改革的测度

本章对商事制度改革（$Rgstr$）的开始时间、核心内容和机构设置三个方面进行测度。中国的市场化改革、行政审批改革都是一个渐进的过程，[②] 2013 年前后开始的此轮商事改革更是经历了各级政府的不断加码，是中国全面深化改革的"当头炮"。一个地方启动商事改革的时间越早、持续越久，则改革程度就越深入。同时，商事制度改革的实质是要降低企业进入门槛、简化注册程序、缩短登记时间，其中一个核心内容是"三证合一"或"多证合一"，即工商营业执照、组织机构代码证和税务登记证等合为一证。另外，商事制度改革还伴随着监管机构的"大部制"改革。中国行政体制改革研究会于 2016 年的一项问卷调查发现，九成以上受访者认为机构改革是"放管服"改革发挥效能的内在要求；同时，近七成受访者认为商事制度改革对"双创"的推动作用已经凸显。为了减少监管的重叠和推诿，降低企业的制度性交易成本，一些地方将工商、食品药品监督、质量监督、价格监督等职能合并成立"市场监督管理局"，实行统一的市场监管。这一做法得到了中央的高度肯定，2018 年 3 月，第十三届全国人民代表大会第一次会议批准国务院机构改革方案，提出组建国家市场监督管理总局。所以，本章使用商事制

---

① 张龙鹏、蒋为、周立群：《行政审批对创业的影响研究——基于企业家才能的视角》，《中国工业经济》2016 年第 4 期。

② 刘诚、夏杰长：《商事制度改革、人力资本与创业选择》，《财贸经济》2021 年第 8 期。

度改革启动时长、"三证合一"时长、市场监管局成立时长三个变量来测度商事改革程度。需要说明的是，中央分别规定于 2014 年 3 月、2015 年 10 月在全国范围内启动商事制度改革、实行"三证合一"，使许多城市的改革时间集中于此截止日期或之前的几个月，为体现不同城市的细微差异，可以把商事制度改革启动时长、"三证合一"时长细化到具体的月份，即截止到每年的 6 月底，已进行该项改革的月数。从商事制度改革在各城市的整体执行情况来看，由于中央规定了全国范围内启动商事制度改革、实行"三证合一"的具体时间，导致出现了此日期前较为集中之后又全部完成的格局，同时没有中央强制规定的市场监管局的设立较为缓慢。

3. 个人层面人力资本水平的测度

劳动者个体层面的人力资本水平采用人的受教育年限（Edu）来测度。人力资本是经济发展的一个重要决定因素，不少研究采用教育获得程度作为其代理变量进行测算（Lee，Lee，2016）。信息技术革命和知识经济的到来，将进一步提升教育对经济增长的贡献。全国流动人口问卷调查了"受教育程度"，包括未上过学、小学、初中、高中/中专、大学专科、大学本科、研究生 7 个选项。为体现连续性差异，本部分使用受教育年限来具体量化，以上 7 个类别选项分别赋值为 0、6、9、12、15、16、19。

4. 控制变量的设定

本章选择的控制变量包括流动人口个体以及城市的特征变量，用来控制个体及城市层面的异质性。其中，个体层面的变量包括性别（0-1 变量，女性 =1）、年龄、民族（0-1 变量，汉族 =1）、户口性质（0-1 变量，农业 =1）、子女数量、本地住房租金或房贷的每月支出、第一次外出至接受访谈时的时长；城市层面的变量包括地区生产总值（十亿元）的自然对数、服务业占 GDP 比重、城市常住人口（万人）的自然对数、公共财政收入（万元）的自然对数、公共财政支出（万元）的自然对数、年末金融机构人民币各项贷款余额（万元）的自然对数、固定资产投资（万元）的自然对数、实际使用外资（万美元）的自然对数、工业二氧化硫排放（吨）的自然对数、职工平均工资（元）的自然对数、接入互联网的户数（万户）的自然对数。为了缓解内生性，城市层面变量均做了滞后一期处理，即使用上一期的城市数据。

三 实证模型涉及变量的描述性统计

表6-1 呈现了前述主要变量的描述性统计结果。统计显示，2013—2016 年全国流动人口的创业平均值为 39.2%，处于较高水平。但由于统计口径的因素，实际上其中的大部分都是自营劳动者，真正是雇主类型的机会型创业只占流动人口的 8.1%，约为创业人群的 20%。商事制度改革的三个变量差异较大，由于中央规定的改革启动时间为 2014 年 3 月，在样本期的前期，所以工商登记改革时长平均为 12.202 个月，超过一年；而中央规定的"三证合一"落实时间为 2015 年 10 月，在样本期的后期，所以"三证合一"改革时长平均仅为 3.587 个月；大量城市未自主设立市场监管局，导致市场监管局设置年限的均值仅为 0.331 年。可见，三个制度变量贯通样本各时期，且分别侧重前期、后期和中期；遍历各种政策情形，并突出外部强制性或自发性，可以较好地体现改革进展及地区差异。

表6-1　　　　　　　　拟主要使用变量的描述性统计（个人）

变量	观测量	均值	标准差	最小值	最大值
创业行为（是=1）	589029	0.392	0.488	0	1
雇主型创业（是=1）	589029	0.081	0.405	0	1
行业类型	578965	2.626	1.026	1	5
所在城市商事（工商登记）改革已启动月数	589029	12.202	11.486	0	51
所在城市"三证合一"改革已落实月数	589029	3.587	5.789	0	29
所在城市市场监管局已设立年限	589029	0.331	0.965	0	8
受教育年限	589029	10.092	2.914	0	19
性别（女=1）	589029	0.410	0.492	0	1

续表

变量	观测量	均值	标准差	最小值	最大值
年龄	589029	34. 468	9. 334	15	99
民族（汉族 = 1）	589029	0. 942	0. 234	0	1
户口性质（农业户口 = 1）	589029	0. 843	0. 364	0	1
子女人数	468373	1. 383	0. 721	0	8
月均房租/房贷支出	586483	697. 145	1000. 822	0	50000
首次外出至今时长	588727	8. 587	6. 662	0	58
所在地区生产总值（十亿元的自然对数）	589029	5. 933	1. 077	2. 824	7. 829
所在地区服务业增加值占 GDP 比重	589029	0. 462	0. 127	0. 115	0. 797
所在城市常住人口（万人的自然对数）	582831	6. 190	0. 982	3. 011	8. 008
所在地区公共预算收入（万元的自然对数）	589029	15. 085	1. 321	11. 546	17. 826
所在地区公共预算支出（万元的自然对数）	589029	15. 535	1. 045	12. 187	17. 941
所在地区金融机构贷款余额（万元的自然对数）	588887	17. 633	1. 400	13. 813	20. 096
所在地区固定资产投资（万元的自然对数）	588903	16. 994	0. 901	13. 665	18. 850
所在地区实际使用外资（万美元的自然对数）	565877	11. 696	1. 847	3. 807	14. 564
所在地区工业二氧化硫排放（吨的自然对数）	516449	10. 949	1. 267	0. 385	13. 111
所在地区职工平均工资（元的自然对数）	579686	10. 960	0. 255	8. 475	11. 636
所在地区接入互联网的户数（万户的自然对数）	583744	4. 828	1. 051	1. 792	7. 095

资料来源：笔者计算、整理。

根据五类行业分类的情况来看，样本中流动人口创业的行业层次较低，平均为 2.626，总体上大致处于建筑业和生活性服务业的区间内。图 6-1 的行业分布显示，生活性服务业吸纳了大半的创业人员，工业和建筑业创业人群减少，生产性服务业的创业超过了建筑业，但仍远低于工业和生活性服务业。

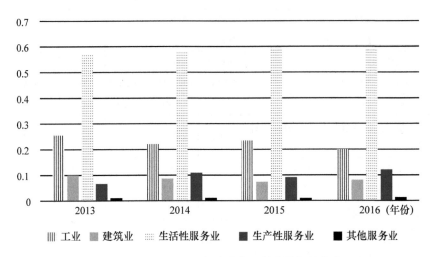

图 6 - 1　2013—2016 年流动人口创业的行业分布

资料来源：笔者绘制。

表 6 - 1 中的人力资本特征显示出，流动人口的受教育层次，覆盖未上过学、小学到研究生所有学历，平均仅为 10.092 年，约为高中（或中专）一年级，可见人力资本整体水平不高。表 6 - 1 中其他变量的描述性统计不再赘述。

第四节　商事制度改革促进创业型就业的经验发现

一　商事制度改革对流动人口创业型就业的影响

将式（6 - 1）设定为 log*it* 形式，使用是否创业作为被解释变量，分别对商事制度改革时长、"三证合一"时长、市场监管局成立时长三个变量作回归，结果如表 6 - 2 所示。结果显示，无论是对三个解释变量单独进行回归，还是同时放入回归模型中，商事改革的效果基本都在 1% 的显著性水平上为正。进一步地，不论是否加入控制变量，或者是否控制年份和城市的联合固定效应，商事改革的效果也基本都在1%的显著性水平上为正。其经济显著性也较大，以模型（6）为例，商事制度改革启动时间每提前一个月，则创业型就业的发生比将会增加0.9%（$=e^{0.009}-1$）；"三证合一"开始时间每提前一个月，则创业的发生比将会增加0.3%；每早一年设立市场监管局，则创业的发生比将会增加4.3%。这表明中国商事制度改革显著提升了创业数量。

表6-2　　　　　　　商事制度改革对流动人口是否参与
创业型就业的影响（logit）

	（1）	（2）	（3）	（4）	（5）	（6）
商事改革已启动月数	0.012***			0.001***	0.003***	0.009***
	(0.002)			(0.000)	(0.001)	(0.003)
"三证合一"已实施月数		0.003*		0.003***	0.009***	0.003***
		(0.002)		(0.001)	(0.001)	(0.000)
市场监管局设立年数			0.067***	0.063***	0.010**	0.042***
			(0.003)	(0.003)	(0.004)	(0.001)
年份控制	是	是	是	是	是	是
地区控制	是	是	是	是	是	是
个人层面控制					是	是
地区层面控制					是	是
年份×地区						是
截距项	-0.408***	-0.420***	-0.417***	-0.413***	-0.899***	2.822**
	(0.004)	(0.003)	(0.003)	(0.004)	(0.327)	(1.353)
观测量	589029	589029	589029	589029	388459	388459

注：被解释变量为是否参与创业型就业（是=1）。"是"代表加入了相应的控制变量："年份控制"表示加入了表示年份的虚拟变量；"地区控制"表示加入了表示地区的虚拟变量；"个人层面控制"以变量组的形式纳入，同时包括个人的性别、年龄、户口性质、民族、住房支出、子女个数、外出年限7个变量；"地区层面控制"以变量组的形式纳入，同时纳入个人所在城市的GDP、服务业增加值占GDP比重、常住人口规模、公共预算收入、公共预算支出、固定资产投资、利用外资、金融机构贷款余额、二氧化硫污染、地区平均工资、互联网用户数11个变量。括号中报告的是稳健标准误。*、**、***分别表示10%、5%和1%的显著性水平。

二 商事改革背景下人力资本与创业型就业的关系

式（6-2）考虑了人力资本因素对创业型就业的影响，以及人力资本与商事改革对创业型就业的交互影响。对式（6-2）采用 logit 设定并施加控制变量，结果如表6-3所示。受教育程度的系数全部在1%的显著水平上为负，表明人力资本水平越高的人，发生创业型就业的可能性越低；或者人力资本水平的提高，对创业型就业会产生更强的抑制作用。

表6-3　　创业意愿对人力资本及商事制度改革的 logit 回归结果

	(1)	(2)	(3)	(4)	(5)	(6)	(7)
受教育年限	-0.131***	-0.122***	-0.127***	-0.134***	-0.122***	-0.067***	-0.077***
	(0.001)	(0.002)	(0.001)	(0.001)	(0.002)	(0.002)	(0.002)
商事改革启动月数		0.005**			0.002	0.028***	0.015***
		(0.002)			(0.003)	(0.002)	(0.004)
商事改革启动月数×教育年限		0.001***			0.001***	0.002***	0.002***
		(0.000)			(0.000)	(0.000)	(0.000)
"三证合一"实施月数			0.015***		0.007*	0.006	0.002
			(0.002)		(0.004)	(0.004)	(0.005)
"三证合一"实施月数×教育年限			0.001***		0.001***	0.001**	0.002***
			(0.000)		(0.000)	(0.000)	(0.000)
市场监管局设立年数				0.096***	0.156***	0.220***	0.162***
				(0.012)	(0.013)	(0.015)	(0.017)
市场监管局设立年数×教育年限				0.010***	0.014***	0.022***	0.016***
				(0.001)	(0.001)	(0.001)	(0.001)
年份控制	是	是	是	是	是	是	是
地区控制	是	是	是	是	是	是	是
个人层面控制						是	是
地区层面控制						是	是
年份×地区							是

续表

	(1)	(2)	(3)	(4)	(5)	(6)	(7)
截距项	1.231***	1.145***	1.179***	1.259***	1.126***	0.284	4.179***
	(0.066)	(0.067)	(0.067)	(0.066)	(0.068)	(0.331)	(1.365)
观察量	589029	589029	589029	589029	589029	388459	388459

注：被解释变量为是否参与创业型就业（是＝1）。"是"代表加入了相应的控制变量；"年份控制"表示加入了表示年份的虚拟变量；"地区控制"表示加入了表示地区的虚拟变量；"个人层面控制"以变量组的形式纳入，同时包括个人的性别、年龄、户口性质、民族、住房支出、子女个数、外出年限7个变量；"地区层面控制"以变量组的形式纳入，同时纳入个人所在城市的GDP、服务业增加值占GDP比重、常住人口规模、公共预算收入、公共预算支出、固定资产投资、利用外资、金融机构贷款余额、二氧化硫污染、地区平均工资、互联网用户数11个变量。括号中报告的是稳健标准误。*、**、*** 分别表示10%、5%和1%的显著性水平。

表6-3第一行所表明的人力资本水平会抑制个人创业型就业概率的结论，更直白的表述是人力资本不利于创业，这看起来与直观认识不太相符。进一步分析可以发现，这实际上比较符合当前中国劳动力市场的基本特征。一方面，受过更多教育的城市流动劳动者，更加倾向于正规（受雇）就业，不仅是因为高人力资本者在受雇型就业市场上更具有优势，而且受雇型就业由于其低风险性在整体上更能为劳动者提供人力资本回报的保障；另一方面，在本章实证设计时，对创业型就业进行了比较宽泛的定义，既包括公众一般认知意义上的创业（担任雇主并雇佣劳动力），也包括自雇型的灵活就业（这其中就业质量的方差更大，可能包括提供智力劳动如工艺设计、文艺创作等的灵活就业，也包括各种主要以体力劳动为基础的灵活就业）。在这种定义之下，很大比例的创业型就业，是不得已而为之的灵活就业（或者说是劳动者无法在受雇市场上找到工作时的无奈选择），因此，也可以换一个角度来进行解释，人力资本水平的提升，可以降低劳动者非正规就业的概率。如果只在创业型就业的样本人群中考察人力资本对雇主型创业的影响，无疑人力资本对雇主型创业具有促进作用。

表6-3中的三个交互项系数，都显著为正，说明劳动者所在城市的营商环境优化对于参与创业型就业具有显著互补性。随着商事制度改

革的推进，教育促进创业的程度被放大，甚至可以抵消教育自身系数的负值，这其中的一大可能原因是雇主型创业的比重提高；另外，教育年限越长，则商事改革促进创业的效果越大。

第五节　营商环境优化与流动人口创业型就业的政策蕴含

本章通过构建创业者在不同制度环境的创业决策模型分析了制度和人力资本对创业型就业的影响，研究发现商事改革释放了人力资本在创业型就业方面的优势，减少对社会网络、政治关系等非正式制度的依赖，让高人力资本者更愿意创业，并且创业质量更高。

近年来，中国商事制度改革实行了"多证合一"、大量前置审批改为后置审批、改注册资本实缴制为认缴制、放宽住所登记条件等多项举措，为企业自由进入市场、平等获取各类生产要素、享受公平竞争的市场秩序创造了良好的营商环境。商事改革是全面深化改革的重要领域，需要高度重视商事改革对中国经济发展的影响。2020年5月，中共中央、国务院印发《关于新时代加快完善社会主义市场经济体制的意见》，将线上审批、投资承诺制等商事制度改革内容作为优化营商环境、改进资源配置效率的重要方式。中国行政体制改革进程基本与市场化进程吻合，是行政主体自觉适应市场、社会环境的过程，①制度改革、营商环境和市场化资源配置效率之间存在着必然的潜在关联。

商事制度改革降低制度性交易成本，让更多潜在的创业项目成为可能，从灵机一动的想法或者非正式组织成为市场经济庇护下的正规企业。可以说，商事制度改革推动了创业潮。进一步地，创业的质量引起广泛关注。很多创业是生存型创业，只是找不到工作的人去创业（自我雇佣），或者让已经存在但不合规的业态变得合规，例如地摊、小商贩

---

① 何艳玲：《中国行政体制改革的价值显现》，《中国社会科学》2020年第2期。

变成了网店。还有一些创业效益差，或者存活率低。对中国长期经济增长更有价值的是创造性破坏，要企业家发掘市场机会。这就要激发高人力资本的创业活动，让知识提高创业层次和质量。然而，人力资本高的人，不一定要创业，他们在创业和受雇型就业两方面都有绝对优势。

中国的高质量发展、建设现代化经济体系的过程，需要为企业创造更便利的营商环境，降低企业准入门槛、制度性交易成本和经营成本。可以说，市场在资源配置中起决定性作用的一个关键就是保护企业家发挥创新职能，最大限度提供创业机会。目前，中央层面不断出台改善营商环境和鼓励"双创"的政策，并组建了国家市场监督管理总局。各地在积极落实中央精神的同时，也因地制宜地推出了更多样化的便民举措。除此之外，本章结论的政策启示在于，创业政策要与人才政策相结合，有针对性地为高人力资本人士提供更多创业便利，例如落户、买房租房、创投基金和补贴、专利入股等方面，这样更可能取得事半功倍的效果。

第七章

▶▶▶

人力资本、就业质量与相对贫困治理

　　人力资本指的是富集在个人身上的与生产率特征密切相关的一系列技能素质，受到教育、培训、医疗保健等方面的覆盖程度和质量的影响。人力资本这一概念涉及"人力"和"资本"范畴，主要目的在于表明更具有生产率的"人力"可以通过加大教育、流动、卫生保健等方面的支出而获得，由此获得的素质和能力强化具有"资本"的特征——主要以投资获得而又能带来收益。在劳动经济学的实证研究中，通常将教育作为人力资本的优良代理指标。众多研究表明，人力资本对经济增长、居民增收具有重要的驱动作用。由于人力资本积累能够提高劳动力质量，从而能够扩大就业机会和提高就业质量，通过获得人力资本回报而增加收入，缓解相对贫困治理。

第一节　相对贫困治理的理念及现有学术认识

　　中国全面建成小康社会之后，按原"脱贫攻坚标准"下的农村绝对贫困问题已经全部得到解决。在推进共同富裕的进程中，相对贫困问题的治理将是未来一个时期的一大重要任务。党的十九届四中全会指出，坚决打赢脱贫攻坚战，建立解决相对贫困的长效机制。与绝对贫困现象相比，相对贫困现象在逻辑上不会得到根除，因为其本质是差距问题。因此，只要存在人与人之间、人群与人群之间的比较，就会存在相对贫困的现象。从这个意义上，推动相对贫困治理的实践要求与推动共同富裕的实践要求是一致的：扩大中等收入群体规模，扩大中等财产水平群体规模，在收入分配和财产分布上形成两头小、中间大的"橄榄"形结构。

相对贫困与相对剥夺、发展机会不足相联系，[①] 不仅与经济发展水平相关，同时与收入分配结构高度相关。对相对贫困标准的确定主要遵循两种逻辑：一是以"可行能力"为基础的多维贫困测算方法，建议通过政策干预家庭及个人"可行能力"缓解相对贫困问题；二是以国家或地区人均收入中位数或平均数某一比例作为相对贫困线，确定相对贫困人群。理论上，满足人们基本需求所需的收入水平会随着经济发展不断提高，不同国家相对贫困线会存在巨大差别，基于相对收入方法确定的相对贫困标准也存在较大差别。

多维贫困理论强调缓解相对贫困应该从营养、健康、教育等角度提高个人能力。基于多维贫困理论，S. Alkire 和 J. Foster 提出 AF 方法测量多维贫困。AF 方法分为两步：一是对每个维度设置临界值并判断是否被剥夺权利；二是对各个维度的被剥夺情况进行加总，最终确定研究对象是否处于相对贫困状态。[②] 邹薇和方迎风选取收入、教育和生活质量三个维度共 11 项指标对中国的动态多维贫困情况进行考察，发现中国多维贫困比单一的收入贫困更为严重，且城乡间、区域间存在多维贫困差距扩大的趋势。[③] 张璇玥和姚树洁采用 A-F 双界法，对 CFPS2010—2018 年 4390 个持续追踪的农村家庭样本进行估测，考察中国农村多维贫困指数，认为中国农村贫困问题已由生存困难转向发展不足，未来的反贫困战略应该着力于提高农村相对贫困家庭的发展能力。[④] 王小林和冯贺霞将多维贫困分为"贫"和"困"两个视角，"贫"主要是用收入

①　A. K. Sen, "Poverty: An Ordinal Approach to Measurement", *Econometrica*, Vol. 44, No. 2, 1976, pp. 219–231.

②　S. Alkire, J. Foster, "Counting and Multidimensional Poverty Measurement", *Journal of Public Economics*, Vol. 95, No. 7–8, 2011, pp. 476–487.

③　邹薇、方迎风：《关于中国贫困的动态多维度研究》，《中国人口科学》2011 年第 6 期。

④　张璇玥、姚树洁：《2010—2018 年中国农村多维贫困：分布与特征》，《农业经济问题》2020 年第 7 期。

测量的经济层面的福利相对不足，"困"主要是用非货币测量的公共服务相对不足，如教育、医疗等的公共服务匮乏，发展阶段的反贫困政策措施作出相应转变，其中提高对相对贫困群体的公共服务供给质量至关重要。①

相对贫困群体一般是指处于分配结构下端的人群，相对贫困标准会随着经济发展不断提高，治理相对贫困问题将是一个长期过程。② 实践中，相对贫困群体主要是收入显著低于收入中位数或均值某一比例的人群，这些人群更有可能存在生活及发展机会不足的问题。③ 许多国家和地区使用收入均值或中位数的某一比例划定相对贫困线，确定相对贫困人群并实施相应政策。例如，绝大多数 OECD 国家将人均收入中位数的 50% 或 60% 作为贫困标准，通过实施转移支付和公共服务政策缓解相对贫困问题。中国过去政策实践中以解决绝对贫困为主要目标，近年来相关研究基于相对收入法对相对贫困规模进行了测算及讨论。在总结中国经济发展及反贫困成就的基础上，陈宗胜等建议将上一年度人均可支配收入的 40%—50% 作为相对贫困线，确保贫困线随经济发展不断提高。④ 沈扬扬和李实以居民收入中位数的 40% 分城乡确定相对贫困标准，通过 CHIP 调查项目 2018 年的数据估算出城市相对贫困线为 12000 元（贫困发生率为 9%），农村相对贫困线为 5000 元（贫困发生率为 11%）。⑤ 周力以全国居民可支配收入中位数的 50% 作为相对贫困线，得出中国 2018 年相对贫困发生率为 22.2%，其中农村地区为 32.4%。⑥ 既有研究显示，考虑到中国存在显著的城乡或地区

① 王小林、冯贺霞：《2020 年后中国多维相对贫困标准：国际经验与政策取向》，《中国农村经济》2020 年第 3 期。

② 万广华、胡晓珊：《中国相对贫困线的设计：转移性支出的视角》，《财政研究》2021 年第 6 期。

③ M. Ravallion, S. Chen, "Global Poverty Measurement When Relative Income Matters", *Journal of Public Economics*, Vol. 177, 2019.

④ 陈宗胜、沈扬扬、周云波：《中国农村贫困状况的绝对与相对变动——兼论相对贫困线的设定》，《管理世界》2013 年第 1 期。

⑤ 沈扬扬、李实：《如何确定相对贫困标准？——兼论"城乡统筹"相对贫困的可行方案》，《华南师范大学学报》（社会科学版）2020 年第 2 期。

⑥ 周力：《相对贫困标准划定的国际经验与启示》，《人民论坛·学术前沿》2020 年第 14 期。

发展水平差距，绝大多数研究采取分城乡和地区的方式测算相对贫困发生率。由于相对贫困标准和数据来源不同，相关研究测算结果存在较大差别。

多维贫困和相对收入法的测算标准不同，最终界定的相对贫困人群会存在差异。对比多维贫困和相对收入标准界定的人群是否存在差别，既有研究发现中国多维贫困与收入贫困的重合率并不高。[①] 总体来看，多维贫困研究能够更精确地分析致贫原因，但多维贫困会受到指标选择、权重和标准界定的影响。虽然多维贫困涉及教育、健康、公共服务、住房等多个维度，但这些维度大多和家庭人均收入有紧密关系。基于收入中位数或均值为基础确定相对贫困标准更为明确，在政策实践中被大量应用。

弄清致贫原因是获得有效脱贫路径的基础。无论是消除绝对贫困的成功实践，还是未来推进相对贫困的治理，以贫困原因为基础的针对性措施和手段无疑是最有效的，这是精准扶贫的最大特征。现有研究主要从税收及再分配政策、社会福利政策、收入分配结构等角度分析了致贫原因。

第二节 人力资本对劳动就业和居民增收的作用概述

国家或地区层面经济发展的整体状况，构成劳动力市场运行的重要宏观环境，人力资本在宏观层面上通过影响国家或地区的经济发展，而对相应区域范围内居民的就业和收入增长产生影响。更为直接地，个人层面的人力资本水平可能对其劳动力市场的参与情况和收入情况具有决定性作用。

---

① S. Alkire, Y. Fang, "Dynamics of Multidimensional Poverty and Uni-Dimensional Income Poverty: An Evidence of Stability Analysis From China", *Social Indicators Research*, Vol. 142, No. 1, 2019, pp. 25 – 64.

一　人力资本差距是国家间发展差距的重要决定因素

人力资本积累能够通过促进国家或地区加快发展，在整体上为一个国家或地区的居民带来就业和增收机会。R. J. Barro 以 98 个国家和地区 1960 年初中和小学入学率作为人力资本存量的主要代理变量，在包含其他解释变量的 OLS 框架下分析其与 1960—1985 年、1970—1985 年人均收入增长的相关关系，其结果显示，国家和地区的收入增长与其初始期所具有的人力资本存量水平显著正相关。[①] 在一个扩展的索洛模型中，N. G. Mankiw 等表明纳入人力资本的增长模型具有更好的解释力，并且稀释了传统索洛模型中物质资本投资的贡献，他们以初中阶段在校率代理的人力资本对于经济产出的增长体现出了显著的促进效应。[②] R. J. Barro 利用 100 个国家和地区 1965—1995 年的相关信息，分别将初期人均受教育年限、国际可比的考试分数作为人力资本存量、教育质量的代理变量，借助工具变量法估计教育的收入增长效应。其结果显示，如果初始期一个国家具有初中水平以上的男性受教育年限越长，能够为该国带来更快的收入增长；与此同时，初始期的教育质量也与经济增长显著正相关。但由于许多国家的劳动力市场对女性人力资本存在浪费，具有初中水平以上女性的平均受教育年限的延长并未在整体上显著带来收入增长效应。[③] 这项研究认为，教育对国家具有收入增长效应的机制很明显：一方面，一个中低收入国家的人力资本存量越高，越易于从世界领先国家吸收先进的技术，而这种人力资本至少来自初中及以上阶段的教育；另一方面，人力资本与物质资本相比，更不容易进行存量调整，人力资本充足的国家容易通过增加物质资本投资实现增长。R. E. Manuelli 和 A. Seshadri 指出，人力资本在决定一个国家的富足水平中扮演关键性角色，国家之间的人力资本质量较为分化，贫穷国家不仅人均受教育年限较少，

---

①　R. J. Barro, "Economic Growth in a Cross Section of Countries", *The Quarterly Journal of Economics*, Vol. 106, No. 2, 1991, pp. 407 – 443.

②　N. G. Mankiw, D. Romer, D. N. Weil, "A Contribution to the Empirics of Economic Growth", *The Quarterly Journal of Economics*, Vol. 107, No. 2, 1992, pp. 407 – 437.

③　R. J. Barro, "Human Capital and Growth", *American Economic Review*, Vol. 91, No. 2, 2001, pp. 12 – 17.

并且教育中包含的人力资本也较低。①

二　人力资本差距是区域发展不平衡的原因之一

如果将观察范围缩小到一个国家内部，不同区域之间收入水平的差距同样受到人力资本因素的影响。不少研究国内区域经济增长的文献将教育等人力资本因素纳入考察，其主要结果大同小异地表明人力资本对于解释国内地区之间的发展差距具有重要贡献。连玉君认为，人力资本存量、中国各地区之间的人力资本流动以及人力资本投资的激励制度差别会显著地影响西部地区与东部地区的经济增长差异。例如，以1978年成人识字率为代表的人力资本存量在西部地区远远落后，长期的人力资本积累对西部地区的经济增长至关重要。② 姚先国和张海峰在一个动态面板数据的框架下，借助中国1985—2005年省级层面的信息，考察教育等人力资本存量对经济增长和地区差异的影响。其结果表明，劳动力的平均教育水平对地区人均收入有积极的影响，尽管教育对经济增长的影响不及资本大，但并不表示教育的作用不重要。③ 他们认为，如果没有一定程度的人力资本积累，再多的物质资本也是徒劳。从长期来看，劳动力的人力资本水平较低将影响资本的利用效率。相比之下，人力资本水平高的地区往往更容易吸引有助于经济增长的物质资本和先进的生产技术。④ 兰芳等借助河北省11个地级市2009—2018年的数据，考察精准扶贫、人力资本和乡村振兴之间的关系。其结果表明，人力资本是精准扶贫与乡村振兴的重要衔接机制，扶贫资金投入可以通过积累人力资本促进乡村振兴水平提升，精准扶贫政策又进一步强化了这种提升作用，并建议注重对人力资本的精准投资。⑤ 何雄浪和史世姣采用278个

① R. E. Manuelli, A. Seshadri, "Human Capital and the Wealth of Nations", *American Economic Review*, Vol. 104, No. 9, 2014, pp. 2736 – 2762.

② 连玉君：《人力资本要素对地区经济增长差异的作用机制——兼论西部人力资本积累策略的选择》，《财经科学》2003年第5期。

③ 姚先国、张海峰：《教育、人力资本与地区经济差异》，《经济研究》2008年第5期。

④ R. E. Jr. Lucas, "Why doesn't Capital Flow from Rich to Poor Countries?", *American Economic Review*, Vol. 80, No. 2, 1990, pp. 92 – 96.

⑤ 兰芳、刘浩杰、何楠：《精准扶贫、人力资本与乡村振兴——基于河北省11个地级市的实证检验》，《经济与管理》2021年第1期。

地级市 2008—2017 年的数据所进行的面板数据模型分析表明，教育、健康、迁移均有助于区域减贫，其中，教育人力资本的提升最能够显著加快区域脱贫进程。[①] 高春亮等以 281 个城市构成的样本跨 2003—2020 年的实证研究表明，人力资本对人均地区生产总值的贡献超过物质资本，已经成为经济驱动力交替的显著特征。[②]

三 贫困家庭的人力资本水平直接决定脱贫成效

个人或家庭层面的人力资本积累，能够直接为个人或家庭带来回报，促进贫困家庭脱贫。汪三贵指出，注重提升农村与贫困人口的人力资本是中国反贫困事业取得突出成就的特征和经验。[③] 收入水平低下是贫困的一种常见表征状态，教育等人力资本投资对低收入人群摆脱贫困的功能，可能直接体现为其增加个体或家庭收入等方面。余少祥在总结国内外反贫困经验的基础上指出，人力资本积累不足是导致贫困问题的核心因素，应该积极通过公共政策促进家庭人力资本积累和实现减贫目标。[④]

岳希明等指出，在中国贫困农村地区，科学文化素质偏低、低水平的人力资本存量是致贫的主要因素。根据他们的估计，相对于户主是文盲或半文盲的家庭，随着户主学历的提高，住户摆脱贫困的可能性随之增加，达到大专学历的农户成为非贫困户的概率要高 12 个百分点。[⑤] 邓曲恒的实证研究表明，如果在中国农村地区普及初中教育，会使贫困发生率下降 8.5 个百分点，而高中教育的普及则会使贫困几近消失。[⑥] 姚洪心和王

① 何雄浪、史世姣：《空间溢出效应视角下我国人力资本结构优化的减贫脱困效应研究》，《河北经贸大学学报》2021 年第 1 期。

② 高春亮、王业强、魏后凯：《公共服务供给与地区收入差距——基于人力资本视角的分析》，《中国人口科学》2022 年第 4 期。

③ 汪三贵：《中国 40 年大规模减贫：推动力量与制度基础》，《中国人民大学学报》2018 年第 6 期。

④ 余少祥：《人力资本在反贫困中的效用：理论模型与实证分析》，《中国政法大学学报》2020 年第 2 期。

⑤ 岳希明等：《透视中国农村贫困》，经济科学出版社 2007 年版。

⑥ 邓曲恒：《教育、收入增长与收入差距：中国农村的经验分析》，格致出版社、上海三联书店、上海人民出版社 2009 年版。

喜意基于对四川通江的研究表明，如果将特困户和低收入农户的受教育水平提高到中专或高中阶段，会显著地促进他们迈入中等收入或中等以上收入家庭的行列，大专教育对他们的脱贫效应尤为明显。[1] 王春超和叶琴基于农民工群体多维贫困的实证研究发现，教育不足及教育回报率偏低是流动人口相对贫困最重要的致贫因素。[2] 秦博和潘昆峰认为，评估人力资本对深度贫困家庭脱贫的边际作用，应注意讨论人力资本各要素与收入的关系。他们借助云南省某国家级贫困县的深度贫困户调查数据，从教育、健康、迁移等维度对人力资本的脱贫功能进行实证研究，结论表明，教育、健康和迁移三大方面的人力资本积累对深度贫困家庭增加收入都具有显著的积极影响，但深度贫困户的教育收益率偏低。[3]

四　个人层面人力资本特征直接决定就业质量和收入

一方面，对于农村居民而言，人力资本对其就业方式（是否城镇非农就业）密切相关。人力资本积累对于农业户籍低收入群体的意义主要表现为，接受过更多教育的农村居民，更容易通过迁移等途径进入城镇劳动力市场并获得更多的收入，从而为消除贫困打下基础。[4] 与此同时，接受过更多教育的农村居民更能够在本地寻找到非农就业机会，从而增加收入。[5] 关爱萍和刘可欣运用甘肃省贫困村调查数据，实证分析人力资本对农村劳动者就业的影响，发现人力资本能够提高农民工的就业质

---

① 姚洪心、王喜意：《劳动力流动、教育水平、扶贫政策与农村收入差距——一个基于 multinomial logit 模型的微观实证研究》，《管理世界》2009 年第 9 期。

② 王春超、叶琴：《中国农民工多维贫困的演进——基于收入与教育维度的考察》，《经济研究》2014 年第 12 期。

③ 秦博、潘昆峰：《人力资本对贫穷的阻断效应——基于深度贫困家庭大数据的实证研究》，《教育科学研究》2018 年第 8 期。

④ 王美艳：《城市劳动力市场上的就业机会与工资差异——外来劳动力就业与报酬研究》，《中国社会科学》2005 年第 5 期；A. de Brauw, S. Rozelle, "Reconciling the Returns to Education in Off-Farm Wage Employment in Rural China", *Review of Development Economics*, Vol. 12, No. 1, 2008, pp. 57 - 71；朱平芳、方顺超：《精准扶贫与农村劳动力流动：政策效应与作用机制》，《学术月刊》2024 年第 3 期。

⑤ 赵力涛：《中国农村的教育收益率研究》，《中国社会科学》2006 年第 3 期；方超、黄斌：《教育扩张与农村劳动力的教育收益率——基于分位数处理效应的异质性估计》，《经济评论》2020 年第 4 期；高远东、李华龙、马辰威：《农户防范返贫：应该更关注人力资本还是社会资本?》，《西北农林科技大学学报》（社会科学版）2022 年第 4 期。

量和减少贫困发生率。① 王亚芬等指出，以更多教育获得为代表的人力资本积累能够显著改善就业结构，提高农业户籍人口的非农就业概率，普及义务教育显著降低了个体的相对贫困及多维贫困概率。②

另一方面，对于已经进入城镇就业的农民工（以及城镇其他就业人员）而言，人力资本与就业质量密切相关。任义科等利用山西省某市的农民工调研数据研究发现，人力资本对工资水平和工作稳定性有积极的影响，同时也会对农民工日工作时间产生显著的正向影响。③ 史振磊和孙燕鲁通过抽样调查法对山东聊城的调查数据进行分析，研究发现受教育水平和是否参加培训均为对农民工的月收入、工作时间、参加保险及工作稳定性产生显著影响。④ 董芳和周江涛基于 CHIPs 数据进行的实证研究发现，教育和技能培训能够显著提高劳动合同签订率、职工社会保障参与率和工资收入水平，表明人力资本积累对于提高就业质量具有积极作用。⑤

第三节 人力资本提质就业缓解相对贫困的经验模型设定

在劳动力市场上，人力资本往往会通过就业特征变量影响工资收入，就业质量可能是人力资本减贫效应的重要中间机制因素。前述现有研究大致表明，人力资本会显著影响就业质量和就业特征，同时教育及技能水平更低的群体陷入相对贫困的概率更高。基于人力资本理论，较

---

① 关爱萍、刘可欣：《人力资本、家庭禀赋、就业选择与农户贫困——基于甘肃省贫困村的实证分析》，《西部论坛》2019 年第 1 期。
② 王亚芬、韩律、李倩倩：《教育对贫困的影响——基于中国 1986 年义务教育法的实证分析》，《南开经济研究》2022 年第 7 期。
③ 任义科、王林、杜海峰：《人力资本、社会资本对农民工就业质量的影响——基于性别视角的分析》，《经济经纬》2015 年第 2 期。
④ 史振磊、孙燕鲁：《劳动技能培训对农民工就业质量影响——基于山东聊城朝城镇政府培训实施情况的调查》，《职业技术教育》2019 年第 24 期。
⑤ 董芳、周江涛：《提高就业质量：人力资本与社会资本孰轻孰重》，《经济问题》2019 年第 1 期。

高的人力资本存量将会直接影响个体的就业质量和收入，前文的分析还表明人力资本是流动劳动力创业型就业的重要影响因素，本章实证部分拟通过标准化方法定义就业质量，定量评估人力资本对相对贫困发生率产生影响的直接效应和间接效应，从理论及实证层面深化认识人力资本因素在减缓相对贫困过程中的功能与作用。

一　含人力资本因素的微观贫困成因方程

在一定的相对贫困标准设定下，考察个人层面的人力资本因素是否会对进入相对贫困群体的概率产生影响，方程如下：

$$Pvty = \alpha_1 + \beta_1 Hmcpt + X + \varepsilon_{i1} \qquad (7-1)$$

在式（7-1）中，$Pvty$ 表示个体是否处于相对贫困状态，设定为一个 0—1 型二值变量。当个体符合预设的相对贫困标准时，其取值为 1；当不符合相对贫困标准时，取值为 0。$Hmcpt$ 表示个体层面的人力资本水平（测度方式在后文进行说明），X 为可能对个体是否陷入相对贫困状态具有影响的其他因素。在式（7-1）中考察人力资本的作用，关注点在于是否"处于"相对贫困的状态。如果从另一个视角——"脱离"相对贫困来看，同样可以采用式（7-1），一个简便的办法是调换 $Pvty$ 在 0 和 1 之间的取值。因此，无论是从贫困成因的角度，还是从脱离贫困的角度，式（7-1）均可用于讨论人力资本因素的作用。

在劳动经济研究中，人力资本能够影响个人的就业和收入状况，包括能否就业、就业方式、工资水平等。当个人作为就业人员时，人力资本可能对就业质量产生影响，设定以下方程体现人力资本对就业质量的影响方向及其大小：

$$Qemp = \alpha_2 + \beta_2 Hmcpt + X + \varepsilon_{i2} \qquad (7-2)$$

其中，$Qemp$ 表示个人的就业质量，本章拟通过三个维度的测度来进行表示。式（7-2）的一个重要系数是 β_2，其表示在保持 X 中的一系列特征不变的情况下，个人层面的个人资本对就业质量的影响。直觉上，其符号应当为正。

由于更高质量的就业在很大的程度上体现为收入水平的提高，减缓个人陷入相对贫困的风险，就业质量便在人力资本与相对贫困之间充当一个桥梁的作用。于是，可以把人力资本因素和就业质量因素同时纳入相对贫困成因方程：

$$Pvty = \alpha_3 + \beta_3 Hmcpt + \beta_4 Qemp + X + \varepsilon_{i3} \qquad (7-3)$$

二　对经验分析模型中重要变量的测度

本章拟进行的经验分析涉及个人是否处于相对贫困状态、就业质量、人力资本水平等重要变量，以及一系列控制变量。在对变量的测度定义之前，先说明拟使用的数据来源。

微观数据来自中国劳动力动态调查（CLDS）。该调查由中山大学社会科学调查中心执行，样本覆盖城市和农村，以 15—64 岁的劳动年龄人口为对象，以劳动力的教育、就业、劳动权益、职业流动、职业保护与健康、职业满足感和幸福感等的现状和变迁为核心。本章拟使用其中 2016 年的调查数据，样本数据包括个体、家庭和社区三个层面的信息，涉及全国 29 个省份的 14226 个家庭和 21086 个人。本章的实证分析需要使用个人库和家庭库中的相关信息，除了直接使用个人层面的有关变量，还将家庭层面的有关信息匹配至个人使用，在删除极端值和核心变量缺失的样本后，共获得有效的个人层面观测样本 9427 个。

相对贫困（$Pvty$，是 =1）的定义：当个体 i 的收入特征符合本章对相对贫困的界定时，对其赋值为 1（$Pvty_i = 1$），否则赋值为 0。本章拟采取相对收入方法确定个体是否处于相对贫困状态。既有研究一般以收入中位数的 40%—60% 作为相对贫困标准，[1] 参考现有测度相对贫困的研究建议，本章根据家庭总收入和人口规模计算家庭人均收入水平，在估算收入分布函数后，将人均收入中位数 50% 设定为相对贫困线，以全国统一标准作为研究的基准回归结果。同时，考虑到中国城乡及地区间存在显著的收入差距，研究分城乡和地区估算收入分布函数，分别以

---

① 陈宗胜、沈扬扬、周云波：《中国农村贫困状况的绝对与相对变动——兼论相对贫困线的设定》，《管理世界》2013 年第 1 期；沈扬扬、李实：《如何确定相对贫困标准？——兼论"城乡统筹"相对贫困的可行方案》，《华南师范大学学报》（社会科学版）2020 年第 2 期；仲超、林闽钢：《中国相对贫困家庭的多维剥夺及其影响因素研究》，《南京农业大学学报》（社会科学版）2020 年第 4 期。

城乡或地区收入中位数的50%作为相对贫困线，判断样本是否属于相对贫困人群，通过替换相对贫困标准检验研究结论的稳健性。

就业质量指数（Qemp）的衡量：现有的不少研究认为，工资水平是体现劳动者就业质量的一个恰当代理指标。在岗位信息有限的情况下，工资确实能够体现质量，因为这是大多数劳动者在就业时最看重的方面。在现实中，除了工资水平之外，晋升通道、安全性、稳定性、受尊重等非直接性的物质回报因素，也是就业质量的直接体现。本章拟使用的数据，除了包括就业人员的收入信息，还包括劳动者是否与用人一方签订劳动合同、是否购买职工保险、周工作时长等信息，为了突破单一变量的局限性，本章借助这些信息（除收入外）加权合成一个综合的就业质量指数。合成的办法是，将工作时数、是否签订劳动合同、是否购买职工保险三个指标去量纲，然后取相同权重加权获得一个取值范围为0—100的指数。之所以在计量就业质量指数时不考虑收入（月工资）因素，是因为在本章的实证分析中还将检验就业质量对相对贫困的影响，而收入本身就是相对贫困的一个决定性因素，因此不必在就业质量测度中再将收入因素纳入。

各个指标 k_i 的去量纲化过程采用功效函数公式 $k_i' = \dfrac{k_i - \min k_i}{\max k_i - \min k_i} \times \%$，$i = 1,2,3$ 分别表示周工作时数、是否签订劳动合同、是否购买职工保险三个指标，分子中的 k_i 表示某人（个体）在 k_i 指标上的实际观察值，$\max k_i$ 和 $\min k_i$ 分别表示在指标 k_i 上的阈值，意味着最理想的取值和能够接受的最小值。在收入一定时，通常每周工作小时数越长，表示单位收入的劳动强度越大，本章将工作小时数设定为就业质量指数中的负向指标，通过其与100之间的距离矫正为正向指标；签订劳动合同、购买保险有助于劳动者的工作稳定和保障，均为正向指标，同时由于均为0—1型指标，是否采用上式进行标准化（将观测值乘以100），不会改变其取值。然后，将这三个标准化之后的指标进行平均，获得一个取值范围为0—100的就业质量指数。

人力资本（Hmcpt）的衡量：由于人力资本本身的综合性，本研究将受教育程度作为测量劳动者人力资本存量的方式，这也是实证研究的通常做法。本章继续将劳动者的受教育年限作为人力资本的主要测量方式。同时，利用调查数据中关于在职培训、获取资格证书等信息作为人力资本投资的补充测量。

控制变量系列：拟从个体层面、家庭层面和地区层面三个角度选取控制变量。个体特征变量包括性别、年龄、户口、健康状况、婚姻状况、单位类型、社会地位和社会网络等。家庭特征主要包括受访者少年（14 岁）时父亲的单位类型，以及家中老人和儿童个数等，地区特征区分个体所属地的东部、中部、西部差别。

三　拟使用主要变量的描述性统计特征

通过对数据进行必要的筛选和测算，表 7 – 1 显示了主要变量的描述性统计结果，筛选后的数据样本共包括 11089 个观测个体，其中男性为 5883 人，占总样本的 53.05%；女性为 5206 人，占总样本的 46.95%。样本平均年龄为 42.3 岁，其中 40 岁以下的占 39.24%，40 岁以上的占 60.76%。样本中 59.24% 为自由职业者，自由职业者中主要是农业生产人员，个体工商户所占的比重较低，公务员、事业单位和国有企业员工占样本的 17%。

以人均收入中位数的 50% 为相对贫困标准，样本中相对贫困发生率为 26.7%，其中城市相对贫困发生率约为 7%，农村相对贫困发生率为 33.9%。样本中的个体平均受教育年限为 9.33 年，大致相当于完成初中阶段的受教育程度。在样本中，初中及以下受教育水平者占 66.89%，本科及以上人群只有 8% 左右（表 7 – 1 中未进一步体现）。接受培训和获得证书作为衡量人力资本的另外两个变量，描述性统计显示整体上获得专业资格证书和在过去一年接受相关培训的比重较低，两项指标均不到 20%。就业人员的月均收入为 3000 元左右，方差较大，其中包括行业差距、区域差距以及个人层面生产率差距的共同效应。样本中的就业者，只有 25% 签订了劳动合同，31.2% 缴纳了职工保险，平均周工作小时数为 45.492，比劳动法规定的 44 小时高出 1.5 个小时左右，约有 17% 的劳动者每周工作超过 70 小时。综合指数体现的就业质量平均为 34.1，相比于满分（100）而言，处于比较低的位置。

表7－1　　　　　　　　　　拟使用主要变量的描述性统计

变量	最小值	最大值	均值	标准差
相对贫困	0	1	0.267	0.442
受教育年限	0	16	9.328	3.981
是否接受过培训	0	1	0.138	0.345
是否获得证书	0	1	0.176	0.381
人力资本	0	100	21.15	27.385
月均就业收入	0	125000	3003.459	4465.325
是否签订劳动合同	0	1	0.25	0.433
是否缴纳职工保险	0	1	0.312	0.463
周小时工作数	0	112	45.492	20.758
就业质量	0.5	94.2	34.1	22.4
性别	0	1	0.531	0.499
年龄	16	59	42.286	10.264
婚姻	0	1	0.868	0.338
单位类型	0	3	2.324	0.973

资料来源：笔者计算、整理。

第四节　人力资本对提质就业和缓解
相对贫困的经验效果

由于本章从受教育年限、职业培训和专业证书三个维度理解人力资本，依据前述经验方程设定式（7－1）、式（7－2）、式（7－3），分别对三个维度人力资本的作用进行分析。针对每一个人力资本的代理变量，首先估计式（7－1）以获得其对相对贫困的作用，然后估计式（7－2）以评估其对就业质量的作用，最后估计同时纳入就业质量和人力资本的式（7－3），评估提高就业质量对缓解相对贫困的作用。

一 增加受教育年限显著提高就业质量并降低贫困概率

对式（7-1）、式（7-3）采用 log*it* 概率模型设定，人力资本的代理变量设定为受教育年限，并对劳动者的个人特征、家庭特征和地区特征施加完整控制，对三个方程的估计结果如表 7-2 所示。从结果可以看出几个问题。第一，劳动者受教育程度的提高，能够显著抑制其陷入相对贫困的概率。第（1）列的结果表明，受教育年限平均每增加一年，个人陷入相对贫困的 log*it* 模型系数减小 0.094，基于此系数和完整控制变量设定下计算的平均偏效应为 -0.0142。这意味着如果在现有的平均受教育年限的基础上，额外再增加一年的教育，可以导致个人陷入相对贫困的概率平均下降 1.42%。由于样本中整体相对贫困发生率为 26.7%，教育对相对贫困发生率的边际效应非常明显。第二，劳动者受教育年限的增加，会带来就业质量的整体提升。第（2）列的结果显示，样本中个人的受教育年限平均每增加一年，在其他可能的影响因素得以控制的情形下，会带来就业质量系数平均增加 1.06。第三，提高受教育程度通过提升就业质量而降低陷入相对贫困的概率。第（3）列的结果是在相对贫困的 log*it* 模型中同时加入受教育程度、就业质量两个变量，并保持其他控制变量与第（1）和第（2）列的设定相同，此时受教育年限的估计系数（绝对值）相比第（1）列有所下降，符号保持不变但绝对大小降至 0.079，转换计算成平均偏效应则为 0.018，意味着在平均水平上额外增加一年受教育年限，样本人群的相对贫困发生概率会平均额外再下降 1.8%。同时，就业质量的估计系数也为负，绝对值为 0.025，基于此计算的平均偏效应为 0.038。这意味着如果就业质量指数额外每增加一个单位，相对贫困的发生概率会下降 3.8%，就业质量能够显著降低相对贫困发生率。在同时纳入教育年限、就业质量，教育对相对贫困发生率的影响有所下降，说明教育对相对贫困的缓解，一定程度上是通过提升就业质量而实现的。

表 7 - 2　　　　　　　　　受教育年限、就业质量与相对贫困

	（1） 相对贫困	（2） 相对贫困	（3） 就业质量
受教育年限	- 0.094 *** （0.009）	1.055 *** （0.053）	- 0.079 *** （0.009）
就业质量			- 0.025 *** （0.002）
个人特征	控制	控制	控制
家庭特征	控制	控制	控制
地　区	控制	控制	控制
截距项	- 0.003 （0.273）	21.96 *** （1.551）	0.608 ** （0.274）
观测量	9427	9427	9427
R^2		0.583	
pseudo R^2	0.209		0.221

注：* 表示 $p < 0.1$，** 表示 $p < 0.05$，*** 表示 $p < 0.01$，其中 logit 模型报告回归系数。表中个人特征变量包括性别、年龄、户籍性质、婚姻状况、健康状况、兄弟姐妹数；家庭特征变量包括家中老人数量、子女数量、14 岁时父亲工作性质、社会网络、社会地位；地区特征为中部、东部、西部地区虚拟变量。

二　培训和证书对提升就业质量和减轻贫困的作用

职业培训、获取技能证书通常是个人积累人力资本的重要途径，遵循与表 7 - 2 同样的实施路径，重复对式（7 - 1）至式（7 - 3）的估计过程，获得如表 7 - 3 所示的估计结果。表 7 - 3 的第（1）至第（3）列以参与职业培训作为人力资本投资的代理变量，第（4）至第（6）列以获取技能资格证书作为人力资本投资的代理变量，所有的估计均对个人层面的特征、家庭特征、地区特征进行了控制。可以看出，无论采用哪一种测量方式来衡量人力资本投资，均显示出人力资本投资对缓解相对贫困、提升就业质量具有显著的影响。通过对比第（1）列和第（3）列、对比第（4）列和第（6）列可以看出，人力资本投资在一定程度上通过提升就业质量缓解相对贫困，就业质量是人力资本投资和缓解相对贫困的桥梁。

表7-3　　　　　参与职业培训、获取技能证书对相对贫困的影响

	(1)	(2)	(3)	(4)	(5)	(6)
	参与职业培训			技能资格证书		
	相对贫困	相对贫困	就业质量	相对贫困	相对贫困	就业质量
参与培训	-0.464*** (0.112)	8.649*** (0.562)	-0.265** (0.116)			
职业证书			-0.413*** (0.103)	8.390*** (0.527)	-0.211** (0.107)	
就业质量		-0.027*** (0.002)		-0.027*** (0.002)		
个人特征	控制	控制	控制	控制	控制	控制
家庭特征	控制	控制	控制	控制	控制	控制
地　区	控制	控制	控制	控制	控制	控制
截距项	-1.293*** (0.240)	34.60*** (1.371)	-0.434* (0.245)	-1.276*** (0.239)	34.30*** (1.368)	-0.428* (0.245)
观测量	9427	9427	9427	9427	9427	9427
R^2	0.579		0.581			
pseudo R^2	0.201	0.214	0.206	0.214		

注：*表示$p < 0.1$，**表示$p < 0.05$，***表示$p < 0.01$，其中 logit 模型报告回归系数。表中个人特征变量包括性别、年龄、户籍性质、婚姻状况、健康状况、兄弟姐妹数；家庭特征变量包括家中老人数量、子女数量、14岁时父亲工作性质、社会网络、社会地位；地区特征为中部、东部、西部地区虚拟变量。

三　人力资本缓解相对贫困的直接效应和间接效应分析

前述的计量经济分析表明，人力资本对于相对贫困的缓解在一定程度上是通过提高个人的就业质量这一中间机制发挥作用的。除了通过提升就业质量之外，人力资本对于缓解相对贫困可能具有直接的效果。借助 Sobel 中介效应检验，能够得到关于人力资本对缓解相对贫困的直接效应和间接效应更为直观的认识。分别将劳动者的受教育年限、是否接受职业培训及是否获得专业技能证书依次作为人力资本的代理变量进行 Sobel 中介效应检验，结果如表7-4所示。结果显示，当采用劳动者的受教育年限作为人力资本的代理变量时，受教育年限每增加一年将导致

相对贫困发生的概率下降 1.45%，其中人力资本的直接减贫效应为
1.2%，通过提升就业质量而产生的间接减贫效应为 0.25%，可以认为
教育可以主要通过直接效应降低相对贫困发生的概率；当采用是否接受
职业培训或是否获得专业证书作为解释变量，所得到的总效应和间接效
应均为显著，而直接效应不显著，说明参与职业培训和获取专业技能证
书主要通过就业质量这一中间机制影响个人陷入相对贫困的概率。

表 7 - 4　　　人力资本对于缓解相对贫困的直接效应和间接效应

效应构成	(1)	(2)	(3)
	受教育年限	参加职业培训	获得专业证书
直接效应	- 0.0120 *** (0.0014)	- 0.0158 (0.0130)	- 0.0105 (0.0120)
间接效应	- 0.0025 *** (0.0002)	- 0.0248 *** (0.0019)	- 0.0241 *** (0.0019)
总效应	- 0.0145 *** (0.0014)	- 0.0406 *** (0.0129)	- 0.0346 *** (0.0119)
间接效应比重	17.30%	60.98 %	69.71 %

第五节　人力资本的就业提质和
减贫效应的实践启示

　　推进相对贫困治理是扩大中等收入群体规模和推进共同富裕的重要
举措。本章基于对人力资本三个方面的度量，并引入就业质量指数，从
微观视角分析了人力资本对个人陷入相对贫困的影响。经验分析结论表
明，劳动者的受教育年限、参与在职培训、获取职业资格证书均会显著
降低其陷入相对贫困的可能性。其中，受教育年限既通过就业质量这一
中介机制降低相对贫困发生的概率，也对缓解相对贫困具有直接的效
果，并且直接效应更大；参与在职培训和资格证书主要通过提升就业质
量而降低个人陷入相对贫困的概率。

　　进一步推进教育公平和提高受教育水平是新时代构建相对贫困治理

长效机制的重要途径。教育是影响个人长期收入水平和相对贫困发生概率的核心因素，利用公共教育政策提高相对贫困家庭和欠发达地区受教育水平，可以通过提高"可行能力"降低相对贫困发生率。中国目前已基本全面解决了义务教育阶段学龄儿童"有学上"的问题，但地区和城乡之间教育质量差别显著，通过公共政策降低地区和城乡之间教育质量差别，有助于进一步提高相对贫困家庭子女的教育机会和受教育水平，缓解相对贫困的代际传递现象。同时，中国人均受教育年限与高收入国家还存在明显差距，进一步扩大义务教育之外的招生规模，有助于提升相对贫困家庭子女接受非义务教育的概率，通过促进教育公平和提升教育水平降低相对贫困发生率。

职业教育和应用性技能培训是通过提质就业增加收入，进而缓解相对贫困的直接举措。对于已经进入劳动力市场的相对贫困人群，利用公共技能培训政策提高就业困难群体的技能水平，鼓励参与技能培训和获取（考取）职业资格证书，有助于提高低收入人群的就业机会和就业质量。在技能培训方面，相对贫困家庭接受技能培训不足一方面是由于收入水平限制导致的预算约束，政府可以利用公共政策降低技能培训的市场价格；另一方面可能是某些技能培训的市场价值不足，政府应该积极搭建技能培训与市场需求的对接平台，通过对接市场需求提升技能培训的有效性，提高技能培训的市场溢价。

提质就业是推进相对贫困治理的授渔之举。通过强化就业保障和提高职工社会保险覆盖率可以有效提升就业质量，通过直接提高就业质量降低相对贫困发生率。随着中国《劳动合同法》《社会保险法》的推行，就业保障和社会保险覆盖率显著提升，但以农民工为代表的部分就业群体社会保险覆盖率依然较低，如近年来，新就业形态产生了大量平台就业者，缺乏劳动合同和职工社会保险降低了从业者的就业质量，通过相应的政策提高平台从业者的就业质量从而降低从业者的相对贫困发生率。在具体政策实践中，可以通过强化政策督查、出台优惠政策等措施提高城市低收入工作岗位的职工社会保险覆盖率。

从各国的发展经验来看，由于相对贫困标准会随着经济发展不断提高，相对贫困治理是一个长期的过程。在相对收入标准下，收入分配结构会显著影响相对贫困发生率，进一步优化分配结构和扩大中等收入群体规模将会显著降低相对贫困发生率，通过实施有效精准的再分配政策缩小贫富差距和扩大中等收入群体规模，可以通过改善收入分配结构降低相对贫困发生率。从长期来看，利用公共政策提高中低收入家庭的人力资本水平，既可以通过教育与培训阻断相对贫困的代际传递，也可以显著降低相对贫困发生率。

第八章

研究总结

就业是最基本的民生。在居民可支配收入的来源构成中，与就业紧密相关的收入（工资收入和经营净收入）已经占到3/4左右。参与就业，尤其是以受雇挣取工资的形式参与就业，是中国绝大多数居民获得收入的最重要方式。扩大就业并提高就业质量，是绝大多数家庭提高收入水平和生活质量的最主要途径。在中国农村脱贫攻坚的伟大实践中，提升劳动者技能、健全就业扶贫服务和保障体系，促进贫困家庭劳动力参与就业，是精准扶贫举措体系中的授渔之举。唯有参与就业并提高就业质量，才是劳动者家庭收入预期稳定、生活质量提高最具持续性的基础。

就业的实现及其质量如何，与劳动力市场运行情况密不可分。进入21世纪以来的20余年时间里，中国劳动力市场的运行环境已经发生了巨大的变化，尤其是经济发展进入新常态以来，劳动力市场上的新情况和新特征不断出现。经济增长、产业结构和国际环境是影响劳动力市场运行的重要宏观环境，经济增长是就业发生的基础，产业间生产率差异促使就业向更具效率的部门流动，而国际经济社会环境对中国的经济增长和产业结构调整升级具有重要的影响。劳动年龄人口数量及其在总人口中所占的比重，近十余年来已经双双进入下降通道，这是总量劳动力供给更趋短缺的直接信号，就业人员工资整体水平应势上涨，不仅意味着劳动者可以通过就业争取更多的收入，也意味着一部分劳动者可能由于潜在雇主无法承受劳动力成本上升而丧失就业机会。科技创新和技术进步正在重塑劳动力市场，改变着企业配置生产资料的形式，尤其是生产过程中物质资本与劳动力投入的比例关系，并改变对劳动力的筛选方式、维度和强度。人口转变叠加科技进步，使劳动力市场需求呈现两极化特征，也促使新的就业形态不断出现。进入经济发展新常态以来，数字经济成为拉动经济增长的重要贡献者，也带动着就业提质扩容，特别是产生了大量各种技能梯度、多种就业形式的劳动岗位，为众多普通家庭提供了就业增收的机会。持续推进的商事制度改革，推动了营商环境优化，使投资兴业更加便利、程序更加透明和公平，新登记市场主体加快增长，也促进了劳动者的创业型就业。劳动力市场存在着结构性矛盾，对人力资本与岗位技能需求间的匹配度要求在不断提高。

就业形成于劳动力需求与供给双方的匹配。实现并稳定就业，需要劳动者至少能够适应劳动力市场发生的变化；提高就业质量，需要劳动者达到劳动力市场对生产率提出的更高要求，甚至能引领新一轮的劳动力市场变革。本研究立足于劳动力市场变化的一些重要事实，发现如果劳动者不能顺利适应劳动力市场新变化提出的要求，则难以获得就业机会，或者不能连续保有既有就业岗位，或者失业者难以重获就业机会；劳动力市场上的有些变化具有普惠性，如果劳动者在市场变化中凸显人力资本等方面的优势，则能把握更多获得就业回报的机会，如参与创业型就业、稳定就业机会、提高就业质量等。

本研究发现，在劳动力市场发生新变化的背景下，过去十余年来，中国的就业大局整体稳定，尤其是城镇新增就业连续多年超过千万人，但是结构性矛盾比较突出。第三章梳理了城镇劳动力市场结构性矛盾的主要特征表现，例如，在劳动力数量趋减且质量趋高等于就业有利的环境下，社会就业及政策关注热度保持高位；经营主体快速增长，但户均就业净创造能力羸弱；城镇新增就业与净增就业之间存在缺口，且整体趋势变大；青年劳动力和生活性服务业从业者等群体失业率较高，但这些群体正好又是市场需求最为旺盛的；城镇劳动力市场参与主体和参与率发生改变、就业方式变化，使部分矛盾未能通过统计数据显露。这些矛盾的形成，与劳动力市场的新变化密切相关。生产技术进步和生产组织形式变革、经济增长动能切换，使劳动力既短缺又过剩，短缺的是能够适应市场变化的劳动力，相对过剩的是尚未为新技术和新组织形式做好充分准备的劳动者。在商事登记便利化背景下，新设经营主体小型化和高死亡率，转化为吸纳就业有效主体的比例有所降低。青年群体失业率相对高企，由多重原因所致，包括进入就业市场的渠道不畅、流动意愿强、学术能力转化为应用技能需要缓冲期、部分毕业生不具有就业紧迫感等。市场化程度差异和竞争差异，以及外部环境对产业之间的不均衡冲击，使行业之间的失业率差别比较明显。

本研究发现，技术进步已经成为劳动力市场变化的重要驱动力。技术进步主要由研究与开发（R&D）活动所致，中国对研究与开发活动的投入持续加大，2023 年全社会研发经费投入在 GDP 中的占比已经达到2.64%。第四章指出，从微观层面看，研究与开发活动所带来的技术进步对劳动供给会产生两个方向的效应：一方面直接改善劳动生产率，劳动者因产出增加而获得"加薪"；但另一方面，由其催生的新技术加速了现有生产技术淘汰或生产组织形式调整，劳动者原有的技能结构因无法直接适应新的生产要求，会加快劳动者的人力资本折旧。以"4050 人员"为代表的年龄偏大劳动者是中国城镇劳动力市场上应被重点关注的群体，数量规模庞大且整体上的人力资本水平较低。如果无法适应劳动力市场上的技术要求变化，则面临"就业被嫌老、退休自嫌早"的窘境，一部分人还可能由此陷入贫困。借助多个年份的投入产出表和微观调查数据进行的实证研究表明，这些年龄偏大劳动者所在行业的研发投入强度增长，提高了他们在达到退休年龄前就退出就业的概率。尤其是对非技能非管理、学历相对较低、迁移者等群体，技术进步具有更加明显的驱逐效应。行业研发投入强度增长，导致劳动者提前退出劳动力市场的风险加大，这种效应不仅是伴随性的，并且是持续性的。

本研究把数字经济的快速发展作为劳动力市场新变化的一个重要方面，分析数字经济对就业的净额贡献及其带动就业的动能枢纽。第五章指出，数字经济对经济增长具有拉动作用，而经济增长具有就业弹性，可以在计算出数字经济对增长的实际拉动量之后，把经济增长的就业弹性作为桥梁，进而计算由数字经济拉动产生的经济增长所带来的就业增加，此为数字经济对就业的净额贡献。数字经济被公认为对就业具有极大的带动作用，但以往通过分类统计等穷举方式推算数字经济对就业的贡献，既可能导致漏算，也可能导致重复计算。因此，过去关于数字经济带动就业的不同估算，差异较大，而本研究从拉动经济增长进而带动就业的视角，则可在很大程度上避免漏计和重计。测算表明，无论是数字经济增加值名义增长拉动名义 GDP 增长，还是数字经济增加值实际增长拉动实际 GDP 增长，均通过 GDP 增长的就业弹性明显带动了就业增加。数字经济带动就业增长的动能枢纽主要有三大方面：一是数字产业化直接提供了提质型的就业机会，高劳动报酬是其显著特征，尤其是数字经济核心服务行业；二是产业数字化提供了较多扩容型就业机会，能容纳多种技能梯度的劳动者就业是其显著特征，尤其是以平台经济为代表的生活性服务业的数字化；三是就业服务的数字化，提高了劳动力市场的信息交换和人岗匹配效率。

本研究把由商事制度改革带来的营商环境优化作为劳动力市场新变化的一个重要方面。减少行政审批事项及流程、实行线上审批、推进并联审批或登记、压缩行政性收费、完善商事服务基础设施等在党的十八大以来不断取得新的进展，与其他领域的改革形成合力，推动了营商环境持续优化。根据世界银行的评估，2020 年中国营商环境在全球 190 个经济体中已经居于第 31 位，2013 年还排在第 96 位，中国近年来营商环境加快优化得到国际认可。第六章以工商登记制度改革、"三证合一"改革、设立市场监管局作为商事制度改革的代表性举措，以改革推进营商环境优化为假定，借助 2013—2016 年的流动人口调查微观数据，实证检验商事制度改革对创业型就业的影响。对实证模型的基准估计结果表明，商事改革非常显著地促进了流动人口的创业型就业。总的看来，由商事制度改革带来的营商环境优化，有助于降低劳动者参与创业的不确定性，也有助于更好地发挥人力资本潜能。

中国在历史性地解决农村贫困问题、全面建成小康社会之后，推进相对贫困问题的治理、推动全体人民共同富裕，仍然需要把就业扩容提质作为重要抓手。第七章基于对人力资本脱贫作用更加系统的梳理，把中位数收入作为基准的相对贫困标准，借助劳动力动态调查微观数据，实证考察提升人力资本对于缓解相对贫困的作用。实证分析表明，人力资本对于降低相对贫困具有直接效果，也通过提高就业质量而间接发挥作用。如果提高劳动者的正规受教育年限，不仅会显著提升直接效果，也会显著增强间接作用。如果劳动者通过参与在职培训、获取职业资质证书等方式追加人力资本投资，则主要通过提高就业质量这一重要中间机制发挥缓解贫困的作用。

总的看来，劳动力市场新变化，对于劳动者实现充分就业和更高质量就业，挑战与机遇并存。本研究中的各个实证性证据和统计性、逻辑性分析结论均表明，当劳动者的技能特征难以与劳动力市场变化的内在需求相契合时，其将面临较多的就业挑战；而当劳动者技能特征与劳动力市场变化的内在需求相顺应时，劳动力市场的新变化将给劳动者带来更多的就业机会，并助力劳动者就业质量的提高。本研究非常重视人力资本对劳动者适应劳动力市场变化、实现稳岗并提质就业的作用，第三至第七章从不同角度有针对性地揭示人力资本对实现受雇型就业、创业型就业、提升就业质量、增加家庭收入等方面的影响。在个人层面，人力资本因素是劳动者能否适应劳动力市场变化要求的最关键因素。

当前，中国经济已经告别高速增长而向高质量发展转型，努力迈向社会主义现代化强国已经成为中国经济社会发展的时代标签。从以扩大就业的方式促进原贫困家庭脱离绝对贫困的角度看，就业脱贫的历史任务已经完成。在已经全面建成小康社会、推动全体人民共同富裕的新阶段，以就业扩容提质为抓手来推进相对贫困治理、壮大中等收入群体规模，仍然大有可为。整体上看，可支配收入较高的群体，收入的构成中来自就业的比重越高，尤其是由受雇型就业带来的工资性收入。当前，在脱贫地区农村居民可支配收入中，工资性收入占比要比全国农村的整体水平低 5 个百分点左右；而全国农村居民的可支配收入构成中，工资性收入占比要比全国城镇居民可支配收入中的工资性收入占比低 18 个百分点左右。可见，促进以在脱贫地区农村居民为代表的相对较低收入群体的可支配收入中的工资性收入比重，对于提高可支配收入整体水平，仍然具有非常广阔的空间。

然而，劳动力市场的变化仍在深化。劳动者必须要适应劳动力市场的变化，才能维持就业稳定并在此基础上提高就业质量。增强劳动者对劳动力市场变化的适应性，尤其是更好地把握劳动力市场新变化带来的新机遇，有效应对劳动力市场新变化带来的新挑战，需要公共政策与劳动者个人的主观能动性更好契合形成合力。结合本研究的主要发现和劳动力市场可能出现的新情况，可以从以下几个方面着力，优化就业扩容提质迈向共同富裕的路径。

第一，坚持贯彻就业优先原则，保持宏观经济稳定运行在合理区间。经济增长是产生就业的基础，在经济增长的就业弹性发生下降的时期，更需要维持适度的增速来为形成就业机会创造条件。适度的经济增长应当是不存在过度刺激、结构平衡协调，各种生产要素得到有效配置和充分利用下的经济增长，经济实际运行的增长率与生产要素合理配置利用下的潜在生产率大致相同。奥肯定律和过去几十年各国经济运行的实践表明，经济的现实增速如果明显向下背离潜在增速，失业率会大幅上升。而在经济适度较高增长的宏观环境中，各方面的需求被激发，产品和服务需求的增加将引致对劳动力需求的增加，产生充足的就业机会。但是，扩张或宽松的宏观经济政策，应当以扩大有效需求为标尺。如果以大幅刺激的方式获得经济高速增长，现实增长率没有潜在增长率作为支撑，意味着经济增长存在泡沫。泡沫破裂之后，就业机会将伴随需求萎缩而收缩，物价和债务杠杆却已高企，将会对以中等收入群体和中等偏低收入群体为代表的普通居民家庭产生巨大冲击。因此，实现比较充分的就业，必须确保宏观经济大盘稳定，在就业优先的逻辑下完善宏观调控，实现稳中求进。

第二，夯实产业基础，加快解决产业链堵点和关键技术"卡脖子"问题，扩大开放合作，增强应对外部冲击的能力。在经济全球化时代，产业经济发展离不开国际分工与协作，但随着中国经济国际地位的不断提升，综合国力逐步触及以美国为代表的部分西方国家臆设的安全警戒线，一些高科技产业、核心技术、关键零部件等方面的国际合作受到来自美国等西方国家的打压。如果产业链中的关键零部件和核心技术环节供应受阻，其对就业产生的影响不仅仅局限于这些环节本身，将会沿着产业链下游一环一环地放大，并且还可能波及相关产业的发展，包括关联经济活动收缩、投资外迁导致就业机会丧失等。在产业补链强链保安全方面，要以主要领域为突破口强化自主研发攻关，促进产学研无缝对接，注重在核心领域和关键技术方面率先形成一批突破性进展。提升高技术制造业产业链层次，增强产品在全球市场上的竞争力，在中长期内提升高技术产业的岗位创造能力和就业吸引力。与此同时，继续扩大全方位对外开放，以优化营商环境提升竞争力，增强对国际资本来华投资的吸引力。加快培育和布局可能引领世界发展潮流的新产业，夯实对外开放合作的产业基础。经济增长和稳定就业离不开产业发展，要在开放发展和新的发展格局中不断壮大实体产业根基。

第三，尊重市场经济优胜劣汰机制，强化就业政策和其他政策之间的协同配合，协助劳动者提升适应劳动力市场新变化的能力。新一轮科技革命和产业变革持续深入，高科技领域成为全球角逐的新领域。劳动力市场上面临的技术进步不仅不会中断，而且可能更加迅猛。即便未来一定时期数字换人、机器换人演变到更加激烈的程度，实现更加充分的就业目标，可行之举不是限制科技进步，而是增进就业政策、产业政策以及社会政策之间的协同配合，在技术进步的过程中提高就业质量并扩大就业。技术进步通常具有非均衡非同步性，一些部门技术进步快、一些部门技术进步缓慢、一些部门可能兼容多种技术，技术升级快的产业部门对劳动者技能升级更新要求高，一些不能适应的劳动者可能会被迫离开，但这些劳动者仍然有可能转移到技术进步速度相对缓和的其他产业部门就业。这一方面需要完备的具有技术关联的产业体系提供就业容纳池，另一方面也需要更加具有针对性的就业政策来服务于产业转型溢出劳动者的再就业。同时，应当客观地看待，即便给予充分的技能培训等就业服务帮助，也的确可能有一部分劳动者因为各方面的原因而难以适应劳动力市场变化的新要求，需要以更加完善的社会政策来为他们提供基本的保障。

第四，增进中小微经营主体活力，提高就业承载能力。中小微经营主体数量规模庞大，且获取生产要素的能力、应对风险的能力天然较弱，但其贡献了绝大多数的就业，因此当其遇到阶段性经营困难时，应通过财税、金融等手段给予实质性的帮助，保经营主体存续也就是保就业岗位存续。保经营主体，应尽最大可能识别瞄准确系暂时性困难但确有发展前景的经营主体，同时应注重在保的过程中培育其自身发展能力，最终要实现通过市场化的方式获得成长发展。对有困难的市场主体，支持性政策要做到便捷地应帮尽帮，但不能大包大揽，人为影响部分经营主体正常退出的通道。继续鼓励创业并提供支持，为新登记设立经营主体提供便利。简化注销程序，形成有进有出良性流动。扩大面向中小微经营主体的培优性激励政策，更大力度支持新产品开发、新市场开辟。以培优固本一部分中小微经营主体而增进的就业机会，承接那些正常退出经营所产生的就业溢出，并可能带来更多就业机会和就业质量整体提升。鼓励经营主体充分挖掘新兴产业、新的经济形态等孕育的新机遇，进一步挖掘数字经济潜能，为劳动者提供更多就业新机会。

第五，就业帮扶性政策更加以直达劳动者个人为目标，激发人力资本投资和增进就业技能的积极性。就业最终发生在劳动者身上，提升劳动者就业能力、稳定就业机会的各种帮助类政策，应当更加以直接瞄准需要帮助的劳动者为目标。健全技能提升激励机制，对于因企业倒闭、裁员等非自愿原因失业而再就业有困难的劳动者，鼓励根据自身需要自主选择参与适合的就业技能提升或求职辅导类项目，就业服务部门给予充分的项目信息和一定的资金帮助，现金类补贴与失业期长短负向挂钩，以彰显激励劳动者尽快完成技能提升和再就业。就业稳岗重点是稳住劳动者就业的岗位，应与纾困经营主体的帮扶性政策形成合理分工。如果过度强调鼓励市场主体不裁员或少裁员，稳岗政策过度依靠企业等经营主体向劳动者传送，可能会扰动企业的正常经营决策，造成人工成本尾大不掉，效率和活力难以提升，反而不利于持续稳就业和创造新就业机会。因此，解决企业经营困难的政策，核心目标就是瞄准困难企业，允许其在享受帮扶的范围内自主决策；解决劳动者就业困难的政策，核心目标就是瞄准就业困难群体，允许其在享受帮扶的范围内自主选择就业方式。

第六，完善对以高校毕业生为代表的青年群体的就业促进政策。青年群体在整体上具有相对较高的受教育水平等人力资本素养，但群体失业率较高也是世界性的特征。具有大专或以上学历的青年劳动者群体，求职等待时间长、工作转换意愿强等多重原因造成失业率较高，其中最主要的是以应届毕业生的身份初次进入劳动力市场时，比较普遍的较长求职等待或角色转换过程所伴随的高失业率。青年就业质量体现人才培养质量，高校应坚持将人才培养质量放在最突出位置，深入推进高等教育改革，增进应用型专业与市场需求的衔接。健全对学业突出者的激励机制和加大对经济困难学生的扶助力度，形成优秀者优先、困难者有保障的毕业生就业服务逻辑。既鼓励引导学生在学期间强化学术训练，又对家庭有经济困难的学生求职给予支持。鼓励青年群体接受更多正规教育或人力资本积累，以更好应对中长期的劳动力市场变化。畅通高等职业教育或大专学历起点学生升本科段学习、同等学力学生和"非重点"高校毕业生攻读更高一级学位学历的通道，着力消除劳动力市场第一学历歧视。可以把具有公共性质的企事业单位作为消除第一学历歧视的第一梯队，在最后学历符合条件的情况下，人员招募过程中更加注重对综合能力的考察。消除就业竞争中的第一学历歧视，是鼓励青年群体追加更多正规教育的基础。

第七，完善公共就业服务，加快消除妨碍就业扩容提质的制度性障碍。深化数字经济背景下的公共就业服务变革，在保护居民隐私和信息安全前提下，借助大数据分析等现代技术手段，提高就业信息采集和服务事项推介、实施的精准性。主动和自动识别分析劳动者特征与具体激励性就业政策的契合性，对符合条件的劳动者全面做到优惠性政策非申即享。进一步简化劳动者获得创业就业公共服务的流程，实质性压缩等待时间。强化面向农村劳动者的公共就业服务能力，促进服务下沉，针对农村劳动力的技能特征，提供具有明确岗位目标指向的技能培训和岗位推介。提高大型城市对多元就业的包容度，尤其是完善城市管理方式，促进城市管理与无固定场所经营等灵活就业方式更好兼容。加快户籍制度改革，破除阻碍劳动力自由流动的体制机制障碍。推进个人所得税制改革，鼓励提升劳动技能和支持多劳多得，完善有助于扩大就业的收入分配政策。

--- ▶ ▶ ▶

参考文献

一 中文文献

艾琳、王刚：《商事登记制度改革的行政审批视角解析——兼评广东省及深圳市商事登记制度改革的实践》，《中国行政管理》2014年第1期。

白雪洁、孙献贞：《商事制度改革对资本生产率的影响——基于准自然实验的研究》，《中国经济问题》2022年第4期。

毕青苗等：《行政审批改革与企业进入》，《经济研究》2018年第2期。

蔡昉：《读懂中国经济：大国拐点与转型路径》，中信出版社2017年版。

蔡昉：《农业劳动力转移潜力耗尽了吗?》，《中国农村经济》2018年第9期。

蔡跃洲、陈楠：《新技术革命下人工智能与高质量增长、高质量就业》，《数量经济技术经济研究》2019年第5期。

陈彦斌、林晨、陈小亮：《人工智能、老龄化与经济增长》，《经济研究》2019年第7期。

陈志、许佳慧、吴海涛：《外出务工对脱贫农户收入不均等的影响——基于受教育子女数量的调节效应分析》，《湖北经济学院学报》2022年第4期。

陈宗胜、沈扬扬、周云波：《中国农村贫困状况的绝对与相对变动——兼论相对贫困线的设定》，《管理世界》2013年第1期。

程杰：《养老保障的劳动供给效应》，《经济研究》2014 年第 10 期。

戴翔、刘梦：《人才何以成为红利——源于价值链攀升的证据》，《中国工业经济》2018 年第 4 期。

董芳、周江涛：《提高就业质量：人力资本与社会资本孰轻孰重》，《经济问题》2019 年第 1 期。

都阳：《中国劳动力市场分析、展望及政策建议》，载谢伏瞻主编《经济蓝皮书 No.30：2021 年中国经济形势分析与预测》，社会科学文献出版社 2020 年版。

范晓光、吕鹏：《中国私营企业主的社会构成：阶层与同期群差异》，《中国社会科学》2017 年第 7 期。

方超、黄斌：《教育扩张与农村劳动力的教育收益率——基于分位数处理效应的异质性估计》，《经济评论》2020 年第 4 期。

封进、胡岩：《中国城镇劳动力提前退休行为的研究》，《中国人口科学》2008 年第 4 期。

高春亮、王业强、魏后凯：《公共服务供给与地区收入差距——基于人力资本视角的分析》，《中国人口科学》2022 年第 4 期。

高远东、李华龙、马辰威：《农户防范返贫：应该更关注人力资本还是社会资本?》，《西北农林科技大学学报》（社会科学版）2022 年第 4 期。

何雄浪、史世姣：《空间溢出效应视角下我国人力资本结构优化的减贫脱困效应研究》，《河北经贸大学学报》2021 年第 1 期。

何艳玲：《中国行政体制改革的价值显现》，《中国社会科学》2020 年第 2 期。

何圆、王伊攀：《隔代抚育与子女养老会提前父母的退休年龄吗?——基于 CHARLS 数据的实证分析》，《人口研究》2015 年第 2 期。

黄解宇、孙维峰、杨朝晖：《创新的就业效应分析——基于中国上市公司微观数据的实证研究》，《中国软科学》2013 年第 11 期。

黄群慧：《改革开放四十年中国企业管理学的发展——情境、历程、经验与使命》，《管理世界》2018 年第 10 期。

贾根良：《第三次工业革命与工业智能化》，《中国社会科学》2016 年第 6 期。

孔高文、刘莎莎、孔东民：《机器人与就业——基于行业与地区异质性的探索性分析》，《中国工业经济》2020 年第 8 期。

兰芳、刘浩杰、何楠：《精准扶贫、人力资本与乡村振兴——基于河北省 11 个地级市的实证检验》，《经济与管理》2021 年第 1 期。

李敏、张婷婷、雷育胜：《人力资本异质性对产业结构升级影响的研究——"人才大战"引发的思考》，《工业技术经济》2019 年第 11 期。

李琴、彭浩然：《谁更愿意延迟退休？——中国城镇中老年人延迟退休意愿的影响因素分析》，《公共管理学报》2015 年第 2 期。

李雪松、娄峰、张友国：《"十三五"及 2030 年发展目标与战略研究》，社会科学文献出版社 2016 年版。

厉以宁：《中国经济双重转型之路》，中国人民大学出版社 2013 年版。

连玉君：《人力资本要素对地区经济增长差异的作用机制——兼论西部人力资本积累策略的选择》，《财经科学》2003 年第 5 期。

刘诚、夏杰长：《商事制度改革、人力资本与创业选择》，《财贸经济》2021 年第 8 期。

刘欢：《社会保障与农村老年人劳动供给——基于中国健康与养老追踪调查数据的研究》，《劳动经济研究》2017 年第 2 期。

刘伟、蔡志洲、郭以馨：《现阶段中国经济增长与就业的关系研究》，《经济科学》2015 年第 4 期。

刘子兰、郑茜文、周成：《养老保险对劳动供给和退休决策的影响》，《经济研究》2019 年第 6 期。

马光荣、杨恩艳：《社会网络、非正规金融与创业》，《经济研究》2011 年第 3 期。

宁光杰：《自我雇佣还是成为工资获得者？——中国农村外出劳动力的就业选择和收入差异》，《管理世界》2012 年第 7 期。

彭克强、宋丽丽、张琳：《劳务性增收、收入分层与正规信贷可得性——基于四川传统农区农户调查的分位数回归》，《世界经济文汇》2019 年第 1 期。

齐建国：《中国总量就业与科技进步的关系研究》，《数量经济技术经济研究》2002 年第 12 期。

秦博、潘昆峰：《人力资本对贫穷的阻断效应——基于深度贫困家庭大数据的实证研究》，《教育科学研究》2018 年第 8 期。

任义科、王林、杜海峰：《人力资本、社会资本对农民工就业质量的影响——基于性别视角的分析》，《经济经纬》2015 年第 2 期。

沈扬扬、李实：《如何确定相对贫困标准？——兼论"城乡统筹"相对贫困的可行方案》，《华南师范大学学报》（社会科学版）2020 年第 2 期。

史振磊、孙燕鲁：《劳动技能培训对农民工就业质量影响——基于山东聊城朝城镇政府培训实施情况的调查》，《职业技术教育》2019 年第 24 期。

宋冬林、王林辉、董直庆：《技能偏向型技术进步存在吗？——来自中国的经验证据》，《经济研究》2010 年第 5 期。

孙大鹏等：《非农就业提高农村居民幸福感了吗？》，《南方经济》2022 年第 3 期。

孙早、侯玉琳：《工业智能化如何重塑劳动力就业结构》，《中国工业经济》2019 年第 5 期。

谭娜、周先波：《中国农村老年人"无休止劳动"存在吗？——基于年龄和健康对劳动供给时间影响的研究》，《经济评论》2013 年第 2 期。

檀学文：《巩固拓展脱贫攻坚成果的任务与过渡期安排》，载魏后凯、黄秉信主编《中国农村经济形势分析与预测（2020—2021）》，社会科学文献出版社 2021 年版。

田鸽、张勋：《数字经济、非农就业与社会分工》，《管理世界》2022 年第 5 期。

铁瑛、张明志、陈榕景：《人口结构转型、人口红利演进与出口增长——来自中国城市层面的经验证据》，《经济研究》2019 年第 5 期。

万广华、胡晓珊：《中国相对贫困线的设计：转移性支出的视角》，《财政研究》2021 年第 6 期。

汪三贵：《中国 40 年大规模减贫：推动力量与制度基础》，《中国人民大学学报》2018 年第 6 期。

王春超、叶琴：《中国农民工多维贫困的演进——基于收入与教育维度的考察》，《经济研究》2014 年第 12 期。

王美艳：《城市劳动力市场上的就业机会与工资差异——外来劳动力就业与报酬研究》，《中国社会科学》2005 年第 5 期。

王小林、冯贺霞：《2020 年后中国多维相对贫困标准：国际经验与政策取向》，《中国农村经济》2020 年第 3 期。

王亚芬、韩律、李倩倩：《教育对贫困的影响——基于中国 1986 年义务教育法的实证分析》，《南开经济研究》2022 年第 7 期。

王奕俊、胡慧琪、吕栋翔：《教育收益率发生了变化吗——基于 CFPS 的中等职业教育招生下滑与升学热原因探析》，《教育发展研究》2019 年第 11 期。

王永钦、董雯：《机器人的兴起如何影响中国劳动力市场？——来自制造业上市公司的证据》，《经济研究》2020 年第 10 期。

温兴祥：《本地非农就业对农村居民家庭消费的影响——基于 CHIP 农村住户调查数据的实证研究》，《中国经济问题》2019 年第 3 期。

吴晓刚、李晓光：《中国城市劳动力市场中教育匹配的变迁趋势——基于年龄、时期和世代效应的动态分析》，《中国社会科学》2021 年第 2 期。

习近平：《不断做强做优做大我国数字经济》，《求是》2022 年第 2 期。

谢玲红：《"十四五"时期农村劳动力就业：形势展望、结构预测和对策思路》，《农业经济问题》2021 年第 3 期。

邢春冰、贾淑艳、李实：《技术进步、教育回报与中国城镇地区的性别工资差距》，《劳动经济研究》2014 年第 3 期。

熊小林、杜鑫：《非农就业对中国农村居民收入水平和收入分配的影响研究》，《宏观经济研究》2024 年第 4 期。

徐现祥、林建浩、李小瑛编著：《中国营商环境报告（2019）》，社会科学文献出版社 2019 年版。

许宪春、张美慧：《中国数字经济规模测算研究——基于国际比较的视角》，《中国工业经济》2020 年第 5 期。

闫雪凌、朱博楷、马超：《工业机器人使用与制造业就业：来自中国的证据》，《统计研究》2020 年第 1 期。

杨婵、贺小刚、李征宇：《家庭结构与农民创业——基于中国千村调查的数据分析》，《中国工业经济》2017 年第 12 期。

杨瑞龙：《稳就业保民生的关键是保市场主体》，《中国党政干部论坛》2020 年第 9 期。

姚先国、张海峰：《教育、人力资本与地区经济差异》，《经济研究》2008 年第 5 期。

叶仁荪、王光栋、王雷：《技术进步的就业效应与技术进步路线的选择——基于 1990—2005 年中国省际面板数据的分析》，《数量经济技术经济研究》2008 年第 3 期。

余东华、张鑫宇、孙婷：《资本深化、有偏技术进步与全要素生产率增长》，《世界经济》2019 年第 8 期。

余玲铮等：《工业机器人、工作任务与非常规能力溢价——来自制造业"企业—工人"匹配调查的证据》，《管理世界》2021 年第 1 期。

余少祥：《人力资本在反贫困中的效用：理论模型与实证分析》，《中国政法大学学报》2020 年第 2 期。

余央央、封进：《家庭照料对老年人医疗服务利用的影响》，《经济学》（季刊）2018 年第 3 期。

岳希明等：《透视中国农村贫困》，经济科学出版社 2007 年版。

张川川、陈斌开：《"社会养老"能否替代"家庭养老"？——来自中国新型农村社会养老保险的证据》，《经济研究》2014 年第 11 期。

张川川、赵耀辉：《老年人就业和年轻人就业的关系：来自中国的经验证据》，《世界经济》2014 年第 5 期。

张龙鹏、蒋为、周立群：《行政审批对创业的影响研究——基于企业家才能的视角》，《中国工业经济》2016 年第 4 期。

张璇玥、姚树洁：《2010—2018 年中国农村多维贫困：分布与特征》，《农业经济问题》2020 年第 7 期。

张勇：《人力资本与中国增长和转型》，《经济科学》2015 年第 1 期。

赵力涛：《中国农村的教育收益率研究》，《中国社会科学》2006 年第 3 期。

郑世林、张美晨：《科技进步对中国经济增长的贡献率估计：1990—

2017 年》，《世界经济》2019 年第 10 期。

中国社会科学院宏观经济研究智库课题组等：《加大需求端支持力度
　　促进经济均衡复苏》，《财经智库》2021 年第 2 期。

仲超、林闽钢：《中国相对贫困家庭的多维剥夺及其影响因素研究》，
　　《南京农业大学学报》（社会科学版）2020 年第 4 期。

周力：《相对贫困标准划定的国际经验与启示》，《人民论坛·学术前沿》
　　2020 年第 14 期。

周力、邵俊杰：《非农就业与缓解相对贫困——基于主客观标准的二维
　　视角》，《南京农业大学学报》（社会科学版）2020 年第 4 期。

周亮亮、胡赫：《关于行政审批制度改革的几点思考》，《中共太原市委
　　党校学报》2017 年第 2 期。

朱平芳、方顺超：《精准扶贫与农村劳动力流动：政策效应与作用机
　　制》，《学术月刊》2024 年第 3 期

邹红、文莎、彭争呈：《隔代照料与中老年人提前退休》，《人口学刊》
　　2019 年第 4 期。

邹薇、方迎风：《关于中国贫困的动态多维度研究》，《中国人口科学》
　　2011 年第 6 期。

二　外文文献

A. Ahituv，J. Zeira，"Technical Progress and Early Retirement"，*The Eco-
nomic Journal*，Vol. 121，No. 551，2011.

A. A. Young，"Increasing Returns and Economic Progress"，*Economic Jour-
nal*，Vol. 38，1928.

A. de Brauw，S. Rozelle，"Reconciling the Returns to Education in Off-Farm
Wage Employment in Rural China"，*Review of Development Economics*，
Vol. 12，No. 1，2008.

A. K. Sen，"Poverty：An Ordinal Approach to Measurement"，*Econometri-
ca*，Vol. 44，No. 2，1976.

A. P. Bartel，N. Sicherman，"Technological Change and Wages：An Interin-
dustry Analysis"，*Journal of Political Economy*，Vol. 107，No. 2，1999.

B. Eichengreen, D. Park, K. Shin, "When Fast-Growing Economies Slow Down: International Evidence and Implications for China", *Asian Economic Papers*, Vol. 11, No. 1, 2012.

C. I. Jones, "R&D-Based Models of Economic Growth", *Journal of Political Economy*, Vol. 103, No. 4, 1995.

D. Acemoglu, P. Restrepo, "Automation and New Tasks: How Technology Displaces and Reinstates Labor", *Journal of Economic Perspectives*, Vol. 33, No. 2, 2019.

D. Acemoglu, "Technical Change, Inequality, and the Labor Market", *Journal of Economic Literature*, Vol. 40, No. 1, 2002.

D. H. Autor, F. Levy, R. J. Murnane, "The Skill Content of Recent Technological Change: An Empirical Exploration", *The Quarterly Journal of Economics*, Vol. 118, No. 4, 2003.

D. H. Autor, "Why are there Still so Many Jobs? The History and Future of Workplace Automation", *Journal of Economic Perspectives*, Vol. 29, No. 3, 2015.

D. Neumark, I. Burn, P. Button, "Is It Harder for Older Workers to Find Jobs? New and Improved Evidence from a Field Experiment", *Journal of Political Economy*, Vol. 127, No. 2, 2019.

D. R. Baqaee, E. Farhi, "Productivity and Misallocation in General Equilibrium", *Quarterly Journal of Economics*, Vol. 135, No. 1, 2020.

D. S. Kaplan, E. Piedra, E. Seira, "Entry Regulation and Business Start-Ups: Evidence from Mexico", *Journal of Public Economics*, Vol. 95, No. 11 – 12, 2011.

F. Pieri, M. Vecchi, F. Venturini, "Modelling the Joint Impact of R&D and Ict on Productivity: A Frontier Analysis Approach", *Research Policy*, Vol. 47, No. 9, 2018.

J. I. Conde-Ruiz, V. Galasso, "The Macroeconomics of Early Retirement", *Journal of Public Economics*, Vol. 88, No. 9, 2004.

J. I. Haidar, "The Impact of Business Regulatory Reforms on Economic Growth",

Journal of the Japanese and International Economies, Vol. 26, No. 3, 2012.

J. Lee, H. Lee, "Human Capital in the Long Run", *Journal of Development Economics*, Vol. 122, 2016.

J. Merikull, "The Impact of Innovation on Employment: Firm-And Industry-Level Evidence from a Catching-Up Economy", *Eastern European Economics*, Vol. 48, No. 2, 2010.

K. Schleife, "Computer Use and Employment Status of Older Workers: An Analysis Based on Individual Data", *Labour*, Vol. 20, No. 2, 2006.

L. Branstetter et al., "Do Entry Regulations Deter Entrepreneurship and Job Creation? Evidence from Recent Reforms in Portugal", *Economic Journal*, Vol. 124, No. 577, 2014.

L. Burlon, M. Vilalta-Bufí, "A New Look at Technical Progress and Early Retirement", *Iza Journal of Labor Policy*, Vol. 5, No. 1, 2016.

L. Foster, J. Haltiwanger, C. J. Krizan, "Market Selection, Reallocation, and Restructuring in the U. S. Retail Trade Sector in the 1990S", *Review of Economics and Statistics*, Vol. 88, No. 4, 2006.

L. Friedberg, "The Impact of Technological Change on Older Workers: Evidence from Data on Computer Use", *Industrial and Labor Relations Review*, Vol. 56, No. 3, 2003.

L. Inderbitzin, S. Staubli, J. Zweimuller, "Extended Unemployment Benefits and Early Retirement: Program Complementarity and Program Substitution", *American Economic Journal: Economic Policy*, Vol. 8, No. 1, 2016.

L. Kogan et al., "Technological Innovation, Resource Allocation, and Growth", *The Quarterly Journal of Economics*, Vol. 132, No. 2, 2017.

M. Amici et al., "Red Tape Reduction and Firm Entry: New Evidence from an Italian Reform", *Economics Letters*, Vol. 146, 2016.

M. Bruhn, "License to Sell: The Effect of Business Registration Reform on Entrepreneurial Activity in Mexico", *Review of Economics and Statistics*, Vol. 93, No. 1, 2011.

M. Capasso, T. Treibich, B. Verspagen, "The Medium-Term Effect of R&D

On Firm Growth", *Small Business Economics*, Vol. 45, No. 1, 2015.

M. Goos, "The Impact of Technological Progress on Labour Markets: Policy Challenges", *Oxford Review of Economic Policy*, Vol. 34, No. 3, 2018.

M. Ravallion, S. Chen, "Global Poverty Measurement When Relative Income Matters", *Journal of Public Economics*, Vol. 177, 2019.

N. G. Mankiw, D. Romer, D. N. Weil, "A Contribution to the Empirics of Economic Growth", *The Quarterly Journal of Economics*, Vol. 107, No. 2, 1992.

N. Kshetri, N. Dholakia, "Regulative Institutions Supporting Entrepreneurship in Emerging Economies: A Comparison of China and India", *Journal of International Entrepreneurship*, Vol. 9, No. 2, 2011.

P. Aghion et al., "The Unequal Effects of Liberalization: Evidence from Dismantling the License Raj in India", *American Economic Review*, Vol. 98, No. 4, 2008.

P. Aghion, P. Howitt, "A Model of Growth through Creative Destruction", *Econometrica*, Vol. 60, No. 2, 1992.

P. Aubert, E. Caroli, M. Roger, "New Technologies, Organisation and Age: Firm-Level Evidence", *Economic Journal*, Vol. 116, No. 509, 2006.

P. Ayyagari, "Health Insurance and Early Retirement Plans: Evidence from the Affordable Care Act", *American Journal of Health Economics*, Vol. 5, No. 4, 2019.

P. M. Romer, "Endogenous Technological Change", *Journal of Political Economy*, Vol. 98, No. 5, Part 2, 1990.

R. E. Lucas Jr., "Why doesn't Capital Flow from Rich to Poor Countries?", *American Economic Review*, Vol. 80, No. 2, 1990.

R. E. Manuelli, A. Seshadri, "Human Capital and the Wealth of Nations", *American Economic Review*, Vol. 104, No. 9, 2014.

R. Harrison et al., "Does Innovation Stimulate Employment? A Firm-Level Analysis Using Comparable Micro-Data from Four European Countries", *International Journal of Industrial Organization*, Vol. 35, 2014.

R. J. Barro, "Economic Growth in a Cross Section of Countries", *The Quarterly Journal of Economics*, Vol. 106, No. 2, 1991.

R. J. Barro, "Human Capital and Growth", *American Economic Review*, Vol. 91, No. 2, 2001.

S. Alkire, J. Foster, "Counting and Multidimensional Poverty Measurement", *Journal of Public Economics*, Vol. 95, No. 7 – 8, 2011.

S. Alkire, Y. Fang, "Dynamics of Multidimensional Poverty and Uni-Dimensional Income Poverty: An Evidence of Stability Analysis from China", *Social Indicators Research*, Vol. 142, No. 1, 2019.

S. Ardagna, A. Lusardi, "Heterogeneity in the Effect of Regulation on Entrepreneurship and Entry Size", *Journal of the European Economic Association*, Vol. 8, No. 2 – 3, 2010.

S. Djankov et al., "Who are China's Entrepreneurs?", *American Economic Review*, Vol. 96, No. 2, 2006.

T. Frye, A. Shleifer, "The Invisible Hand and the Grabbing Hand", *American Economic Review*, Vol. 87, No. 2, 1997.

W. R. Kerr, R. Nanda, M. Rhodes-Kropf, "Entrepreneurship as Experimentation", *Journal of Economic Perspectives*, Vol. 28, No. 3, 2014.

后　记

　　本书是在国家社会科学基金项目"劳动力市场新变化对就业脱贫的影响及路径优化研究"（项目批准号：18CJY012）最终成果的基础上修订完善而成，获得中国社会科学院创新工程学术出版资助。

　　在开展这项研究的过程中，我们力求较为系统地分析劳动力市场新变化的主要表现，又对其中的代表性方面进行专项实证研究，做到面、线、点的融合，这也便构成了本研究在内容上的一个特色：整体分析（宏观）和重点研究（微观）相结合。例如，第一章、第二章、第三章比较突出对劳动力市场变化与就业之间关系的整体分析，研究劳动力市场变化的整体情况、就业脱贫的整体路径、劳动力市场存在的结构性矛盾及其治理等方面；第四章、第五章、第六章和第七章比较突出对劳动力市场新变化的具体方面进行重点专项研究，研究了技术进步、数字经济、营商环境、人力资本等相关问题。

　　我们希望通过这项研究，能够为进一步推进学术研究的深化和推进相关领域的改革做出微薄的贡献。本研究突出了劳动力市场运行环境变化、劳动力供求关系变化对不同人群就业的影响，特别关注对重点群体的影响，希望能够对有关人士深化宏观环境对微观行为作用机理的认识有所帮助；本书内容力图紧扣中国国情，进一步厘清不同行业的技术变化特征，及其对不同人力资本积累的劳动者工作搜寻、工资、职业转换、失业、退休以及收入分配等方面的影响，希望能够为促进该领域研究的深化和国际比较研究提供一定的启发；我们在劳动力市场变化的背景下，还专门对人力资本问题进行研究，希望能够在一定程度上为形成以适应劳动力市场变化为基础的就业扩容提质增收途径提供理论支持。

　　这项研究成果的修订完善并整理成书，是受益于国家社会科学基金结项评审鉴定专家反馈意见的结果。五位专家从不同的视角对我们提交的最终成果给出极具专业性和建设性的评审意见，整体上肯定了我们的这项研究并给予了良好评价；同时，有的意见很尖锐也很具体，为我们修订完善成书提供了有益启发。我们在此向评审鉴定我们研究成果的专家和全国社科工作办的工作人员表示诚挚的感谢。在这项研究的推进过程中，一些阶段性成果已经通过学术论文的方式在《财贸经济》《经济学动态》《经济纵横》《产业经济评论》《财经问题研究》等期刊发表，本书相关章节的内容在阶段性成果的基础上进行了必要的调整、完善及拓展。我们特别感谢这些期刊刊登我们的阶段性研究成果，并感谢编辑部和审稿人对我们提出的多轮次的修改意见。本书得以成功出版，更离不开中国社会科学出版社周佳老师和她的团队高质量的编校工作，我们在此一并致以诚挚的感谢！

　　由于中国的劳动力市场面广、链长、形态多，加之我们自身的学识限制，难免存在遗漏。也有一些典型性的现象表现，由于受到数据约束，未及深入的实证探讨。还有一些老师、专家和同事的精彩建议，未能充分体现在研究成果之中。这些疏漏都是我们自己的。我们希望本书的出版，能够成为引出相关研究话题的载体，抛砖引玉，对推进中国劳动就业问题的学术研究和推动健全高质量充分就业的体制机制略有启发。

张彬斌

2024 年 5 月